本书作者名单（以行文先后为序）：

刘宇文　湖南文理学院校长、教授、博士

魏　饴　湖南文理学院原党委书记、教授、博士

龙献忠　湖南开放大学党委书记、教授、博士

李建辉　闽南师范大学学科建设与研究生处处长 教授

卓　进　湖南文理学院教育科学学院副院长、教授、博士

晏　昱　湖南文理学院副校长、正高级政工师

胡超霞　湖南文理学院副教授、博士，本著首席秘书

杜雪琴　三峡大学文学与传媒学院副院长、教授、博士后

刘　锋　湖南文理学院外国语学院院长、教授、博士

毛治和　湖南文理学院体育学院院长、教授

王　云　湖南文理学院教务处处长、生命科学学院院长、教授、博士

傅丽华　湖南文理学院地理科学与旅游学院院长、教授、博士

黎小琴　湖南文理学院数理学院副院长、教授、博士

李建奇　湖南文理学院研究生工作部部长、教授、博士

王云洋　湖南文理学院土木建筑工程学院副教授、博士

高　嵩　西安工业大学创新创业学院院长、教授、博士

大 学

立德树人 举凡

人

刘宇文　魏　饴　龙献忠　等　著

人民出版社

责任编辑：宫　共

封面设计：胡欣欣

图书在版编目（CIP）数据

大学立德树人举凡 ∕ 刘宇文等著. -- 北京 ：人民
出版社，2025. 6. --ISBN 978-7-01-027128-6

Ⅰ. G641

中国国家版本馆 CIP 数据核字第 20251ZE768 号

大学立德树人举凡

DAXUE LIDE SHUREN JUFAN

刘宇文　魏　饴　龙献忠　等　著

人 民 出 版 社 出版发行

（100706　北京市东城区隆福寺街 99 号）

北京汇林印务有限公司印刷　新华书店经销

2025 年 6 月第 1 版　2025 年 6 月北京第 1 次印刷
开本：710 毫米×1000 毫米 1/16　印张：19. 25
字数：294 千字

ISBN 978-7-01-027128-6　定价：57. 00 元

邮购地址 100706　北京市东城区隆福寺街 99 号
人民东方图书销售中心　电话 (010)65250042　65289539

弁　言

一

"办好人民满意的教育。教育是国之大计、党之大计。培养什么人、怎样培养人、为谁培养人是教育的根本问题。"① 这是习近平总书记对教育明确提出和必须要回答的根本问题。党的十八大报告指出，党的教育方针是坚持教育为社会主义现代化建设服务、为人民服务，把立德树人作为教育的根本任务，培养德智体美全面发展的社会主义建设者和接班人。② 这是我党第一次用"立德树人"理念对教育中心工作的高度概括，它不仅阐明育人是教学的本质，又突出强化了德育在教学中的优先地位，在党的教育方针上显然是重大理论创新。在 2018 年 9 月 10 日召开的全国教育大会上，习近平总书记用"九个坚持"全面系统阐述了新时代中国特色社会主义教育思想，坚持把立德树人作为根本任务亦是其中之一。

中国自古对"立德"与"树人"十分重视。"立德"最早出自《左传·襄公二十四年》："大上有立德，其次有立功，其次有立言。虽久不废，此之谓不朽。"③ "树人"来源于《管子·权修》："一年之计，莫如树谷；十年之计，莫如树木；终身之计，莫如树人。"④ 新时代将"立德树人"视为一个

---

① 习近平：《习近平著作选读》第 1 卷，人民出版社 2023 年版，第 28 页。
② 《十八大以来重要文献选编》上册，中央文献出版社 2014 年版，第 27 页。
③ 杨伯峻：《春秋左传注》下，中华书局 2018 年版，第 939 页。
④ 陈清等点校：《诸子集成·管子校正》5，团结出版社 1999 年版，第 456 页。

整体，并作为学校工作的根本任务，是对育人工作最为科学的揭示。两者的关系是辩证统一，相辅相成，缺一不可。一方面，"德"是"人"之德，"人"无"德"不立，离开德，人则失去为人的正确方向；另一方面，立德树人本就是一个整体，它系"立育人之德"和"树有德之人"的辩证统一。

从新时代中国高等教育看，尽管立德树人的提出至今已有十余年，但在理论与实践层面如何将"立育人之德"与"树有德之人"有机统一起来，二者在互动中完成道德教育闭环的专门著作还未曾得见。其《大学立德树人举凡》，"举凡"者，意在努力概括新时代大学立德树人之所有，这对本书作者而言，显然是一个巨大挑战。

二

2018年4月国家开始实施"双万计划"，湖南文理学院、三峡大学、西安工业大学、闽南师范大学等4所高校，均属按一本招生的地方重点院校，从"双万计划"第一批起均有专业列入国家级一流专业建设点。围绕如何按照国家要求培养一流人才，四所高校的全体教职人员进行了深入思考，后又有国家开放大学（湖南）的同仁加入。

社会的发展，人类的进步，人总是处于决定性位置。古希腊之所以被视为西方文明乃至世界文明的骄傲，正在于古希腊认识到了人自身的崇高价值。普罗泰戈拉指出："人是万物的尺度，是存在的事物存在的尺度，也是不存在的事物不存在的尺度。"[1] 同样，苏格拉底则引用镌刻在德尔斐神庙的名言来警示人们："人啊，要认识你自己"；他又指出，就人与自然界而言，首先必须认识自己。否则，"其结果是人不仅不能认识自然界，反而不能认识自己。"[2] 亦无不启示人们不论怎样重视人、培养人、使用好人才均不为过。因而，古希腊被马克思称为人类"发展得最完美的"[3] 时代。倘若我们

---

[1] 转引自北京大学哲学系编译《古希腊罗马哲学》，商务印书馆1961年版，第133页。

[2] 邓晓芒：《西方哲学史》，高等教育出版社2005年版，第44页。

[3] 《马克思恩格斯文集》第8卷，人民出版社2009年版，第36页。

将共产主义视为人类摆脱诸种对人的全面发展的桎梏而争取解放的过程，将人的全面发展的实现视为人类在不同历史阶段的不懈努力和奋斗之结果，这样亦就不难发现在不同历史阶段人所能得到全面发展的意义。或者说，与其憧憬美好未来，不如我们脚踏实地，为中国梦愿景尤其是为国家培养出更多的德才兼备的人才贡献一份自身的力量。

亚里士多德说过："人是政治动物，当完美时，人是最好的动物，但一旦无正义，则变成最坏的动物。"① 亦即人若无良德是不可想象的。人之所以与其他动物有别，正在于从人出生始即带有"德"的标签。家庭伦理有亲德，社会交往有公德，职业操守有道德，从政行事有政德。亲德→公德→道德→政德，其时间序和影响度亦即此"四德"之内在逻辑。《中庸》曰："仁者，人也，亲亲为大。"② 可知家庭亲情、亲德是基础；走出家庭，读书求学，社会公德则是亲德之发展；而学业有成，出道在不同岗位服务社会应坚守职业道德；从政者为社会精英，政德须"四德"兼备，政治信仰即为政德之底线，要突出以德修身、以德润才、以德服人。"四德"之间各有侧重，互为补充，但政德之政治信仰与品德则处在人之为人的最高层次，亦是人才之灵魂。按照亚里士多德上面的提醒，我们每个人均须重视修德，有大德者方能成大业。教育的本质就是一项铸魂育人的事业，重视立德树人就是重视民族的根脉，重视民族的长久大计。

三

从结构设计看，本书系以马克思主义人学思想为指导，按照马克思主

---

① ［古希腊］亚里士多德：《政治学》，颜一、秦典华译，中国人民大学出版社 2003 年版，第 4 页。

② 杨天宇撰：《礼记译注·中庸第 20 章》，上海古籍出版社 2004 年版，第 700 页。本书所引《中庸》原文除另有注明外，均见本译注本，以下仅在正文注明篇章顺序；另《中庸》章节划分各版本不同，早前朱熹集注本《四书五经·中庸》共分 33 章，杨天宇译注本共分 30 章，本书按朱熹本不变，特作说明。

义关于人的本质、人的价值和人的地位的论述，突出"历史不过是追求着自己目的的人的活动而已"[1] 这个主题作为总领。以立德树人坐标点为核心，以全球之视野，纵向上溯至人类早期立德树人之经验，横向则选择了部分东西方大学或学者立德树人之理论和实践，最后落实到大学不同专业一流人才培养这个目标上。从内容安排看，本书围绕新时代大学"立德树人"，分为"立德树人教育理念之发轫""中国立德树人之发展""西方人才培养之审察""马克思主义人学观及其对新时代立德树人之启示"和"新时代立德树人之例谈"五章。紧扣大家最关心的"立德与树人考""上古立德树人学派""古代学校德育工作审视""近代立德树人之转型""立德树人主要经验""通识教育与牛津大学'道德哲学'""立德树人的生成逻辑""文科类专业：'孪生式'课程思政"等问题，以作者长期在四省市五所大学担任专业教学和从事学校管理的经验及其感悟，就以上问题对人们熟知却可能并未深究的诸多方面给出了一些来自我们工作实践的真切思考。

四

对本书涉及的几个重要问题，这里先谈谈我们的粗略思考。

（一）上古立德树人学派选择

人类有史以来，上古立德树人重要学派不少，本书依据其学派的仁德性、元典性、持续性三原则，特选取孔孟儒家学派和芝诺斯多葛学派两家。略作阐释如次。

以上"三原则"同等重要，缺一不可。仁德性或善德性是其学派之方向，系人与社会相融发展之保障；元典性是其学派之标签，系学派创新发明之表现；持续性是其学派之生命，系学派思想不断为人继承发展之价值。

孔孟儒家学派系由孔子首创。首次提出"君子"是具有社会公共性的

---

[1] 《马克思恩格斯文集》第 1 卷，人民出版社 2009 年版，第 295 页。

理想人格，并指出君子道者三，亦即儒家所谓的"仁""知""勇""三达德"。其最高德是"仁"，系"道"之根本；"知"为了"道"，系成其为君子之条件；"勇"，则为君子修德之表现，系孔孟实践学说之归结。正因孔孟学说的仁德性和元典性，在日本、朝鲜、越南等均有广泛影响，被推崇为东方文明的象征。即在今天，孔子的不少思想亦为人所用，系中外学者公认的"世界文化史上影响最大的人物之一"①。

斯多葛学派，系由希腊化时代早期塞浦路斯芝诺（Zenon）所创立。其名源自芝诺曾在公共建筑一个彩绘的门廊下设馆讲学，希腊语门廊为"Stoa Poikile"，译为斯多葛或斯多亚学派。有评价说："这一学派曾对希腊化和罗马时期哲学和伦理学思想的发展产生影响。"② 实际不仅如此。可惜芝诺用希腊文写的著作均失传，仅有少数残篇或引语留存在他人著作中。芝诺亦有一部《理想国》，首次提出"世界国家"（Cosmopolis）思想，具有划时代意义。其元典性有三：（1）废除现实城邦的狭小特征并以此与柏拉图划清界限；（2）唯有德性才能成为"世界国家"公民；（3）德性至上，人人平等，奴隶亦如此。③ 诚如芝诺所说："幸福生活只需要德性自身。"④ 芝诺以"德性"为核心所构建起的"世界国家"与之前孔子以"仁德"为核心所构建的"大同世界"可谓异曲同工。现当代西方学者在西方学术传统中追问"世界公民"思想的源头时，无不认同斯多葛学派的这个思想。

（二）大学通识教育的实施与课程设计

通识教育既是一种课程体系，表现为基础通识、核心和选修通识等显性课程形式；也是一种价值教育观，强调人文主义传统，及其专业人才培养理想化目标达成的必要考量。

---

① 《不列颠百科全书·国际中文版》第 4 卷，中国大百科全书出版社 2007 年版，第 422 页。
② 《不列颠百科全书·国际中文版》第 18 卷，中国大百科全书出版社 2007 年版，第 508 页。
③ 姚介厚：《斯多亚学派的自然法与世界主义思想》，《社会科学战线》2010 年第 5 期。
④ ［古希腊］第欧根尼·拉尔修：《著名哲学家的生平和学说》，赵敦华主编《西方人学观念史》，北京出版社 2005 年版，第 59 页。

西方通识教育根植于古希腊自由教育，传至英国的博雅教育，兴盛并改组于 20 世纪美国通识教育运动，并逐步形成一整套的通识模式。20 世纪中叶后，通识教育理念迅速被各国所接受。实施通识教育包括课程设计与开设模式。世界各国通识教育模式目前分为两种：美国模式和欧洲模式。美国模式以哈佛大学为代表，可称之为"通识课程强化模式"，即本科前两年全为通识教育；其通识课程设置该校已"在 2018 年秋季学期实行新的'4＋3＋1'（四门通识教育必修课程＋三门分布必修课程＋一门实证和数学推理课程）课程结构，致力于培养'世界公民'"[1]。欧洲模式以牛津大学为代表，可称之为"复合专业渗透模式"，亦即不提供专门的通识课程，而是通过设立复合专业以解决通识与专业的融合，并坚持认为"你不能把一件无缝的学问外套割裂开来"[2]。早年，"哲学、政治学和经济学"（PPE）即被称为复合专业"现代三艺"，至今牛津大学共有 49 种专业，其中单科专业 24 个、双科联合专业 21 个，三科联合专业 4 个。[3]

中国高等教育现代化属于后发追赶型。在通识教育课程设计上，既要学习吸收西方大学关于通识教育课程设计经验，又要传承和弘扬中华优秀传统文化，坚持"五育"并举，突出立德树人，以构建适应国情的自主特色的通识教育课程体系。总体结构上包括理论和实践课程两部分，前者有思政课程、人文通识课程；后者有专项调研和社会实践。当下，人文通识课程的设置各校比较凌乱，很少体现服务行业和校本特色。我们认为，通识课程设计在形式上应是必修和选修结合。内容上，国家所明确规定的大学语文或文艺鉴赏学、外语、创新创业教育、体育、国防教育、计算机基础、心理健康教育等应统筹安排，另还要根据需求导向结合地方与校本优势在人文素养、科学精神和艺术修养等方面设置特色课程；同时，注重弘扬国学传统，诸如

---

[1]　马曦、孙乐强：《哈佛大学通识教育建设的理念、特征及其理论启示》，《重庆大学学报》（社会科学版）2018 年第 4 期。

[2]　《现代西方资产阶级教育思想流派论著选——教育的目的》，人民教育出版社 1996 年版，第 121 页。

[3]　孙华：《通识教育的理想类型》，《教育学术月刊》2015 年第 4 期。

"国学智慧""国学经典"之类。

（三）思想政治教育的创新与发展

针对全球化淡化意识形态教育、现代工具理性催生学科知识取向、"硬灌输"压制主体性等问题，我国大学思想政治教育在理念与实践上不断守正创新。

其一，认识上的新高度。立德树人作为思想政治教育灵魂以及大学教育核心理念，受到了党和国家高度重视。"人才培养一定是育人和育才相统一的过程，而育人为本。人无德不立，育人的根本在于立德。这是人才培养的辩证法。"[①] 这是基于对中国特色社会主义大学培养什么人、如何培养人、为谁培养人所做的科学回应。其二，实践上的新思路。新时代国内外形势千变万化，对大学人才培养质量提出更高要求，以往靠思政课教师"单兵作战"的育人方式必须改变。按照"全程全员全方位"原则，"所有教师、所有课程都承担好育人责任，守好一段渠、种好责任田"。[②] 其三，内容上的新使命。如何推进思想政治教育创新，应秉持立德树人因事而化、因时而进、因势而新的"三因"理念，努力彰显与立德树人之"德"相一致的思政内涵。"强化教育引导……把社会主义核心价值观融入社会发展各方面，转化为人们的情感认同和行为习惯"。[③] 其四，方法上的新作为。倡导系统化理念促进方法协同。不仅要注重思政课程与课程思政协同，还要坚持思政小课堂与社会大课堂协同，拓展思政教育领域进入生活世界，汇聚教育合力；另要做到全媒化促进载体协同，线上线下无缝衔接，虚拟与现实载体跨界融合，实现精准思政和智慧思政。

自党的十八大首次明确立德树人系教育的根本任务，并随着 2014 年教育部发布《关于深化高校思想政治理论课改革的实施意见》，从"思政课程"

---

① 习近平：《论教育》，中央文献出版社 2024 年版，第 61 页。

② 教育部：《高等学校课程思政建设指导纲要》，http：www.gov.cn/zhengce/zhengceku/2020-06/06/content5517606.htm，2020 年 5 月 28 日。

③ 习近平：《习近平著作选读》第 2 卷，人民出版社 2023 年版，第 35 页。

到"课程思政"很快成为全国大学教改热点。大学"三全育人",亦即众所熟知的全员、全程、全方位育人,普遍从可能步入自觉,教职员工育人意识显著增强。2016 年教育部"中国大学生思想政治教育发展报告"显示,有"91.3% 的大学生对思想政治理论课教学的育德作用持肯定性评价";[①] 2023 年由上海理工大学课题组组织的专项问卷调查显示:有"69.3% 的大学生认为有必要在综合素养课或专业课程中融入思政元素","66.0% 的大学生认为教师在课程中讲授的思政内容是有用的"。[②] 课程思政起步时间不长,但效果已开始显现。然当前国际国内形势深刻变化,网络普及化下各类信息交流快捷,立德树人任务艰巨、时不我待。

(四)三大学科专业类课程思政模式探索

教师能否开展好课程思政,从学理上认识到学科专业与课程思政之联系是前提。它会让教师感觉到不仅可行,而且必要,并自觉履行。

学科可分为文、理、工三大类。首先,认识到不同学科的学理区别便为我们探讨具有特色的课程思政提供依据。文科重"道",理科尚"理",工科强"术",思想政治教育亦属大文科。其次,理顺课程思政与不同学科专业的相关性是探索其不同模式的枢纽。文科教学与课程思政同为文科,且均重视"传道";理科属自然科学,与课程思政似乎并不相关,但"理"又利于思辨与传"道";工科系应用技术科学,与思政学理似乎相差更远,但"工"以"理"为基础,且存有工程文化伦理。故而在三大学科专业实施课程思政均为应有之义。

基于不同学科类之学理,经研讨与实践,总结如下三大模式。

文科类专业——"孪生式"课程思政。从学科联系看,专业"课程"与"思政"同属文科类别,两者完全同向同行;从教学目标看,均为大学"立

---

① 沈壮海、王迎迎:《2016 年度大学生思想政治教育状况调查分析——基于全国 35 所高校的调查》,《中国高等教育》2017 年第 11 期。

② 谢媛、车丽萍:《大学生对高校课程思政建设的认知与参与状况调查——以上海理工大学为例》,《经济研究导刊》2023 年第 8 期。

德树人"根本任务的基本要求;从教学过程看,课程思政与专业教学同步,均在课堂。恰似母体诞生出鲜活可喜的"双胞胎"。

理科类专业——"思辨回锅式"课程思政。"思辨"者,突出理科及其思政就是要"讲道理",自然科学亦是马克思主义理论的重要来源;"回锅"者,喻指理科课程思政在内容和时间上的特性。内容上多指对思政核心价值观的反复温习以形成内化;时间上因理科特点常需要利用课下渠道,将课堂上的思政题目再做深入交流与引导。

工科类专业——"道器滴灌式"课程思政。因工科教学多奉行"技术中性论"等观点,教师工程伦理意识薄弱,普遍导致学生内心文化缺失。"道器"源于"器以载道""以道驭器"传统,这里旨在规定课程思政方向;"滴灌"系一种现代灌溉技术,喻之课程思政,以期较好满足工科生需求。本式追求一种道器(术)统一、对症下药、点滴指导、回归生活的课程思政风格。

以上三模式目标一致,彼此并不排斥。但应以我为主,以用为上。课程思政的内生肌理将倒逼我们须以育人为宗,自觉践行立德树人。

五

习近平总书记指出:"只有培养出一流人才的高校,才能够成为世界一流大学。"① 然而,我国大学多盲从于世界一流大学"三大排行榜",它实际并没有关于人才培养的权重②,进而导致不少大学多倾向于国内国际重大科研项目、高被引论文、科技成果或发明转化等可比性指标。老师成天忙得席不暇暖,但对高校之举办初衷却多有忽视。

非常庆幸我国前几年已正式启动"双万计划",我们5所大学的16位同仁能够有机会坐下来一起思考大学立德树人根本任务及其落地实施问题。仔

---

① 习近平:《习近平谈治国理政》第2卷,外文出版社2017年版,第377页。
② 魏饴:《也谈华人大学理念及争创世界一流》,《湘潭大学学报》(社会科学版)2019年第1期。

细想来，现几乎所有大学都在说要培养高水平一流人才。"人才"者，它实际是一个词，但在很多情况下人们却是将它与"有才之人"混淆。"钱学森之问"虽特有所指，但偏重"才"很清楚；即如上海辞书出版社1979年版《辞海》"人才"词条，其释"有才识学问的人"亦为首选。近些年来，各地大学不断推出的诸如"青年英才开发计划"等，已是屡见不鲜，但侧重以全人作为目的所实施的专门"计划"却不多见。

中国不仅有5000年辉煌灿烂的文明，而且在全球亦是最早对人本教育有所揭示。其"立德""树人"的提出作为春秋战国这个思想文化群星闪烁时代的重要成果，至今至少在2600年以上。从孔子提出"有教无类"以及管子提出"以人为本"，中国教育从一开始就是将人摆在首位。古老《易经》所谓"天、地、人"三才之道，曰阴阳，曰柔刚，曰仁义。三才之道有变动，通过交互影响，最终均得归结为人道。并着重指出："文不当，故吉凶生焉。"①亦即如果人德不配位，必有吉凶。然与此相应的古希腊自由教育起始却大不相同。受教育者须以闲暇为前提，以探索高深学问为目的，它不过是贵族的奢侈品；待西方进入工业化时代，利益至上终究还是资本主义社会的本质，人本教育依然很次要。而且，在《不列颠百科全书》（国际中文版）中根本就没有"人才"这个词。虽然，新自由主义近些年在西方一些知名大学宣称要培养"全球公民"②；耶鲁大学理查德·C.列文校长甚至说要"注重培养领导者"③，强调以基于竞争的个人选择及其全球文化资本获得的竞争力为重点。但是，如果真是任由市场主导竞争而不关注权力和机会，这必然又不符合资本家原则。尤其是，在全民英语浪潮及高等教育国际化浪潮背景下，所谓"注重培养领导者"，实际已凸显以美国为代表的西方霸权在大学教育的新布局，值得我们足够警惕。

与西方国家相比，中国不仅在全球最早提出"立德""树人"思想，而

---

① 杨天才译注：《周易》，中华书局2016年版，第392页。
② 周小勇：《西方新自由主义全球公民教育述评》，《全球教育展望》2016年第10期。
③ 转引自张旺《自由教育理念成就世界一流大学——浅析耶鲁大学的自由教育理念》，《比较教育研究》2006年第5期。

且一直力求沿着"以人为本"方向发展，乃至当下提出"人类命运共同体"，不断强化"立德树人"要旨，这是中国对世界学校教育思想的一大贡献。十分期待有学者以此再从全球视野发掘历史，纵横比较，提要钩玄，进而撰写一部《世界学校立德树人发展史》，它必然是一件很有意义的事情。

以人为本，牢记大学立德树人根本任务，更好地服务于中华民族的伟大复兴，服务于"人类命运共同体"，我们任重道远。这部著作因选题宏大，能够深入研究，发人所未发者并不容易，如有不周请批评。同时，亦欢迎大家将本书作为大学专业人才培养校本必修课教材，使用中如有问题和建议亦请及时告知，以便我们再适时修订再版。

本书作者谨识　甲辰年癸酉庚辰

（执笔：刘宇文、魏饴、龙献忠）

目　录

第一章　立德树人教育理念之发轫

一、立德与树人考

（一）先秦对人本教育的揭示

"以人为本"是当下热门话题之一。在先秦"田齐强盛"前后，《管子·霸言》即有"夫霸王之所始也，以人为本；本理则国固，本乱则国危"之观点。① 此是最早实现从"神本""王道"到"人本"的明确转向。亦正是在春秋战国这个百家争鸣的时代，"以人为本"元哲理之迸发，不断催生了诸子学说的极大繁荣，尤其在实施人本教育方面，更是诞生出一批批相当诱人之成果。

1."立德""树人"溯源

"立德"最早出自《左传·襄公二十四年》："大上有立德，其次有立功，其次有立言。虽久不废，此之谓不朽。"② 此中"三立"，彰显了中国上古人们关于人格修养的三个方面及其先后层次。《左传》是中国第一部编年体史书。据考证，作者是很有修养的瞽史左丘明，但生平不详。《左传》亦称《春秋左氏传》，后人多将《左传》《公羊传》《穀梁传》并称为"春秋三传"，与《春秋》同属中国古代儒家重要典籍。《春秋》是周朝时期鲁

---

① 《管子校正》，陈清等点校《诸子集成》5，团结出版社 1999 年版，第 602 页。

② 杨伯峻编著：《春秋左传注》下，中华书局 2018 年版，第 939 页。

国国史，据传由孔子修订而成。因《春秋》用笔简练，几乎每个句子都暗含褒贬，即有"春秋笔法""微言大义"之说。《论语·公冶长》云："子曰，巧言、令色、足恭，左丘明耻之，丘亦耻之。匿怨而友其人，左丘明耻之，丘亦耻之。"从此语气看，左丘明或许要大于孔子（前551—前479年）。当时，传史史官有所谓太史、瞽史之分。太史撰书大都又以瞽蒙传诵为据，即有"史不失书，蒙不失诵"说。① 《左传》作为一部官府史书，其"立德"之说当在襄公二十四年（公元前547年）前后。《管子·立政》又云："德不当其位……治乱之原也。"② 均在强调圣人君子之"立德"极其重要。

"树人"来源于《管子·权修》："一年之计，莫如树谷；十年之计，莫如树木；终身之计，莫如树人。"③ 其"树人"之重要性溢于言表，乃当今"百年树人"之滥觞。《管子》书名来自管仲（？—前645年），管仲要早于孔子约180年。《管子》在战国时期已在民间广泛流传，直至西汉《管子》还没有定本。如今所见86篇本《管子》是西汉末年由刘向编定。显然，《管子》并非齐国上卿——"春秋第一相"管仲独著，现学界一致认为它汇集了管仲及其颍上学宫不少学者的观点。不过，它也非杂凑，而是有贯穿全书的主导，即管仲所力主"以人为本"的治国利民思想。从以上《管子·权修》看，所谓"树木""树人"者，与管仲于齐桓公元年（前685年）担任齐国丞相后的身份很吻合。

"立德""树人"的提出是春秋战国这个思想文化群星闪烁时代的重要成果，至今至少在2600年以上。

"立德"与"树人"，具有深厚的哲学和教育学理论根底，其核心即在指向人本身。例如"天道远，人道迩"；④ "夫民，神之主也"；⑤ 以及"未能

---

①　陈桐生译注：《国语》，中华书局2013年版，第611页。

②　《管子校正》，陈清等点校《诸子集成》5，团结出版社1999年版，第458页。

③　《管子校正》，陈清等点校《诸子集成》5，团结出版社1999年版，第456页。

④　杨伯峻编著：《春秋左传注》下，中华书局2018年版，第1215页。

⑤　杨伯峻编著：《春秋左传注》上，中华书局2018年版，第95页。

事人，焉能事鬼"① 等，均是"立德""树人"惊世骇俗理念的可喜共识，亦为春秋战国之进步标志。尤其是，"树人"以"立德"为首，更是从教育学角度肯定了个体人格的主动性和重要性，从而为学校教育实施人的全面和谐发展奠定了学科理论基石。这一观点是否由左丘明和管仲提出并不重要，实际上它是中国古代社会以儒家思想主导的一个反映。《左传》系"春秋三传"之一不用说，管仲年龄虽比孔子要大许多，而最后成书却已是西汉末，对儒家思想的吸纳亦不待说。且《管子》中约有 200 余次也谈到"德"，并将"信"与"德"作为"树人"之实践概括，这无疑与孔子所谓"仁"一脉相通。"儒家创始人孔子是世界文化史上影响最大的人物之一。"② 由此可见一斑。

2. "立德""树人"时空定位

中国"立德""树人"说乃是全球之原创成果。其判断依据有二：一是有文字记载与文献传承；二是论说者的相关主张均是来自自身或其他人广泛教学实践的总结。

基于此，我们即可从全球代表东西方文明的两大语系——汉藏语和印欧语希腊语族及其相关学说来比较。语言是教学的工具，也是判断某个办学思想是否最早的信息载体。虽然，古埃及语和印度梵语也历史悠久，但其教学活动一开始就被"神灵"阴霾所笼罩，并长期以服务宗教和朝廷贵族为主，脱离社会交际。古埃及语和梵语从其发展看要么完全退出实际应用，要么不断萎缩或转向发展，根本没有利用其语言优势像中国春秋战国时期从人本的角度研究和实施人的培养。

汉藏语的源头是殷墟出土公元前 1300 年的甲骨文，这即为左丘明、管仲在 2600 年以前提出"立德""树人"创新思想及其传承铺平道路。古希腊作为西方文明的发源地，其早期语言的创造也许还要早于甲骨文时代，而且当时学校教育至"荷马时代"（前 1100—前 800 年）已是比较发达。特

① 杨伯峻译注：《论语·先进》，中华书局 2018 年版，第 162 页。本书所引《论语》原文除另有注明外，均见杨伯峻译注本，以下仅注明章节名及序数，不再说明。

② 《不列颠百科全书》国际中文版第 4 卷，中国大百科全书出版社 2007 年版，第 422 页。

别是被后世称之为"古希腊三贤"——苏格拉底（前469—前399年）、柏拉图（前427—前347年）和亚里士多德（前384—前322年）在学校教育上的诸多创见举世公认。譬如，苏格拉底提出人才培养的"美德"比知识重要；柏拉图不仅创办"柏拉图学院"，还首次提出并亲身实践通过"四科"（算术、几何、天文、音乐）来培养全面发展的人；亚里士多德根据自己讲稿写成的《尼各马可伦理学》（乔纳森·沃尔夫称"德性伦理学"），突出强调"最关心的是我们应该成为怎样的人和应该努力培养什么样的品行"①，这一学说在今天仍是大学教学的指导。不过，以上"古希腊三贤"有关"立德""树人"的理论实践，却要晚于汉藏语系左丘明、管仲的论断大约两个世纪。

先秦儒士"立德""树人"说以及后来"古希腊三贤"观点，因其历史、区域和立场的局限，不可能与我们当下之"立德树人"观同日而语，但其"以人为本"的诉求定位难能可贵。

以史为鉴，放眼未来。"立德""树人"能否不断在世界各地学校发扬光大，其核心即在各国政府能够主动放弃自身区域或团体利益，真正秉持马克思主义的人本思想及其愿景治国理政，突出人的发展，"立德""树人"的光辉前景一定可期。

据中国《考古》等披露，湖南玉蟾岩出土五枚古栽培稻炭化稻谷和陶片，距今约2.1万年—1.4万年，故中国新石器早期年代要改定在公元前10000年以上。② 汉语已是联合国六种工作语言之一，全球共有180多个国家和地区使用汉语教学，70多个国家已将汉语纳入国民教育体系。我们有责任、有能力履行一个世界文明古国应有的光荣使命。中国共产党二十大报告明确提出"推动构建人类命运共同体，创造人类文明新形态"③。这个新

---

① ［英］乔纳森·沃尔夫：《牛津大学哲学通识课：道德哲学》，李鹏程译，中信出版集团股份有限公司2019年版，第288页。

② 袁家荣：《玉蟾岩获水稻起源重要新物证》，《中国文物报》1996年3月3日；严文明：《我国稻作起源研究的新进展》，《考古》1997年第9期。

③ 习近平：《习近平著作选读》第1卷，人民出版社2023年版，第20页。

形态，必然是以人为中心的发展形态。随着信息、科技、经济全球化的深入，不同国度、不同种族之间的联系必将越来越频繁，立德树人的任务任重道远。

春秋战国时期（前770—前221年）是中国乃至世界发展史上一个人才辈出，奠定人类发展元哲学的时代。德国学者雅斯贝斯指出："从公元前800年到公元前200年，人类精神的基础同时地或独立地在中国、印度、巴勒斯坦和希腊开始奠定。而且，直到今天人类仍然附着在这种基础上。"① 所谓诸子百家，其中有12大学术流派较有建树，但从"立德""树人"学说发展渊源看，真正影响深远的则莫过于道家和儒家两大学派。

（二）老子"道—德"论与"立德"

1. "道—德"论共相研议

老子（前571—前471年）《道德经》，又名《老子》，系中国道家重要经典。《道德经》曾被译成梵文、日文、英文在全球广为流传，影响深远。然而，几千年来，《道德经》之"道—德"论共相多为人误读，在中外读者的接受中至今仍存在两大难点。

（1）过于突出《道德经》"道"之解读

让人感觉老子似乎是唯"道"而道，"道"之形而上色彩非常玄空。有所谓"太史公曰：老子所贵道，虚无因应，变化于无为，故著书辞称微妙难识"②。后人也基本忽视老子"道之尊，德之贵"（51章）③ 的用意。唐玄宗评《道德经》第一"道可道"章时，说得更加直接："道者……首一字标宗也"④。事实上，河上公注《老子句章》，以"道经"（1—37章）在上，"德经"（38—81章）在下，共含上下两篇；马王堆第三号汉墓出土帛书《老子》

---

① 田汝康、金重远：《现代西方史学流派文选》，上海人民出版社1982年版，第38页。
② 司马迁著，韩兆琦评注：《史记》下，岳麓书社2004年版，第957页。
③ 王弼注，楼宇烈校释：《老子道德经注》，中华书局2011年版，第141页。本书所引《道德经》原文除另有注明外，均见楼宇烈校释本，以下仅注明章的序数，不再说明。
④ 文选德：《道德经诠释》，湖南人民出版社2005年版，第48页。

两种写本，当是迄今最早古抄本，其结构却相反，而是德上道下；另有郭店一号楚墓竹简《老子》3种，则又没有德经道经的结构形式区别。不论怎么看，"道""德"当是该著两个相互关联的中心词，我们切勿厚"道"薄"德"，使"道"之认知缺乏"德"之实践意义。应该说，"道""德"两者更在互藏其宅，各有侧重。"道"是创生世界万物（含人类）之本原，具有至善特性，且制其"德"之成色；"德"系"道"之至善特性之显现，它愈接近"道"，则愈决定其"道—德"不可替代，具有同一性。然有人细数"道"字在书中出现过73次，认定"道"即《道德经》核心，实属简单。《道德经》指出："道生一，一生二，二生三，三生万物"（42章）。然"失道而后德"（38章），故"道生之，德畜之，物形之，势成之。是以万物莫不尊道而贵德"（51章）。人们长期囿于对《道德经》认识偏差，甚至将老子"道"论神化，以致仙道贵生成为道教的核心理念，更使"道—德"高论难以为大众所应用。

(2)"道—德"之"德"涵指发微

张岱年《中国哲学大纲》虽曾对《道德经》"道"与"德"之范畴加以区分，但仍以"德"为"道"，并未从共相角度肯定其"道—德"的自在、自有或自然，亦未理解"道""德"之存有皆非被动。[1]古往今来，不少人要么放大老子之"无为"观，要么将"无为而无不为"阴谋化，根本没能真正理解"道—德"之"德"。《道德经》五千余言，倒有近一半讲"德经"。"道经""德经"虽各有侧重，但"道经"部分也不少论"德"。如主张"行不言之教"（2章）、倡导"柔弱胜刚强"（36章）等。老子"德"论含义丰富，如"玄德""上德""下德""无德""失德""广德""建德""贵德"等。

概言之，"德"之共相有二。

第一，是道论场境之形而上"德"，多指圣人之"玄德"，属"天道（德）"。《尚书·舜典》较早提到"玄德"，传有"玄德升闻，乃命以位"[2]

---

[1]　田文军：《〈老子〉"道"论新探》，《社会科学》2011年第8期。

[2]　李民、王健撰：《尚书译注》，上海古籍出版社2004年版，第12页。

故事，指称舜因其"玄德"——潜修之大德而被启用。《道德经》用"玄德"4次，但与舜之"玄德"有所不同，已提升至"德""道"一体层面。其中，有3次与圣人治国之道体德性有关（10章1次、65章2次）；另一处则是给"玄德"下定义："故道生之，德畜之：长之、育之、亭之、毒之、养之、覆之。生而不有，为而不恃，长而不宰，是谓玄德"（51章）。"道"生育了人类但并不占有人类，养育人类却不支配人类，呵护人类也不去主宰人类，这不是"道—德"至善特性——"玄德"之显现吗？事实上，它正是老子在《道德经》中重点所要表达的观点：天道自然而然，人道为而弗争。

第二，是现实场境之形而下"德"，多指世俗"人德"范畴。老子通过知雄守雌、知白守黑、知荣守辱三组文字，热情讴歌了人之"常（恒）德""不离""不忒""乃足"，进而达到天下浑然如一（28章），此是《道德经》"柔弱胜刚强"的总揭示。分而观之，其现实场境之德论有：首先，最著名的是以水比德。老子云："上善若水，水善利万物而不争"（8章）。"江海所以能为百谷王者，以其善下之，故能为百谷王"（66章）。此可谓"谦德"。其次，亦是老子特别看重的"一曰慈，二曰俭。……慈，故能勇；俭，故能广"（67章）。"慈"即"慈德"，指慈善、慈爱，这种爱特别在人与动物母性身上往往会有极其勇敢的作为；"俭"即"俭德"，指俭约惜财，天下不匮，故能广远。再次，老子还多次提到"信德"。"言善信"（8章），即要求说话须讲诚信，如同水之汛期不能改变；还指出："信言不美，美言不信"（81章），切勿哗众取宠。又次，老子还对"朴德"尤为崇尚。反复告诫"见素抱朴，少私寡欲"（19章），一生以"复归于朴"（28章）为目标。最后，圣人君子还须具有"容德"。所谓"有德司契，无德司彻"（79章），即在提醒我们为人为政要宽容。只要"容德"在心，就会凭据从容，而不会去依法强行追讨。

2."德"性修养论

因种种原因，老子所持"德"性修养论从全球看仍有较大受众面还停留在浅层层面。有所谓"我想把它放在架子上会让我看起来更有修养"

(leah，2009 Amazon 读者)①，它就像"皇帝的新衣"，没有人敢落伍。老子说"失道而后德"；"大道废，有仁义"。故此，其"德"性修养者实则包括"道—德"模式范围。

(1)"道"之修养

老子说："孔德之容，惟道是从。"(21章)故而开展"德"性修养的前提还得弄清：何谓"道"，"道"与人之修德有何关系，如何修"道"等问题。《道德经》有云：

> 有物混成，先天地生。寂兮寥兮，独立不改，周行而不殆，可以为天地母。吾不知其名，字之曰道，强为之名曰大。……故道大，天大，地大，人亦大。域中有四大，而人居其一焉。人法地，地法天，天法道，道法自然。(25章)②

本章是理解老子"道"论之钥匙。一方面，"道"为"天地母"，万物由此而生，且始终在运动中而"不改"其本性；另一方面，从"域中四大"看，"人"与"道、天、地"同列，且最终都归于"自然之道"，故谓人之修德"惟道是从"。

"道"之本源论与以往西方神学论、华夏天命观比，已显示出老子"道"论之鲜明切割。它尽管显得比较直观朴素，但对宇宙及其人类起源的科学认知具有进步意义。"道"之初始意义就是人所行走的道路。西周末年以来，"道"逐渐衍生出多种抽象含义。诸如："道"指"言说"；《尚书·禹贡》云"九河既道"，"道"又指通达；《诗经·齐风》云"鲁道有荡，齐子由归"，"道"又指政治原则；或"道"同"德"，指德性正义，如《尚书·泰

---

① 李书影、王宏俐：《〈道德经〉英译本的海外读者接受研究——基于 Python 数据分析技术》，《外语电化教学》2020 年第 2 期。

② 其"人亦大""人居其一焉"之"人"，河上公本、王弼本均作"王"。此据《南怀瑾选集·老子他说》第 2 卷（复旦大学出版社 2009 年版，第 240—241 页），以及陈鼓应《老子今注今译》（商务印书馆 2006 年版，第 172 页）改定。

誓下》云"天有显道"、《国语·晋语三》云"杀无道而立有德";另"道"又指原理或规律,如《国语·周语下》云"将有乱,敢问天道乎,仰人故也"等。而老子"道"论则是第一个在中国哲学史上将"道"提升为最高认知范畴,第一次对宇宙何以存有以"道"之起点及其体系来解释事物发展。老子"道"论共相所指比较丰富,归纳而言主要有两大方面:一是指向世界发展规律性的"道"。它不以人的意志所转移,正所谓"独立不改,周行而不殆",结论为"道法自然"。所谓"自然",自己如此,即天、地、人皆依"道"——自然之物性——自然而然。"道之为物,惟恍惟惚。惚兮恍兮,其中有象;恍兮惚兮,其中有物"(21章)。此"道"者,正是宇宙物质运动之特征并贯穿《道德经》始终。二是指向人生发展准则性的"道"。众所周知,形而上者谓之道,形而下者谓之器。老子之"道",虽然重在形而上者,但终究还是回到价值格位上。"道"作用于人生,便可成为"德"。此时,"惟道是从"者"德",又反哺于"道","天道"与"人道"合二为一。如果我们再结合老子关于现实场境系列德论之指引,其对人生发展之"道"之应用必有启示。

"道"之修养对于我们是个大课题,择其要者有三个"确切领悟":其一,确切领悟"为学日益,为道日损"(48章)之目标。然则后人对这句话则多有迷离,实际它是解释"为学""为道"之两种不同目标或境界。为学者因知识让人进步,须不断做加法,故有"学无止境"之叹;修道者则相反,"损"即减,且当"损之又损",不断做减法,涤除其杂念,以进入澄怀观道之境,故有"道无终极"之悟。亦即"道"者,"淡乎其无味,视之不足见,听之不足闻,用之不足既"(35章)之玄妙境界。其二,确切领悟"域中有四大"且"知人者智"之重点。"四大"中人处于第四位,而在"人法地、地法天、天法道"序列关联中,人则处于第一位。在老子看来,人为"四大"之一,自然与"天道"等同为始点;而人在"四大"序列关联中,人又是世界或"道"展开之终点。故以人为本,认识自己,更是老子"道"修养之根本命题。而且,《道德经》还专章谈到知人知己(33章)。其三,确切领悟"反者,道之动"(40章)之方式。亦即"道"依其本性和功用,其"动"之常态在于"反"。"反"是与正相对的一面。肯定依赖于否定才能发挥自身作用,事物对立面亦常是相互依存转化。老子云:"三十辐共一毂,当其无,有车之用。埏埴以为器,当其无,有器之用。凿户牖以为室,当其无,有室之用。故有之以为利,无之以为用"(11 章);"故有无相生,难易相成,长短相较,高下相倾,音声相和,前后相随"(2 章),均在以"反"论"道之动"的方式方法。

(2)"上德""下德"之修养

尊"道"旨在修"德",修"德"须知"德"之方向。老子云:"上德不德,是以有德;下德不失德,是以无德"(38 章)。"不德",不以德为德;"不失德",即拘执于德,很在意德之形式。这里,老子是依据"惟道是从"关系谈"德"之上下。所谓"上德",指"道"创生世界万物之至善本性及其在现实生活之体现,其"道—德"几乎一体,与"道"也最为接近。老子这里反对的"下德"正是当时世俗所崇尚的仁、义、礼,属于该章所指"失道而后德"之"德"。且它所从之"道"也并非老子所推崇的自然之道,故以"道之华而愚之始"鞭笞。然而,《道德经》之"下德"所指只是相较"上德"之辩证否定。实际上,从人之修德过程看,"德"本应是人对"道"的一种自然顺应进层。老子云:"上士闻道,勤而行之;中士闻道,若存若亡;下士闻道,大笑之。不笑不足以为道"(41 章)。修道既有上中下,修德自然也有"上德""下德"之分。老子特别看重"上德",但"上士"毕竟太少,而悟"道"似懂非懂之"中士"确在多数。"中士"虽不如"上士"那般勤勉,但也毕竟不能轻易放弃,甚至还会去行持;即便"下士",老子好似不那么消极——"道"并非人人能悟——经过排斥、怀疑定能成为人们心中的"道"。"大丈夫处其厚,不居其薄;处其实,不居其华"(38 章)。这里,它实际已为我们明示修德方向,"下德"亦是德。故此,老子特别赞赏"道生之,德畜之,物形之,势成之"(51 章)。"道""德""物""器"各有定位,"势成之"所带来的工具进步谁能低估?!

修德须取法乎上。在老子看来,圣人或上士是集诸多品德于一身、从善如流的德行者,是人类德性的典范。

其典范之表现，首先是"三无"：一是圣人无私。"无私"并非没有自我，而是努力将自我与社会融为一体。"是以圣人后其身而身先，外其身而身存。非以其无私邪？故能成其私"（7章）。"成其私"者，即因圣人"身先""身存"，故能成其圣人之大业。二是圣人无心。"无心"，系指无个人一己之意愿。老子云："圣人无常心，以百姓心为心。善者，吾善之；不善者，吾亦善之，德善。信者，吾信之；不信者，吾亦信之，德信"（49章）。三是圣人无积。老子云："圣人无积，既以为人，己愈有；既以与人，己愈多"（81章）。"无积"，亦作"不积"，指没有占有欲，没有财物积藏。施利于人，自己更显富有；给予他人，自己所得更多。其次是"四善"：一是圣人善水。老子云："上善若水。水善利万物而不争，处众人之所恶，故几于道"（8章）。"上善若水"者，重在"不争"和处下，当系"道—德"完美之体现。二是圣人善啬。"啬"即节省、积蓄。老子云："治人事天莫若啬。夫唯啬，是谓早服。早服谓之重积德"（59章）。"早服"者，即及早服事于"道"，以善啬之态度不断蓄精养德，必将"深根固柢"。三是圣人向善。老子曾这样描述一个人人向善的环境："善行无辙迹，善言无瑕谪，善数不用筹策，善闭无关楗而不可开，善结无绳约而不可解。……故善人者，不善人之师；不善人者，善人之资"（27章）。不仅从"善行""善言"等多方面揭示善之美德，还提出了如何行善之原则方法。四是圣人善于建德抱道。老子云："善建者不拔，善抱者不脱……修之于身，其德乃真；修之于家，其德乃余；修之于乡，其德乃长；修之于国，其德乃丰；修之于天下，其德乃普"（54章）。"善建""善抱"者，指得道之士能固其根而不拔，拥其道而不脱，它正是我们每个人修道建德之美好愿景。

（三）《论语》"仁学"共相与"立德"

《论语》是孔子弟子记录孔子教学言行的语录文集，历来被中外奉为儒家经典。孔子（前551—前479年），名丘，字仲尼，春秋鲁国陬邑（今山东省曲阜市）人。伟大的思想家、政治家、教育家，儒家学派创始人。孔子的教育成就，主要是通过《论语》创立了自己的伦理道德思想体系。该体系以性善论为基础，所塑造的理想人格为"君子"。"君子"之内在规定性为"仁"，"仁学"是其最高道德准则，亦是几千年来整个中国传统道德之共相。孟子继承了孔子仁德学说，常与孔子并称"孔孟"。

1. 孔子"仁学"关键词：仁德、知德

《论语》说"仁"者，分别有16篇、58章，110处用到"仁"字。据考证，孔子之前虽已有人从"人二"（"仁"字构造）来阐释人与人之间的相互亲爱，但只有孔子才赋予"仁"以全新的文化内涵。亦即将"仁"所以会爱人、能爱人的根源显发出来，以形成其学问中心。[①] 孔子"仁学"主要是伦理学范畴，其宗旨就在教人懂得人道之爱和社会伦理责任，努力培养更多的他一生所向往的仁人君子。在孔门教学体系中，重点强调"仁""知""勇"，旧称"三达德"，亦即君子理想人格的三条标准。"子曰：'君子道者三，我无能焉：仁者不忧，知者不惑，勇者不惧。'子贡曰：'夫子自道也！'"（《宪问第十四》）在这"三达德"中，最高的德就是"仁"，系"道"之根本；"知"者为了"道"，利于"道"，系成其为君子之条件；至于"勇"，则是君子修德之表现，相对次要，所以孔子说"仁者必有勇，勇者不必有仁"（《宪问第十四》），终还得看这"勇"是否用对地方。显然，"知""仁""勇"是君子修德之有机整体。"仁"系核心，"知"系基础和条件，"勇"系"仁—知"之实践结果。从君子修德任务而言，重在仁德和知德两个方面。

（1）"仁德"之提出与内涵

"仁"作为君子理想人格之要素，"仁德"之重要性自不待言。孔子生活在春秋末期一个大动荡的时代，当时社会是"礼坏乐崩"、道德沦丧，周礼覆灭。正由于此，孔子主张"克己复礼为仁。一日克己复礼，天下归仁焉。"（《颜渊第十二》）唯有"克己""克私"，才能"复礼"，才能有"仁德"，才能使"天下归仁"。

孔子"仁德"之内涵主要包括两个方面。首先，系"仁"之亲亲含指，孝悌是其重要范畴，是从血缘亲族中自然生发出的一种亲亲之爱。孔子云：

---

① 徐复观：《徐复观文集》第3卷，湖北人民出版社2002年版，第92页。

"君子笃于亲，则民兴于仁。"（《泰伯第八》）认为君子如重视孝悌亲情，人民就会大兴仁德之风。又云："其为人也孝弟（悌），而好犯上者，鲜矣；不好犯上，而好作乱者，未之有也。君子务本，本立而道生。孝弟也者，其为仁之本与！"（《学而第一》）故《中庸·第20章》评云："仁者，人也，亲亲为大。"其次，系指以"忠恕"为本的"爱人"之道。"忠"者，一方面是待人处事的"忠"。如曾子曰："吾日三省吾身——为人谋而不忠乎？"（《学而第一》）另一方面是对君主的。如"君使臣以礼，臣事君以忠。"（《八佾第三》）同时，"忠"还多与"恕"并用。"子曰：'吾道一以贯之。'曾子曰：'唯'。子出，门人问曰：'何谓也？'曾子曰：'夫子之道，忠恕而已矣'。"（《里仁第四》）"忠恕"作为仁之方已很明了。总之，"仁德"在孔子那里总是通过一系列的具体行为表现出来，另有如恭、宽、信、敏、惠等。

（2）"知德"之提出与内涵

正因为春秋末期道败德失，人才培养仅依靠"仁德"不够。孔子认为："性相近也，习相远也"，且"上知与下愚"（《阳货第十七》）状况必须改变。应突破"学在官府"，实施"有教无类"（《卫灵公第十五》）的全面教育。孔子办学既强调"仁德"，又重视"知德"，实施"文、行、忠、信"四科教育，这才是孔子"知仁勇"并举的基本构想。

考察《论语》中"知德"的含义，其"知"不外有以下两种用法。第一，"知"用作动词，意为知道、把握。孔子曰："不知命，无以为君子也；不知礼，无以立也；不知言，无以知人也。"（《尧曰第二十》）"知命"者，亦即"五十而知天命"（《为政第二》），这里并非听天由命，实际是在客观世界的限制下尽其所为，"制天命而用之"[1]；"知礼"者，"礼"包括礼仪、礼貌、礼法等，它系为政者之准则，为人者之尺度；"知言"者，它是"知人"的先决条件，亦即善于通过别人的言语，分辨其是非善恶。孔子"三知"，或可叫"德性之知"，历来影响深远。第二，"知"系"聪明""智慧"之意，与"智"相通，多作名词用。"知"在《论语》中往往"仁知"并举，仁者

---

[1] 《荀子·天论》，陈清等点校《诸子集成》2，团结出版社1999年版，第252页。

和知者均是孔子认为的理想人物。如"仁者安仁，知者利仁。"（《里仁第四》）"知者乐水，仁者乐山。"（《雍也第六》）孔子另有个核心思想，即仁者爱人，智者能知人。何谓"知人"？孔子曰："举直错诸枉，则民服。"（《为政第二》）即能善于识别"直"与"枉"，此即智者本领。当然，"知者不惑"（《子罕第九》）亦是智者的重要素质。子张曾问如何辨惑，子曰："主忠信，徙义，崇德也。"（《颜渊第十二》）这或可叫"德性之智"。

2. 孟子"仁学"创新与发展

秦汉之后孟子被一致认为是孔学传道第一人。《孟子》在宋代时亦被列为"十三经"之一。孟子对"仁学"创新主要有二："心""性"在孟子思想中占据核心，"尽心知性"，"存心养性"，"心""性"一体，以此形成儒家认知伦理学的显著特征；另基于"人皆可以为尧、舜"①前提，再细论"仁"之层次以及君子求"仁"之进路，进一步丰富了儒家仁学。

（1）从心性论创新"仁学"

孔子论仁，一般都是简单对话，就事论事。孟子则从心性论仁，阐发"仁学"内涵，并给出强有力论证，具有较强思辨性，内容更为翔实。在《孟子》中，"心"字总126见，而《论语》中"心"字仅用到6次。孟子云："仁，人心也；义，人路也。"（《告子上》）一语中的。"仁，人心也"，它是心的最基本属性。因而，孟子论"仁"常与"心"相连，明确指出"无恻隐之心，非人也"；"恻隐之心，仁之端也"。（《公孙丑上》）在这反复申明中不难看出，"恻隐之心"不仅是仁的存在状态，而且仁也是通过"恻隐之心"表现出来。此一论断为仁找到了心理根据，进而开辟了以心论仁的新阶段。然后，孟子又抓住与心紧密相关的"性"进行论证，以为人之性即是"人之所以异于禽兽者"（《离娄下》），即人之具有所以为人的特殊属性——道德意识。孟子云："君子所性，仁、义、礼、智根于心。"（《尽心上》）这里，将"性"的基本内容用"仁义礼智"（即"四端"）予以确定，且"根于

---

① 方勇译注：《孟子·告子下》，中华书局2015年版，第235页。本书所引《孟子》原文除另有注明外，均见方勇译注本，以下仅在正文注明篇章名，特作说明。

心"，亦即仁义礼智这些道德意识在人心中最初是以"端"——萌的形式存在的。因此，这"恻隐之心""凡有四端于我者，知皆扩而充之矣，若火之始然，泉之始达"(《公孙丑上》)，最终可发展为完善之仁德。朱熹云："孟子发明四端，乃孔子所未发。……有辟杨墨之功，殊不知他就人心上发明大功如此。……发明四端，是安社稷之功。"①

(2)"仁"之层次及其修炼

孔子曰："为仁由己，而由人乎哉?"(《颜渊第十二》)"仁远乎哉? 我欲仁，斯仁至矣。"(《述而第七》)这里的两个反问，告诉我们只要真心诚意求仁，并不困难，重在自己。然如何理解"为仁由己"，如何认识"为仁"，以及修炼的层次范围如何，孟子对此确有自己的思考。首先，从主体性看"为仁由己"。其一，"由己"之可能性。孟子曰："万物皆备于我矣。反身而诚……强恕而行，求仁莫近焉。"(《尽心上》)即"仁义礼智根于心"，这些"非由外铄我也，我固有之"。(《告子上》)其二，从修仁之必要性看，它还得依靠自身进行持续的道德修养。所谓"仁之端"者，是指人生所具有的还只是一些善端，并不完善。正如"五谷者，种之美者也；苟为不熟，不如荑稗。"(《告子上》)其三，从"端"之发展变异性看，善端还会随着不良的外界环境而变化，甚至丧失。《告子上》称其为"陷溺其心"或"放其良心"。孟子特别指出："放其心而不知求，哀哉!"须得"求其放心"来补救。其次，从"为仁"实践看"仁"之层次。"仁"作为人之第一要义便是亲亲，但它在孔子那里，亲、仁、爱三者之对象很笼统，看不出"仁"的层次。孟子则指出："君子之于物也，爱之而弗仁；于民也，仁之而弗亲。亲亲而仁民，仁民而爱物。"(《尽心上》)由"亲亲"推及"仁民"，再由"仁民"扩展到"爱物"，孟子之所谓仁之层次性显得很明确。"亲亲"是"仁"之自然基础，"仁民"是"仁"之核心和主体，"爱物"则是"仁"之最终实现。可以认为，"亲亲而仁民，仁民而爱物"命题是孟子对儒家仁学的重大发展。

---

① 黎靖德编：《朱子语类》(全6册)3，卷53，中华书局2020年版，第1383页。

3. 仁学教育践行考验

儒家仁学本是一个仁知一体、知行合一的科学体系。仁学虽包含仁德、知德两方面，但"仁"及其实践在其体系中却一以贯之。"曾子曰：'士不可以不弘毅，任重而道远。仁以为己任，不亦重乎？死而后已，不亦远乎？'"（《泰伯第八》）儒家仁学赋予士君子如此知行责任，确系难得。

（1）仁学教育践行之意义

"仁"是一种人生境界，是一种足以使所有人诚服的人格魅力。孔子曰："上好礼，则民莫敢不敬；上好义，则民莫敢不服；上好信，则民莫敢不用情。夫如是，则四方之民襁负其子而至矣。"（《子路第十三》）此"上"之人格美自然让人追随。"孔子曰：'志士仁人，无求生以害仁，有杀身以成仁。'"（《卫灵公第十五》）几千年来，儒家的这种目标与追求，其激励作用令人感佩。再从儒家仁学教育之践行看，更有两点值得肯定：一是积极倡导"荐贤举才"，并提出"仕而优则学，学而优则仕"（《子张第十九》）的政治主张，极大促进了世袭贵族官僚制度的改革，在某种程度上提高了公共权力的社会公正性。二是通过实施广泛的仁人君子教育，实现"天下归仁"。诸如"君子不重，则不威；学则不固。主忠信。无友不如己者。"（《学而第一》）"君子笃于亲，则民兴于仁。"（《泰伯第八》）此类思想对改变当时社会世袭贵族为道德贵族，其实施效果不可低估。

（2）仁学教育践行之路径

第一，立志为先。"苟志于仁矣，无恶也。"（《里仁第四》）"三军可夺帅也，匹夫不可夺志也。"（《子罕第九》）只要有坚定的志向，始终不渝地追求，就可以实现自己的理想，"求仁而得仁"（《述而第七》）。第二，以仁统知。子路问孔子何以为君子，孔子云："修己以敬""修己以安人""修己以安百姓"（《宪问第十四》）。"修己"乃自身仁德修养之需求，而"安人"与"安百姓"则与外在事功相关联。"仁"作为衡量外在行为的内在准则，同时对外在行为也具有规范与制约。第三，知行并举。理想人格的实现，不能靠静思默坐似的习得完成，而要实实在在地表现于日常生活中。善于"能近取譬，可谓仁之方也已"。（《雍也第六》）也就是看一个人是不是仁者，主要不是听其言，而是观其行。一个立志成仁的人，在实践中还可能时常要接受贫贱与富贵乃至生死的考验。孔子说："志士仁人，无求生以害仁，有杀身以成仁。"（《卫灵公第十五》）"仁"和"成仁"，当是一种崇高的生命境界与庄严的伦理义务。

二、上古立德树人学派选介

之所以要选择几个上古立德树人学派予以介绍，旨在从世界层面揭示人类对立德树人的共同追求；同时，更为重要的，即以此展示新时代大学立德树人根本任务的提出与上古"以人为本""立德""树人"等传统思想之渊源关系。

（一）孔孟学派的立身修已说

孔孟学派亦即儒家学派。儒家学派系由孔子首创，孟子则以孔子继承人自居。《史记》有云："孟轲序《诗》《书》，述仲尼之意。"[①] 从孔子卒年到孟子生年相差约一个世纪，其间比较公认的孔孟学派典型代表有曾子、子思，以及战国后期被称为"后圣"的荀子等。据《韩非子·显学》披露，儒家学派随着社会发展和新变局的出现，春秋末期以来已开始逐渐分化，其派别已达 8 个。尽管如此，但孔孟学派的一些基本理念与实践经验，诸如围绕仁人君子目标之立身修已说等仍是整个儒家学派不变的内核。孔孟学派中既有大成至圣，又有亚圣以及后圣，其学术地位毋庸置疑。

1. 重新定义"君子"人格规定

从现有文献看，"君子"一词在西周已开始使用。《尚书·酒诰》《尚书·召诰》分别有"庶士有正越庶伯君子"；"百君子，越友民。"[②] 据顾颉刚、刘起釪考证，其中"'君子'，指当时统治阶级"[③]。同时，西周乃至春秋时更

---

① 司马迁著，韩兆琦评注：《史记》下，岳麓书社 2004 年版，第 1081 页。
② 李民、王健撰：《尚书译注》，上海古籍出版社 2004 年版，第 270、293 页。
③ 顾颉刚、刘起釪：《尚书校释译论》第 3 册，中华书局 2005 年版，第 1396 页。

是频频开始使用"君子"一词。例如《卫风·淇奥》"有匪君子"。据《史记·卫世家》记载与《毛诗序》说明，诗中"君子"形象正是在赞美卫武公这个有功之臣；再有《秦风·小戎》"言念君子"，从《史记·秦本纪》得知其"君子"应是在一场卫国战争中的光辉形象，从其精良之配备及其表现出的飒爽英姿确非等闲之辈。可以看出，"君子"一词在当时文献中确系特指具有一定政治身份或官宦血缘的显贵人士。

然而，以孔子、孟子为代表的儒家学派，基于以往"君子"概念的狭隘性，便从社会公共性的角度对"君子"内涵的微观和宏观标准，从德、才等几个方面作出了全新规定。首先，从宏观来看，"君子"应是具有社会公共性的理想人格。孔子反复指出："君子之德风，小人之德草"（《颜渊第十二》）；"君子谋道不谋食……忧道不忧贫"（《卫灵公第十五》）；"君子喻于义，小人喻于利"（《里仁第四》）。在孔子看来，君子的道德品质不仅是公众敬仰学习的楷模，而且君子更多还要积极入世，应通过自己德行和才能的不断完善，努力实现社会共同体的安定有序。或者说，其理想人格就是个体意义与社会意义的完美统一体。其次，从个体来看，"君子"人格还具有优良的饱含家国情怀的"四端"规定性。自孔子提出君子"仁知勇""三达德"之后，孟子、荀子等人对君子人格的构成也作出了卓有成效的深入探讨。孟子从"仁，人心也"之性善论角度，提出了著名的"君子所性，仁、义、礼、智根于心"的"四端"论；荀子则从性恶论角度提出"化性起伪"思想，而要改变其恶性，一要强化君子观[①]的隆礼规范，二要做到"君子博学而日参省乎己"[②]等。当然，孟子、荀子从"性善""性恶"出发毕竟有唯心的缺陷，但从马克思主义唯物史观看，人的发展首先亦应满足物的

---

① 从现有文献看，"君子"在战国前有两种含义：一指在位统治者；二指有道德、有学问、守礼义者。然《荀子》一书所经常使用的却是"士君子"称谓。如《荀子·非相》："有小人之辩者，有士君子之辩者，有圣人之辩者。……先虑之，早谋之，斯须之言而足听，文而致实，博而党正，是士君子之辩者也。"此所谓"士君子"与当时"君子"的第二种含义同，与孔孟之谓"君子"亦无大的差别。

② 《荀子·劝学》，陈清等点校《诸子集成》2，团结出版社1999年版，第47页。

需求。这种需求和理想君子向善需求一样均有层次。孔孟等人关于"君子"理想人格之规定，尤其是孟子"仁义礼智""四端"的提出仍然值得我们珍视。

所谓"四端"：一者"仁"，即爱心。包含"亲亲而仁民，仁民而爱物"（《尽心上》）三个层面，"仁"作为"四端"之首，具有价值本体地位。二者"义，人路也。"（《告子上》）"义"即道义，"义路"是个比况，指"仁"之价值实现之路。三者"礼"，周代以来即有"道德仁义，非礼不成"（《礼记译注·曲礼上》）说法。"礼"不单纯是一种礼仪形式，主要还是个"仁"本实践概念。作为"四端"之一，"礼"已被完全外化为形式节文，亦即"义以出礼"，成为"礼"由"义"决的具有普遍意义的道德功能。四者"智"，从"为政不因先王之道，可谓智乎"（《离娄上》）看，其"智"是指实践和成就"仁义"道德价值的智慧。孟子云："智之实，知斯二者（仁义）弗去是也。"（《离娄上》）"智"就是对"仁义"的真切认知与坚守。

春秋战国时代是周秦社会转型以及中国传统文化和学术提升层级的关键性阶段。孔孟学派的立身修己观犹如社会大浪淘沙过程中的一股清流，其"君子"之全新定义及对君子理想人格的塑造实践，不仅顺势汇入中国传统话语滔滔黄河，更是深刻影响着中国新文化的基本走向和社会公共管理价值体系的重建。如果剔除其一些过时的、糟粕性的东西，它对我们今天社会主义事业发展仍具有重要的借鉴意义。

2. 立身修己要津："仁道"

"仁道"在孔孟学派著作中实际是两个概念，"仁"与"道"各有含指。"仁"即爱心。它首先是基于孝悌之亲亲，再推而广之，"泛爱众"（《学而第一》）归总。孟子再具体化为"亲亲而仁民，仁民而爱物。"（《尽心上》）"仁爱"是其核心，是推动"天下归仁"的前提。"道"即天命（道）或人道。孔子坚信"未能事人，焉能事鬼。"（《先进第十一》）他之所谓天道或天命者，多指事物发展之规律或某个正确理念之选择，故有"道不同，不相为谋"（《卫灵公第十五》）的感叹。孔子也认同"命"，"命"与"道"相同，均属某种自然规律的安排，核心就在人道。

"仁道"作为一个并列合成词,从立身修己看均不得偏废。"仁""仁爱",实际是一种立身处世的情感态度;"道",重在理性认识,具有"导"之意涵,是对"形而下"界域之超出,旨在标举一种虚灵的自然走势。"仁道"作为一个偏正词,中心自然在"道",方向决不能错,正所谓"朝闻道,夕死可矣"(《里仁第四》)。当然,最后能否成事、成人,又不可须臾离开"仁",两者相辅相成。

孔子、孟子等对"仁道"内涵虽均有探讨,但孟子最大的贡献还在于给"仁道"找到了天道与心性一以贯之的善端——"恻隐之心"这个道德形上学之根基。

"仁爱"是对他人的关爱,是对生命的恻隐之心,是由里及外表现出来的真性情;更是基于对他人和自我同等的尊重和理解,是一种和他人的亲善关系,自然应成为人类一切活动的出发点与依归。因而,"仁道"价值不同于一切手段和工具。在"仁道"与"礼","仁道"与"智""勇"等其他关系上,"仁道"都是为人的最高境界,其他都是为了实现"仁道"之手段,而不是相反。它所指引的这种非功利性超越,往往就须得以人的生命践履去体证的价值趣向。

孔孟学派之"仁爱"将"人"置于很高的地位,尊重每个"人"应有的尊严和权利;以"天下为公"为本,提倡建立一个保障生命、维护自由、充满爱的"大同世界"。几千年来,儒家文化之所以深刻影响着世界的政治、经济、文化等社会结构的形成与发展,正是其"仁爱"顺应了人类需求,符合发展规律。当然,儒家"仁爱"重在修身立己,孔孟学派创立的是一整套"仁德""知德""勇德"修身路线。

(二)芝诺创建的斯多葛学派

芝诺(Zenon,约前334—前262年),古希腊唯物主义哲学家,斯多葛学派创始人。生于塞浦路斯岛季蒂昂(今拉纳卡)的一个商人家庭。受家庭经商背景影响,芝诺从小得以接触许多来自雅典的哲学书籍。成年后,子承父业,从事航海贸易,但在海船失事后变得一贫如洗,于是在雅典拜师犬儒派名哲克拉特斯（Crates of Thebes），从此全身心投入到哲学中。在自我的哲学体系成熟后，他开始向大众宣扬自己的思想，在一个彩绘门廊（Stoa Poikile）进行演说。后来，聆听他讲课的人逐渐增加，芝诺及其后继者自然形成一个学派，并据希腊语"Stoa Poikile"译为斯多葛或斯多亚学派。芝诺著有《理想国》《论义务》《论王权》等。雅典人用公款为芝诺修建墓地，以纪念芝诺在劝人向善、教化德育方面的贡献。

斯多葛学派在希腊化文明时期应运而生，直到公元 6 世纪，是希腊哲学中绵延时间最长的学派。在希腊化和罗马帝国文明中该学派学说都是官方支持的主导思想，体现了奴隶制时代帝国型集权的基本文化精神。斯多葛学派作为古希腊四大哲学流派之一，其不少思想诸如"世界国家""世界公民""天赋理性""自然（德性）""崇尚德性"等，至今依然还有着广泛和深刻的影响。

1. 芝诺"世界国家"构思

芝诺的"世界国家"构思是对古典主义时期柏拉图"城邦"概念的伟大突破，与我国孔子所主张的"大同世界"有异曲同工之妙。其"世界国家"构思的核心观点包含以下内容。

（1）废除现实城邦特征并以此划清与柏拉图界限

古风时代，希腊哲人对理想国的设计建立在城邦之上，"一邦一国"是当时古希腊的显著特征。在这样的城邦政体下，各城邦规模很小，具有很强的独立性。城邦之间可以有不同的法律、制度、风俗、习惯和货币，而芝诺的"世界国家"构思则打破了柏拉图等构建在狭小城邦政体之上的理想国设计。他提出了大一统的"世界国家"（Cosmopolis）理念，各独立分散的城邦不再自为一体、各自为政，而是跨越了城墙之限。芝诺认为："我们这个世界上的居民，不应根据他们各自的正义的原则，分为独立的城邦和社群；而是应该认为，所有的人都属于一个社群和一个政制，我们应该有一个共同的生活，对所有的人来说是共同的秩序。"[①]芝诺主张废除神庙、法庭和运动

[①] 转引自姚介厚《斯多亚学派的自然法与世界主义思想》，《社会科学战线》2010 年第 5 期。

场这一类具有狭小城邦属性的设施，他的"世界国家"的法律亦不再是各狭小城邦的人为约定，而是已发展成为根据理性的自然法颁布的公共法，其约定对公民没有任何种族和等级差别。正如芝诺思想追随者罗马皇帝马可·奥里略所言：我们不应该说"我是一个雅典人"或"我是一个罗马人"，而应该说"我是一个世界公民"。①

（2）唯拥有德行的人才能成为"世界国家"公民

芝诺"世界国家"的构思，在公民身份方面他排除了性别、血缘、民族、阶级等方面的差别，显然是基于一种"人人平等"的理想。不过，亦并不是"完全无条件的平等"，芝诺及其斯多葛学派则是将德性视为"世界公民"的唯一门槛："世界国家"要求所属公民依据自然法践履德性，负有献身国家的道德责任。认为德性是一种和谐的性情，是矢志于使整个生命相和谐的心灵状态。其基本的德行包括智慧、节制、勇敢和正义。这种世界主义体现了帝国世界的统治要求，在长达 800 年的希腊化文明和罗马文明中均是主导的政治伦理精神。② 同时，芝诺还肯定了教育的意义，他认为德性可以修省和提高，通过道德教化，坏人可以变成好人，"世界公民"的数量可以不断增加，世界国家的"版图"也会不断扩大。芝诺的理想国构思本质上是回归他对人本性和道德修省的诠释，更像是一种伦理共同体的国家设计，其理想国应是"有德者之国"。

（3）对古希腊的传统价值观进行了突破

在过去，维护城邦的独立自治是古希腊一直以来顽固恪守的传统，这使得古希腊始终难以整合城邦的人力、物力资源，以至于最后被亚历山大所征服。古希腊人甚至将城邦之间的联合视作对独立自由的威胁，而芝诺的"世界国家"构思却打破了这种传统的"城邦至上"观念。此外，芝诺的"世界国家"构思还打破了传统奴隶制"天经地义"的思想和"非我族类，其心必异"的种族观念。在古风时代，自由民拥有奴隶是天经地义的，

---

① 转引自 [英] 罗素《西方哲学史》，马元德译，商务印书馆 1986 年版，第 333 页。

② 姚介厚：《斯多亚学派的自然法与世界主义思想》，《社会科学战线》2010 年第 5 期。

即便是亚里士多德也认为奴隶不过是有生命的工具，是完全属于自由民的。他甚至认为奴隶与主人之间不存在政治的公正，似乎就是天生的奴隶。① 芝诺的这个设计，可以说突破了古希腊人"自我优越"的传统观念。这种追求民族整合、国家统一的哲学思想极大满足了征服式帝国政体的统治。如古罗马著名政治家西塞罗和塞涅卡，曾为奴隶的爱比克泰德，甚至古罗马皇帝马可·奥里略等都成为斯多葛学派的代表人物。

2. 斯多葛学派的主要思想

斯多葛学派主要有以下观点：（1）"世界国家"的大一统观念。这是一种"超城邦""跨民族""泛人类"的世界观。古希腊以往的古典主义哲学是一种城邦至上哲学。柏拉图的理想国即是基于城邦政体设计的，里面的民族单一，奴隶和自由民等级分明。如前所述，芝诺倡导的是一种"世界国家"的理想国构思，在这种世界观支配下，斯多葛学派构筑起了一套整体论的（Holism）、普遍联系的哲学体系。（2）"天赋理性"的人性观。斯多葛学派认为，宇宙产生和运转遵循着某种普遍律，"世间万物都有一个灵魂（Logos Soul）或合理原则……此原则也可称作一种普遍理性、命运或者天命，这是宇宙一切的根源，也是支配一切的法则"②。人作为自然万物一分子，自然也被赋予这份理性："所有人都从神中流溢出来，人的理性与神的理性是一致的，人的理性是上帝理性（逻各斯）的同质部分，所有人都具有普遍和共同的人性，这种理性的共同性决定了人和人相互之间是平等的。"③ 斯多葛学派将个体的人性与宇宙天理进行同一，把人之理性喻为"神性碎片"，尽管带有某种天命论、神秘学的色彩，却也让人性与善成为人人所固有的、自然所赋予的客观本性。如此就使人人接受道德教育，向至善的美德发展便成为可能。（3）按照"自然律"生活。在斯多葛学派看来，"世

---

① ［古希腊］亚里士多德：《尼各马可伦理学》，廖申白译注，商务印书馆 2004 年版，第147—149 页。

② 孟天运：《斯多葛学派与墨家社会思想比较研究》，《吉林大学社会科学学报》2020 年第6 期。

③ 薄振峰：《人、国家与世界城邦——斯多葛学派的人权哲学及其影响》，《东岳论丛》2019年第 4 期。

界公民"不仅仅享有相同的权利，而且亦有共同的义务。"世界国家"的法律就是由自然颁布的"正当律"或"公共法"，故其自然律就得无条件地被人类理性所接受。事实上，自然律的第一条命令就是履行责任。"芝诺是第一个使用'责任'这一概念的人，他把它定义为'与自然相一致的行为'。"① 按自然律生活即按德性生活，强调"人的目的就是要与自然相一致地生活，即依照德性而生活——因为自然会将我们引领到它那里"②。(4) 为了幸福，追求德性。德性是生活的最终目的，德性就是幸福，就是智慧，以此打通了"文化人"和"智慧人"的壁垒。进而，还提出了"德性是自足"的论点。正如芝诺所说"德性足以使人幸福"，"幸福生活只需要德性自身"。③ 其德性的拥有和自足主要表现在两方面：一方面德性是灵魂的健康状态，它是通过理性后天所获得，带有较强践履性；另一方面，德性又是一个整体，具有某些德性而缺乏某些德性远远不够。譬如，柏拉图所确立的四主德：智慧、勇敢、正义、节制，四者不可或缺。④ (5) 注重心灵锤炼。斯多葛学派将德性视为神赋予人的自然理性，在这自然主义、意志主义道德观指引下，他们甚至要求"我们应该这样生活，仿佛此时此刻就是我们的最后时刻"。正是由于对这种非永恒性的思考，人们必将倍感珍惜，如此，生活将不会留有遗憾。他们将这种生活视为一种心灵的锤炼，审视生活，祛除消极情感，不以物喜、不以己悲的强大心境，进而来实现道德上的至善。⑤

3. 影响与启示

一位西方学者曾说："在哲学方面希腊所留下的实践遗产，不是柏拉图

---

① 赵敦华：《西方人学观念史》，北京出版社 2005 年版，第 55 页。

② [古希腊] 第欧根尼·拉尔修：《名哲言行路》，徐开来、溥林译，广西师范大学出版社 2010 年版，第 340 页。

③ [古希腊] 第欧根尼·拉尔修：《著名哲学家的生平和学说》，转引自赵敦华《西方人学观念史》，北京出版社 2005 年版，第 59 页。

④ 赵敦华：《西方人学观念史》，北京出版社 2005 年版，第 59—60 页。

⑤ 付粉鸽：《合乎自然而内心宁静：斯多葛学派的哲学治疗智慧》，《西北大学学报》(哲学社会科学版) 2017 年第 1 期。

的壮美，也不是亚里士多德的博学，而是芝诺和伊壁鸠鲁的实践体系以及皮浪的怀疑论。在我们今天的时代，每个人不是一个斯多葛派或伊壁鸠鲁派，便是个怀疑主义者。"① 由此可见，斯多葛学派在哲学方面的影响极其深广。总的来说包含以下几点：第一，影响西方的人权思想。斯多葛学派宣扬了一套以自然法为基础、人人生而平等、可以按意志自由生活的思想，这种思想将自然理性同人的理性相合，为日后西方"天赋人权"的产生提供了参照依据。第二，影响西方的道德伦理观。由于将激情视作为"恶"，反对流俗追逐快乐的生活，斯多葛派主张一种苦行僧式的、灭人欲的节制生活，这就为西方禁欲主义式的宗教生活和道德修省提供了参照。第三，影响西方人对世界的观念。斯多葛主义提倡了一种"世界国家"的理念，但就如亚历山大东征一般，这种理念是建立在一种征服、同化的逻辑之上的。一方面，这为西方世界主义、国际主义思潮奠定了思想的准备；另一方面，也形成了零和博弈的征服思想。第四，影响西方的平等观念。斯多葛主义"四海之内皆兄弟"，不分高低贵贱在精神与人格上皆平等的思想对近现代平等观念的形成产生重要的先导作用。

　　斯多葛学派对今天的立德树人工作具有以下启示：第一，斯多葛学派反对放纵、豪奢的生活方式，主张简朴、安贫乐道，这在一定程度上有益于大学生养成健康的生活方式，防止物质主义、享乐主义、拜金主义等不良风气在校园盛行。第二，斯多葛学派反对激情尽管有反人性的一面，但也有一些合理成分。如对愤怒的克制，养成一种宠辱不惊的精神境界，对于大学生在提高自控力，保持平和心态，避免浮躁和焦虑具有一定启示意义。第三，斯多葛学派提倡一种苦行僧的生活，在日常生活中接受苦难，用以锤炼强大的内心，为生活中任何可能发生的逆境做准备，这对于当代学生的培养来说同样有借鉴价值。有助于培养学生在困难和挑战面前的抗压力，提高他们在面对逆境时的心理定力。第四，斯多葛学派在道德观上没有抛却社会责任和社会义务。要求人作为自然、社会的一分子，有德性的生活自然也是益于自然

① 姜新艳：《论斯多葛派"按自然生活"的道德原则》，《江淮论坛》1986 年第 3 期。

和生活的，社会也是自然的一部分。因此，追求德性和实现幸福自然也是要益于社会的，即幸福的实现需要从作为个体的人和作为群体的人两个层面遵守世界理性给人所设定的法则。① 这对引导大学生将自我发展与社会进步联系，树立服务人民的思想观念具有启发。

三、立德树人"四教"之中国基因

（一）树人传统与"四维"构建

自古以来，"立德"在先秦典籍中一直位列"三不朽"之首（《左传·襄公十四年》）。

中国古代学者及其学校曾从不同角度对德育进行"四维"构建与实施。首先，从德育内容看，孟子特重视"四心"（恻隐之心、羞恶之心、辞让之心、是非之心）、"四德"（仁、义、礼、智）修习；其次，从立德与国之兴衰看又有"四维"说，《管子·牧民》曰："国有四维，一维绝则倾，二维绝则危，三维绝则覆，四维绝则灭……何谓四维？一曰礼，二曰义，三曰廉，四曰耻"②；再次，从德育实施过程看，依次是"知、情、意、行"，这在《论语》中均有具体记载；最后，从德育形式看，历来又有所谓"四教"的说法，即"诗教为首""乐教为魂""礼教为纲"和"史教为补"，古往今来，"四教"总是那么让人津津乐道。

立德树人是一个长期性、持续性的育人工程。在这方面，先秦多角度的理念与实践，比较好地展示了立德树人在中国古代的基本样态或基本经验。结合新时代新特点，立德树人不仅需要用崭新的政治意识和行为准则教育人，更需要用充满强烈的民族精神、亲民倾向和民族话语来感染人。"四教"之所以历久弥新，它正是先秦立德树人的实践智慧，是积淀着非常宝贵

---

① 曹亚斌：《斯多葛世界主义思想中的"人"——兼论其与"人类命运共同体"理念的相通之处》，《北华大学学报》（社会科学版）2019 年第 3 期。

② 陈清等点校：《孟子正义》，《诸子集成》5，团结出版社 1999 年版，第 449 页。

的具有中国基因的精神遗产。

自然，实施德育无论从内容、过程，还是从其重要性看，均须通过一定的形式来实践"四维"，践行"礼义廉耻"，而其重点还在精通"四教"。

（二）诗教为首

1. 诗教为首之起始

"诗教为首"传统可以上溯至先秦。《尚书·尧典》载："夔！命汝典乐，教胄子，直而温，宽而栗，刚而无虐，简而无傲。"以"典乐""教胄子"，即包含"诗教"。"诗言志，歌永言，声依永，律和声。八音克谐，无相夺伦，神人以和。"[1] 以诗表达志存高远，以歌来传达教化之言，且上古时期，中国古人多将歌、乐、舞融为一体。尔后，《礼记·王制》又云：周代太学"春秋教以《礼》《乐》，冬夏教以《诗》《书》。""诗教"之名见于《礼记·经解》引孔子语，曰："入其国，其教可知也。其为人也，温柔敦厚，《诗》教也……其为人也，温柔敦厚而不愚，则深于《诗》者也。"由此可知，"诗教"的作用在古代很早就被认识到。所谓"直而温，宽而栗，刚而无虐，简而无傲"和"温柔敦厚"之间的意趣指向基本相同。因此，孔子曰："兴于《诗》，立于礼，成于乐。"（《泰伯第八》）"诗教为首"者，意在其中。

2. 诗教传统之流变

中国的诗教流变悠久而漫长，可从三个阶段的表现见其创新拓展和突出贡献。第一，诗从"三代"歌（诗）、乐、舞"三位一体"中单列出来进行教学的孔子时期；第二，朝廷新"置'五经'博士"且以研习《诗经》为先的汉代经学黄金期；第三，皇帝亲自提出"以温柔敦厚为宗"，并呈现出诗话鼎盛、诗教拓展的"康乾盛世"期。

孔子创立的儒家学派，以《诗》三百篇为教学的核心资源，力求学而用之，教而化之。故曰："诵《诗》三百，授之以政，不达；使于四方，不能专对；虽多，亦奚以为？"（《子路第十三》）孔子诗教，其贡献有二：首先，

---

[1]　李民、王健撰：《尚书译注·舜典》，上海古籍出版社 2004 年版，第 19 页。

三代以"典乐""教胄子",而孔子在《泰伯第八》则认为《诗》、礼、乐应分属不同教化的三个方面。虽然它只是狭义"《诗》"教,但孔子能看到单纯《诗》教的功能确为不易,进而使《诗》成为各诸侯国国君、公卿大夫在外交场合展示其诗性智慧的"公共话语"。其次,在于孔子首创私人办学,且"有教无类"(《卫灵公第十五》),将"诗教"与乐教、礼教等并提同行,"设教闾里"且普及到平民,有其鲜明的划时代意义。在《论语》《中庸》等众多先秦典籍中还记录了孔子关于"诗教"的许多言论,已形成一个从理论到实践的较为完备的体系。

汉代是经学昌盛时代,"诗教"得到很大发展。汉武帝实施"罢黜百家,独尊儒术"国策,"置'五经'博士",《诗》即自汉代开始称为《诗经》。又立其学官,具有官方色彩的"诗教"亦由此展开。当时还有毛苌讲《诗》,类似于孔子办学,可谓民间《诗》教。至东汉末年,儒学大家郑玄为毛诗(亦即毛苌之古文诗本)作笺注,促使学毛诗的人越来越多。《毛诗序》云:"风,风也,教也;风以动之,教以化之";"故正得失,动天地,感鬼神,莫近于诗;先王以是经夫妇,成孝敬,厚人伦,美教化,移风俗";"故诗有六义……上以风化下,下以风刺上",更为千古诗教名言。自孔子时期的《诗》教至汉,亦即完成从"《诗》教"向"诗教"的过渡与转化。

"康乾盛世"之所以被后人普遍予以肯定,正在于它充分发挥了自己应有的历史作用,尤其在诗教创新上颇有建树。康熙、雍正、乾隆均力主孔门诗教。康熙《御制唐诗序》云:"孔子曰:'温柔敦厚,诗教也。'是编所取,虽风格不一,而皆以温柔敦厚为宗。"① 正因皇帝主导诗教,所以排斥变风变雅自然成为绝大部分儒士的选择。而且,乾隆元年九月又"御试博学鸿词一百七十六员于保和殿"②,考试内容为"下吏部议,赋、诗外增试论、策"③,将诗教与选吏紧密结合。再者,虽学校开设属对以及学者的诗话创作

---

① 康熙:《御制唐诗序》,《圣祖仁皇帝御制文集》卷22,四库荟要本。
② 《清实录》第9册,《高宗纯皇帝实录》卷27,中华书局1986年影印本,第590页。
③ 赵尔巽等:《清史稿》卷109,《选举制四》,中华书局1977年版,第3177页。

早已有之，但与"康乾盛世"比却相形见绌。据《清会典》记载，当时从官学到民间，学校诗教极其兴盛，均以"诗教"蒙学，必修《三字经》《百家姓》等韵语入门书，之后则一律训练属对。车万育著《声律启蒙》、李渔著《笠翁对韵》等这些最热门的教材，至今仍有价值。与此相应，以评价诗词及其诗人创作得失的诗话类著作亦盛况空前。近人丁福保编《清代诗话》收录 43 种，当代又有郭绍虞、富寿荪《清诗话续编》收录 34 种，略可窥其全貌。"康乾盛世"著名的诗话，即有叶燮《原诗》、薛雪《一瓢诗话》、沈德潜《说诗晬语》、翁方纲《石洲诗话》、袁枚《随园诗话》等。其中，沈德潜论诗偏重格调说，强调"有第一等襟抱，第一等学识，斯有第一等真诗"①。他的《说诗晬语》以及所编选的《古诗源》《唐诗别裁集》等，均为我国诗教史上的传世佳作，其《唐诗别裁集》还被日本汉学家青木正儿视为最好的唐诗选本。乾隆二十九年由蘅塘退士编选、至今仍为风行的《唐诗三百首》，其选诗与《唐诗别裁集》重合者高达百分之七十。② 可以认为，唐诗及至中国诗教传统的基本格局，到了沈德潜才真正定型。不过，沈德潜重订《唐诗别裁集》序云："至于诗教之尊，可以和性情，厚人伦，匡政治，感神明，以及作诗之先审宗指……而一归于中正和平。"③ 其诗教思想亦不外顺应康熙观点，重在"温柔敦厚""设教邦国"④。对此，袁枚则认为"孔子论诗，可信者，兴观群怨也；不可信者，温柔敦厚也"⑤。亦即"温柔敦厚"不过是诗教一端，还得将儒家"言情达志、敷陈讽谕、抑扬涵咏"一类诗教纳入，觉得沈德潜"艳体不足垂教"的观点并不妥当。⑥ 章学诚后又从文体学角度呼应袁枚观点，认为各种文体本于战国，战国之后文章其源又多出于《诗》教，而《诗》三百之"比兴之旨，讽谕之义，固行人之所肄也。纵横者流，

---

① 王夫之等：《清诗话·说诗晬语》，上海古籍出版社 1978 年版，第 524 页。

② 王水照：《永远的〈唐诗三百首〉》，《中国韵文学刊》2005 年第 1 期。

③ 沈德潜：《唐诗别裁集》上，上海古籍出版社 1979 年版，第 4 页。

④ 王夫之等：《清诗话·说诗晬语》，上海古籍出版社 1978 年版，第 523 页。

⑤ 袁枚：《小仓山房尺牍》，《袁枚全集》第 5 册，江苏古籍出版社 1997 年版，第 207 页。

⑥ 袁枚：《再与沈大宗伯书》，王镇远等编《清代文论选》下，人民文学出版社 1999 年版，第 514 页。

推而衍之，是以能委折而入情，微婉而善讽也。"① 其实，袁氏、章氏的观点才是对孔门"温柔敦厚"诗教的全面阐释，更是对清代统治者大兴文字狱的深刻反思。应该说，主张"温柔敦厚""中正和平"并不错，但不能只作为"正声"理解，更不能如汪琬举孔门"温柔敦厚"大旗而排斥变风变雅之音②，此种流弊必须遏制。

（三）乐教为魂

1. 乐教的含义

乐教与诗教同样久远。《尚书·舜典》以"典乐""教胄子"③ 即包含"乐教"。"乐教"自诞生以来，其含义有狭义与广义两种。狭义"乐教"亦即我们通常讲的音乐教育。刘向《说苑》载："子路鼓瑟，有北鄙之音，孔子闻之曰：'信矣，由之不才也'……"④ 即是孔子围绕教材与学生讨论人格培养的一个乐教故事；广义的"乐教"则指通过全面的"志于道，据于德，依于仁，游于艺"（指礼、乐、射、御、书、数"六艺"）的方式让学生在轻松中得到人格的锤炼，这里的"乐"是快乐，亦即乐教乐学。正如荀子《乐论篇》所言："夫乐者，乐也，人情之所必不免也，故人不能无乐。乐则必发于声音，形于动静，而人之道，声音、动静、性术之变尽是矣。"⑤ 孔子、荀子"乐教"之本质，即包括"大道之行"下所有"声音、动静、性术之变"，以及为学所追求的快乐享受。或如《礼记·学记》云："不兴其艺，不能乐学。"乐教为魂者，系指声音是情感的载体，而情感又是声音的灵魂。

---

① 章学诚、罗炳良译注：《文史通义》上，中华书局 2012 年版，第 95 页。

② 汪琬：《唐诗正序》，陈伯海主编《唐诗学文献集粹》下，上海古籍出版社 2016 年版，第 958 页。

③ 李民、王健撰：《尚书译注》，上海古籍出版社 2004 年版，第 19 页。

④ 刘向：《说苑》卷 19《修文》，向宗鲁校证，中华书局 1987 年版，第 508—510 页；《孔子家语》卷 8《辩乐解第三十五》所载略同，"鼓瑟"作"鼓琴"。

⑤ 《荀子集解·乐论》，陈清等点校《诸子集成》2，团结出版社 1999 年版，第 292 页。

2. 乐教的特点："广博易良"

自《舜典》记载有上古乐教实践后,《论语》《荀子》《礼记》《史记》等典籍对乐教的性质、功能、特点、作用、目标等的研究就一直没有间断。关于乐教的特点或功能,最简洁的阐释莫过于《礼记·经解》中的这几句话:"孔子曰:'入其国,其教可知也。其为人也……广博易良,《乐》教也。'"① "广博易良,乐教也"一语,作者既从客体(音乐作品)又从主体(接受个体或群体)角度,用"广博易良"四字即为我们精准地勾画出音乐作品或音乐接受的个性。孔颖达疏云:"《乐》以和通为体,无所不用,是广博;简易良善,使人从化,是易良。"② 这两个分句,一说客体,一说主体,大致不错,但其"广博易良"毕竟是主客体兼而有之的。

"广博易良"是由"广博"与"易良"两个双音节偏义复词所构成。正因《乐》之"广博",故"知音而不知乐者,众庶是也"(《礼记译注·乐记》);正因《乐》之"易良","大乐与天地同和,大礼与天地同节……如此则四海之内合敬同爱矣"(《礼记译注·乐记》)。两者互为补用、相辅相成。

"广博"者,"博"为中心词,"广"为陪衬。《说文》:"广,因广为屋,象对刺高屋之形"③,凡大之称;《说文》:"博,大通也。"④ 儒家力主教化,培养"通儒",且"通"与"圣"互训,故以"博"为重。同样,好的音乐作品,其广博深远的内涵确亦"无所不用"。"故志微、焦衰之音作,而民思忧;啴缓、慢易、繁文、简节之音作,而民康乐;粗厉、猛起、奋末、广贲之音作,而民刚毅;廉直、经正、庄诚之音作,而民肃敬;宽裕、肉好、顺成、和动之音作,而民慈爱……"(《礼记译注·乐记》)以音乐的内涵与人格修养的"广博"于乐教而言,自然是互为促进。司马迁赞曰:"孔子布衣,

① 有学者认为《经解》篇是战国后期或汉初儒者假借孔子名义发表自己观点,但证据不足。目前流行的多个版本均为孔子语录,如胡平生、张萌译注《礼记》,中华书局2017年版;杨天宇撰《礼记译注》下,上海古籍出版社2004年版;杨朝明、宋立林编《孔子家语通解》,齐鲁书社2013年版等。

② 郑玄注,孔颖达疏:《礼记正义》,北京大学出版社2000年版,第1560页。

③ 许慎:《说文解字》卷9下,浙江古籍出版社2012年影印本,第192页。

④ 许慎:《说文解字》卷3上,浙江古籍出版社2012年影印本,第50页。

传十余世，学者宗之。自天子王侯，中国言六艺者折中于夫子，可谓至圣矣！"[①] 或者说，如果没有音乐的"广博"，就不可能造就理想的"通儒"，而又正因理想的"通儒"方可促成高水平乐教的达成。

"易良"者，《说文》："易……象形。'祕书'说：日月为易，象阴阳也。"[②] 从古人造字看"易"，一个简单的"日月"象形，万事万物便在其中。简易就是美，亦即最高的哲学之学。"易良"系以"易"为中心，"良"为陪衬，重在强调以简易为善，如《乐记》所说"大乐必易，大礼必简"（《礼记译注·乐记》）。事实上，崇尚简易正是当时很重要的审美标准。孔子即赞同"居敬而行简"（《雍也第六》）；《系辞》所谓"易则易知，简则易从"[③] 说，更是至今中国几千年以来所形成的一个审美传统。"易良"表现在乐教方面，一则在乐器制作上主张就地取材，崇尚自然，用"金、石、土、革、丝、木、匏、竹"等这些天然材料来配制"八音"；二则"轻器声"，重视人的真声演唱，即如"歌者在上，匏竹在下，贵人声也"（《礼记·郊特牲》），无不反映出儒家崇尚本真自然、简易直接的具有特色的乐教思想。

3. 乐教的目标与进路

前人谈到乐教之目的，普遍问题是恰恰偏离《经解》所谓"为人也"的人本前提。郑玄注《经解》认为，该篇题旨就在记"六艺政教得失"[④]；《礼记·乐记》"礼、乐、刑、政，其极一也，所以同民心而出治道也"等，所有"六艺政教"的目的均是为了国政。孔子之谓《乐》教却是因人而起的，虽人的"广博易良"是乐教之结果，与国政有关，但不能将此结果视为国政教化的附属品。如果"礼乐刑政"只是为了国政，那国政又是为什么？人的发展与幸福才是目的，孔子"乐教"最终要成就的只能是人本身。

《阳货第十七》云："子之武城，闻弦歌之声。夫子莞尔而笑，曰：'割

---

① 韩兆琦评注：《史记·孔子世家第十七》，岳麓书社 2004 年版，第 786 页。
② 许慎：《说文解字》卷 9 下，浙江古籍出版社 2012 年影印本，第 198 页。
③ 杨天才译注：《周易》，中华书局 2016 年版，第 333 页。
④ 郑玄注，孔颖达疏：《礼记正义》，北京大学出版社 2000 年版，第 1597 页。

鸡焉用牛刀？'子游对曰：'昔者偃也闻诸夫子曰：君子学道则爱人，小人学道则易使也。'子曰：'二三子！偃之言是也。前言戏之耳。'"子游曾按老师的教诲用弦歌来教化民众，而孔子闻见后却善意地给予嘲笑；子游不解，孔子然后说"割鸡焉用牛刀"不过是句戏言。可知，孔子实施"乐教"是有目的的，重点在"学道"。不论君子贤人还是普通百姓，均能从"乐教"中各取所需。

乐教的基本方式方法是"志于道，据于德，依于仁，游于艺"（《述而第七》），乐教与"道""德"相关，并视"仁"为"广博"之大方向；其乐教的总体进路是"兴于诗，立于礼，成于乐"（《泰伯第八》），亦即围绕君子修养之"广博"方向。"诗教"是逻辑起点，"礼教"是行为准则，"乐教"则是"广博"养成的精神向度，生命的修炼开始于学诗，进而学礼有了人生立场，最后完成于对乐的学习。或如荀子所云："志意得广"，六艺通博；"君子明乐，乃其德也"①。可以认为，日进"乐德"，实乃乐教进路之核心。

（四）礼教为纲

1. "礼"和"礼教"

中国作为"礼仪之邦"，自古至今，"礼"对中华民族的影响可谓无处不在。《尚书·舜典》："帝曰：'咨！四岳，有能典朕三礼？'"孔传："三礼，天、地、人之礼。"《隋书·礼仪志序》："唐虞之世，祭天之属为天礼，祭地之属为地礼，祭宗庙之属为人礼。"在上古时期，"礼"和"俗"混而不分，直至文明社会始，两者逐渐开始分化。而今通常所谓的"礼"则有狭义和广义之别。狭义"礼"侧重指礼节、礼仪等约定俗成的仪轨活动，是人们在日常交往中应当遵循的行为规范；广义的"礼"除其狭义概念外，还包括礼义，侧重指"礼"的本质和深层意蕴，譬如带有道德意义的风俗习惯等。

现存经典礼书有《仪礼》（亦称《仕礼》《礼经》）、《周礼》《礼记》，统称为"三礼"。据《周礼·春官》悉，其大、小宗伯所掌管的礼务即有吉礼、

① 《荀子集解·乐论》，陈清等点校《诸子集成》2，团结出版社 1999 年版，第 294 页。

凶礼、军礼、宾礼、嘉礼"五礼"①。

礼教是关于普及和传承"礼"的重要手段与途径。《礼记·经解》曰："恭俭庄敬，礼教也。"亦即"礼教"是以礼为教。它既是学校教育的重要内容，又是历代统治者的治国方略。然因种种缘故，现今人们一提起中国过去的"礼教"却总有一种排斥心理，将"礼教"视为特定时代的政治产物而予以全面抵制。《为政第二》载，子张问今后十代礼制现在是否可知？"子曰：'殷因于夏礼，所损益，可知也；周因于殷礼，所损益，可知也。其或继周者，虽百世，可知也。'""礼""礼制""礼教"都会随着社会发展不断有所损益，但对于传统礼教中的精华，今日无论我们想与不想，都该是属于孔子"郁郁乎文哉！吾从周"（《八佾第三》）的人。须知：礼教不等于封建礼教，"礼教"是全体民族成员在其自身的历史文化体系中逐步形成的伦理文化认同，不断扬弃很正常，完全应该用发展的眼光看"礼教"。礼教亦不等于宗教，宗教信仰本就是一种超现实的唯心的敬畏与虔诚。孔子、孟子、荀子等这些礼教主要创始人均是活生生的人，而历史上居然也有人将孔子看作是儒教的"神"，将儒教及其礼教神化、宗教化显然错误。

2.礼教的起始和发展

"礼者，理也。"既是生活中的准则，也是天地万物运行之规律。"礼"之缘起，无不认为本于太一之初，经天纬地，天地万物莫不有礼。回想人类洞穴时期，先人对自然力的敬畏我们不可想象，其图腾入社仪式——应是所有原始人为寻求"入群"保护的梦想。前述所谓古之"五礼"，其礼理亦源于太一，礼事则起于遂皇，礼名起于黄帝。"五礼"之动因全在事天地与人，唯求化凶为吉，风调雨顺也。《说文》曰："礼，履也。所以事神致福也。从示从豊。"②

上古时期的习俗传承和周公"制礼作乐"可谓"礼教"之萌芽。特别

---

① 杨天宇撰：《周礼译注》，上海古籍出版社2004年版，第274—285页。
② 许慎：《说文解字》卷1上，浙江古籍出版社2012年影印本，第7页。

是礼俗礼教到了周代，鉴于周公之承继夏殷而制礼乐，达到了前所未有的完备程度。《周礼》载，古代礼教主要包括六仪："一曰祭祀之容，二曰宾客之容，三曰朝廷之容，四曰丧纪之容，五曰军旅之容，六曰车马之容。"①故《中庸》赞曰："大哉圣人之道！洋洋乎发育万物，峻极于天，优优大哉！礼仪三百，威仪三千。"②然至周代末期，社会动荡，礼坏乐崩，孔子即主张"克己复礼"，要极力复兴周礼。为使人明"礼"，就要"教"，礼教便成为孔子办学的必修内容。在春秋战国这样一个百家争鸣、学术风气异常活跃的时期，儒家学说亦于此时初步完成。尤其是孔子将"仁"的精神赋予"礼"，为礼教的发展指明了方向；以孟子、荀子为代表的儒士继承孔子礼教思想，围绕《论语·尧曰》"无礼不立"主张，视"仁、义、礼、智"为"成人"根本，并将"礼"从以往人伦关系提升到社会与政治及其国家治理的最高秩序，通过强化礼义来塑造完美人格，从而达到修身、齐家、治国、平天下的目的。

自春秋战国至清朝，以礼教为其中心的儒学则逐渐成为贯穿中国古代社会两千多年各个朝代的主导意识形态。其间，魏晋玄学，汉唐佛、道人学等，对儒学主导虽带来一定影响，但总体还是在冲突中走向融合，最终大方向仍未改变。而且，儒家礼教在清朝的主导与光泽更是此前无与伦比。清朝近三百年发展历史，人口过4亿的皇权国家，这在不少人看来可能是个奇迹，实际治理法宝正是对儒家礼教的深刻理解和灵活运用。为加强对儒家礼教的学习与实施，康熙朝根据经筵日讲内容编纂印发《日讲礼记解义》；乾隆朝设三礼馆，编纂印发《御定三礼义疏》等；即使到光绪末年，清朝礼制建设仍在不断推进。甚至有学者还对清朝儒家礼教的兴盛进行专题研究，指出：儒家礼教的兴盛并非仅具有"抗拒异族的政治象征意义"，亦是抵制佛教，显示汉人"身份特质的标志性举动"③。

---

① 杨天宇撰：《周礼译注》，《地官·保氏》，上海古籍出版社2004年版，第200页。

② 朱熹：《四书集注》，岳麓书社1987年版，第50页。

③ [美] 周启荣：《清代儒家礼教主义的兴起：以伦理道德、儒学经典和宗族为切入点的考察》，毛立坤译，天津人民出版社2017年版，第80—81页。

当然，春秋战国以来古代社会再好的礼教毕竟也是封建的。其礼教及其社会实践所表现出的特权思想、专制主义、男尊女卑等亦不可能令老百姓满意。然而，当代中国是从传统中国延续而来，先秦儒家所提出的"为政以德""以礼为教"等理念，使得"德治礼序"治国理念已深入民众肌理。在弘扬中华优秀传统文化的大背景下，如何开创当代中国社会发展现代化的"德治礼序"模式必然亦是我们要努力的方向。

3. 孔子的礼教思想

据《史记·孔子世家》记录，孔子为殷宋王室之后裔，然至孔子曾祖孔防叔时开始衰落，且在孔子不足 3 岁时其父又去世。好在其家族尚存礼仪之风以及俎豆礼器，孔子儿时便对为人礼义习俗耳濡目染，稍长即自觉学礼习礼，对礼的精神与意义别有体会。如果"仁"系孔子儒学之核心，那么"礼"则是"仁"之要冲。颜渊曾问仁于老师，子曰："克己复礼为仁"；颜渊再"问其目"，子曰"非礼勿视，非礼勿听，非礼勿言，非礼勿动"（《颜渊第十二》）。一连"四勿"，可见"礼"的位置无以复加。孔子的礼教思想及贡献卓著，主要包括三个方面：第一，志在复兴周礼，首开"有教无类"。特别提醒学生"不知礼，无以立也"（《尧曰第二十》），要"为君子儒，毋为小人儒"（《雍也第六》）。《周礼·地官司徒·保氏》载："养国子以道。乃教之六艺。"孔子亦将礼、乐、射、御、书、数等"六艺"作为君子修习的主要课程。所谓"君子儒""小人儒"者，此分界即以"礼"为纲、以"礼"修身之"六艺"习得之程度，明确亮出了孔子儒门之新风尚。第二，主张以礼治国、礼法并用。孔子指出："能以礼让为国乎？何有？不能以礼让为国，如礼何？"（《里仁第四》）视礼为治国根本，系传统儒家为政之创见。而实现"以礼治国"，又以突出德治为先。子曰："道之以政，齐之以刑，民免而无耻，道之以德，齐之以礼，有耻且格。"（《为政第二》）执政以德，实际就是遵循仁德之原则。同样，孔子并不忽视法治。在他那里，礼的秩序就是法的秩序，亦即"礼乐不兴，则刑罚不中；刑罚不中，则民无所措手足"（《子路第十三》）。第三，审定"六经"，首提"六教"。据悉，"孔子不仕，退而修

《诗》《书》《礼》《乐》；……晚而喜《易》；……作《春秋》。"① 以上六部典籍，孔子称其为"六教"，后世儒门又统称为"六经"。《礼记·经解》开篇云："孔子曰：'入其国，其教可知也。其为人也，温柔敦厚，《诗》教也；疏通知远，《书》教也；广博易良，《乐》教也；絜静精微，《易》教也；恭俭庄敬，《礼》教也；属辞比事，《春秋》教也。'"（《礼记译注·经解》）王夫之评曰："此篇首明《六经》之教，化民成俗之大，而归之于《礼》，以明其安上治民之功而必不可废。"② 美国著名学者芬格莱特在《孔子：即凡而圣》中写道："孔子的眼光超越了其他任何见解，提供了关于中国未来实际的真正高瞻远瞩的远见。这种远见预示将出现一种以统一政治为根本的宏伟而强大的统一文化。"③ 亦可以认为，经孔子整理并传授的"六经"或"六教"是集上古文化之大成，系为华夏文明打开并保存至今的万世教科书。

4. 荀子的礼制思想

荀子以孔子学说的继承者自居，欣然将自己划归儒家，但他的以礼为本、"隆礼重法"、德主刑辅的礼制思考却是对孔孟德治礼教思想的发展与超越。这种超越具体表现在两个方面：首先，孔子敬畏天命，有所谓"知我者，其天乎"（《宪问第十四》），"获罪于天，无所祷也"（《八佾第三》）等，从一开始便使儒学礼教具有了天人合一的神秘色彩。孟子进一步发挥孔子德性在天的一面，将人性的善当作以仁为本沟通天人关系的通道，提出了"莫之为而为者，天也；莫之致而至者，命也"（《孟子·万章上》），"尽心、知性、知天"（《孟子·尽心上》）等主观唯心主义命题。荀子不同，则是突出吸纳道家"自然之天"的见解，明确赋予天不以人的意志为转移的客观自然性，强调"明于天人之分"，"天行有常，不为尧存，不为桀亡"，故"唯圣人为不求知天"（《荀子·天论》）。如此将"天"划归到与人独立且平等的位置，旨在将"礼"上升为社会秩序规范做好理论上的

---

① 韩兆琦评注：《史记·孔子世家第十七》，岳麓书社 2004 年版，第 764、779、780 页。

② 王夫之：《礼记章句》，《船山全书》第 4 册，岳麓书社 1996 年版，第 1171 页。

③ ［美］赫伯特·芬格莱特：《孔子：即凡而圣》，彭国翔、张华译，江苏人民出版社 2002 年版，第 62 页。

准备。其次，荀子的"隆礼重法"思想还超越了孔孟礼学之主要靠内在用力的局限，将"礼"从重"五伦"关系上升为包括社会关系、政治关系在内的最高秩序。他认为："人无礼而不生，事无礼则不成，国家无礼则不宁。"① 同时提出"援法入礼，以礼为本，礼法并重"礼治模式：不仅明确表达"治之经，礼与刑，君子以修百姓宁，明德慎罚，国家既治四海平"② 的观点，还特别指出"至道大形，隆礼至法则国有常"③。亦即"隆礼"系王道，"重法"是霸道，两者互补才能正人治国。这与孔孟将王霸对立、对法排斥显然有别。而且，孔子只是将礼多用于修身手段，荀子则把礼变成了基于外部权威的、强制性的政治要求，这样他就总是从政治治理角度强调"隆礼"："礼义者，治之始也"④，"隆礼贵义者其国治"⑤，"明分达治而保万世"⑥。自秦汉之后，荀子的这种"礼法兼治、礼主法辅"礼制思想便长期成为中国政治、社会规范的基本精神，亦为荀子礼治思想的正确性提供佐证。

（五）史教为补

1. 史教让人畜德明智

以史为鉴，史教在中国自古重视。《周易·大畜卦》有云："《象》曰：天在山中，大畜。君子多识前言往行，以畜其德"。此系以山能畜天的卦象喻指君子该多识过往，厚积仁德。又孔子通过《春秋》首创"贬褒义例"，在其字里行间"寓褒贬，别善恶"。司马迁赞曰："上明三王之道，下辨人事之纪，别嫌疑，明是非，定犹豫，善善恶恶，贤贤贱不肖……王道之大者也。"⑦ 故此以史为鉴，可以知得失、正衣冠，这即历代统治者进行道德教育

---

① 《荀子集解·修身》，陈清等点校《诸子集成》2，团结出版社 1999 年版，第 60 页。

② 《荀子集解·成相》，陈清等点校《诸子集成》2，团结出版社 1999 年版，第 342 页。

③ 《荀子集解·君道》，陈清等点校《诸子集成》2，团结出版社 1999 年版，第 201 页。

④ 《荀子集解·王制》，陈清等点校《诸子集成》2，团结出版社 1999 年版，第 150 页。

⑤ 《荀子集解·议兵》，陈清等点校《诸子集成》2，团结出版社 1999 年版，第 222 页。

⑥ 《荀子集解·君道》，陈清等点校《诸子集成》2，团结出版社 1999 年版，第 201 页。

⑦ 司马迁撰，韩兆琦评注：《史记》，岳麓书社 2004 年版，第 1787 页。

的大道。的确，历史不只代表过去，也包含着现在。正所谓一切历史都是当代史，以往不同时期的所作所为无不体现过去、当下和未来的考量。古代经史不分，"立经皆史"。汉武帝接受董仲舒建议，"罢黜百家、独尊儒术"，把儒家"六经"作为学校教育的主要教科书，亦即通过经史学习与实践，使之厚德成人，观古辨今，明智尚行。这是我国古代学校人才培养的主要做法，历来受到世人重视。

2. 畜德功能的发挥

学史可以明理、学史可以增信、学史可以崇德、学史可以力行。从人才培养角度而言，其畜德功能多指接受者从历史上那些久久为功的人和事中受到鼓舞，进而产生一种励志向上的心理或态度；显然，畜德功能的发挥，离不开对相关历史经典的丰富积累和深度掌握。或如为加强孺子对史书经典的学习，中国古代一些学者亦曾有意识地将《春秋左传》和《资治通鉴纲目》等进行改编，特选辑那些励志人物及其故事作为地方官学规定的通识教材来推进。诸如孔子周游列国传儒学、信陵君救赵留美名、越王勾践卧薪尝胆、商鞅南门立木讲诚信等，让青少年在润物细无声中获得其道德教育的启迪。当然，人才培养工作教材为本。中国古代对经史教材修订不仅得到历代儒家重视，亦为统治者所高度支持。从孔子删订儒学"六经"，到北宋宣和时"蜀石经"（"十三经"）刻成，其间经历了西汉博士"五经"、文翁石室"七经"、唐代科举"九经"和开成石经（"十二经"）等演变阶段，同时对史书中的材料进行查漏补缺，"吾犹及史之阙文也"《卫灵公第十五》，看到史书中存疑空阙的地方，要辩证地看待，是"人能弘道，非道弘人"。坚持历史的发展并不断地完善相关制度。在这 1600 多年的教材改进与实践中，其畜德功能发挥核心即在无数前贤儒士的著经解经及其大量的躬行实践。

3. 明智效用的践行

明智功能主要指通过对经史教材的持续修订或师生在教学中以"六经注我，我注六经"①的理念不断拓新认知。可以认为，"经史"教材从一开始

① 陆九渊：《陆九渊集》，中华书局 2020 年版，第 462 页。

注重客观记事而逐步向兼顾（甚至"偏重"）主观明智说理之"子书"范式的转移。孔孟等众多儒家学人从早前认识事物带有唯心色彩而不断走向初步的唯物辩证法，此中进步特别值得肯定。

培根之所谓"读史使人明智"，这是众所周知的真理。然而，能否"使人明智"，在孝宗淳熙二年（1175 年）有南宋诸多理学大师参加的鹅湖寺盛会上，朱熹和陆九渊等围绕"六经注我，我注六经"的学术分歧终于暴露。这倒值得我们认真反思：会上陆氏首先用诗的形式表达了他对朱熹解经刻意传注和用心太重精微的不满，诗中有云："易简功夫终久大，支离事业竟浮沉。"① 朱熹听后大为不悦，也曾以诗"回赠"，有云："旧学商量加邃密，新知培养转深沉。只愁说到无人处，不信人间有古今。"② 他认为与古圣贤商量旧学，培养新知，为学更为精微并无不妥；而陆氏是"无言"之学，不信古今，却坠有空疏之愁。

事实上，陆九渊所谓"六经注我"与"我注六经"，这里正好大致概括他与朱氏对于经典的不同态度。朱熹重视"我注六经"的忠实还原，觉得不理解书本的含义，又该如何运用知识呢？而陆氏平生虽无一部经学注疏之作，观其文集亦皆为书信、奏表、讲义等，但他却举起了"六经注我"的大旗，认为六经最简洁、最核心的精神即崇德好善，重在"可以验躬行之效"③。对此，黄宗羲曾特评曰："（陆九渊）先生之学，以'尊德性'为宗……同时紫阳（朱熹）之学，则以'道问学'为主……宗朱者诋陆为狂禅，宗陆者诋朱为俗学。两家之学，各成门户，几成冰炭矣。"④ 黄氏则用"尊德性""道问学"来评价陆氏与朱氏的为学不同，与一般对"六经注我""我注六经"的理解不同，都只是抓住了一个侧面，但陆氏朱氏诗意的重点却是要将两者统一起来，尤其是陆氏对当时那种解经掉书袋的风气还深

---

① 陆九渊：《陆九渊集》，中华书局 2020 年版，第 345 页。
② 黄宗羲：《宋元学案》，中华书局 1986 年版，第 1873 页。
③ 此系丞相周必大评陆九渊当时在荆门为政务实之语，可参见《陆九渊集》卷 36《年谱》及《宋史》卷 434《儒林四》。
④ 黄宗羲：《宋元学案》，中华书局 1986 年版，第 1885—1886 页。

为担忧。陆氏以为"兴于诗，人之为学，贵于有所兴起"①；又"《尚书》一部，只是说德，而知德者实难"②。亦即切不能为学问而学问，更不能做糊涂学问，这对学子均为不利。桓谭《新论·正经》、刘勰《文心雕龙·论说》均曾指出，西汉秦延君注《尚书》，仅《尧典》这篇目二字就解说十余万字，简直无法卒读。再有，"尽信《书》，则不如无《书》"③。"六经"早前要么散失，要么难逃"焚书坑儒"劫难。武帝吸取秦之教训，特设"五经博士"，广开门路献书，但《春秋》三传之公羊、穀梁二传因故却一直不见真本，最后只得由汉人据战国"末世口说流行"④稿写定。难怪《北史·儒林传》评曰："其公羊、穀梁二传，儒者多不厝怀。"⑤ 有学者说"公羊传、穀梁传，不是空话，便是怪话，极少具体的有价值的历史资料"⑥。然自汉以来，或因"六经"最后系由孔子审定，不少学者均唯圣人为是。譬如，高扬公羊、穀梁二传之思想及其价值的文章至今还不时看到，其畜德明智又何以谈起。

---

① 陆九渊：《陆九渊集》，中华书局 2020 年版，第 470 页。
② 陆九渊：《陆九渊集》，中华书局 2020 年版，第 498 页。
③ 方勇译注：《孟子》，中华书局 2015 年版，第 285 页。
④ 班固：《汉书·艺文志第十》，中华书局 2007 年版，第 329 页。
⑤ 李延寿：《北史·儒林传》上，中华书局 1974 年版，第 2707 页。
⑥ 杨伯峻：《春秋左传注·前言》上，中华书局 2018 年版，第 23 页。

第二章 中国立德树人之发展

一、古代学校德育工作审视

（一）关于"小学""大学"两个学程

中国古代的学校教育，长期以来分为"小学""大学"两个学程。"小学"者，即最早为贵族子弟所设置的初级学校，系为学启蒙的第一个学程；"大学"者，是指"太学"等实施高等教育的机构，又是相对"小学"的一个后续学程。《大戴礼记·保傅篇》云："及太子少长，知妃色，则入于小学，小者所学之宫也。"《礼记·王制》又云："天子命之教，然后为学。小学在公宫南之左，大学在郊。"即如直至明清还长期流行的《三字经》亦云："为学者，必有初。'小学'终，至《四书》。"当然，"小学""大学"之区别不仅仅在受教对象的年龄，更在教学内容的逐层提级。至汉代，"小学"还专指文字学；隋唐以后，则是文字学、音韵学、训诂学的总称，不过均属为学基础。

1. "小学""大学"办学宗旨："天下归仁"

儒家思想系中国传统文化之主流。儒家文化中的中庸之道即是坚守"天下归仁"信念，以及对知行完备的"圣人""君子"人格的不断追求。中国古代学校无不是秉承儒家文化的中庸理念，以培养具有圣贤学识和德性的仁人君子为目标。

"小学""大学"之主办，包括官学、私学两条途径。上古"天子命之教"者，正是描述中央官学的制度与组织。汉代以后又有所谓太学、国子监之说法，均属朝廷所办。正式的博士弟子还有俸禄，大学师生必须认真研读、讲授钦定学问，不过很难谈得上学术自治和自由。我国私学起源于春秋中叶，孔子"弟子三千，贤者七十二"，其办学较早改变了学在官府的局面。随着历代政权交替和社会变革，中国私学前后经历了"家学""学宫""精舍""书院"等不同形式，在儒家私学基础上绵延发展了2500多年，对人才培养和社会发展作出了极其卓越的贡献。比较而言，起源于唐，盛于宋，衰亡于清末的古代书院更为突出。

书院作为集藏书、教学和研究为一体的大学机构，与先秦前后的家学、学宫和精舍不同。书院教育目的更加明确，办学有规范的准则和学规。内设山长、洞主、院长、堂长等岗位，负责组织教学与管理。人才培养一方面瞄准"天下归仁"目标，另一方面强化"德育为先"思想，并通过课程设置、环境熏陶、仪式教育、仁德实践四个方面来贯彻。蕴藏着做人智慧和治国理政经验的儒家经典即是书院的主要课程，它既是"入学之门"，又是"积德之本"。荀子《劝学》云："篷生麻中，不扶而直；白沙在涅，与之俱黑。"①重视环境育人，亦是书院从选址一开始的基本要求。其仪式教育安排，主要有祭祀仪式、讲会仪式和尊师仪式三大教育活动。仪式往往是表达人们情感的最直接方式，亦是人对生活的一种态度。可以说，仪式教育就是一种仁德实践活动。

书院教学内容以格致穷理为要，教学方式方法采取讲论结合。尤其是书院的会讲形式，即由学生做中心发言，再由老师质疑问难，师生相互切磋、启发与观摩的教学模式，时至今日亦不乏其先进意义。书院虽是民间主办，但一直还承担有培养士人参加科举的职能。朝廷通过赐额、赐书、赐学田来奖赏书院及其教师亦是常态，促进了书院的不断竞争和人才培养质量的提高。

2. "三达德"在学校的制度化安排

"三达德"是儒家"成人"教育的核心。子路问成人，孔子曰："若臧武仲之知，公绰之不欲，卞庄子之勇，冉求之艺，文之以礼乐，亦可以为成人

---

① "白沙在涅，与之俱黑"二句今本无，据王念孙说补。

矣。"（《宪问第十四》）亦即孔子所概括的所谓君子的三个方面（通称"三达德"）：知、仁、勇。关于此三者的标准，孔子认为："好学近乎知，力行近乎仁，知耻近乎勇。知斯三者，则知所以修身。"（《中庸》第20章）显然，孔子私学是希望通过教学让学生成为以德为主、德才兼备的君子。

对夏代以来中国古代学校的学程和教学内容安排，朱熹根据《礼记·内则》记载在《大学章句序》中有一个大略的阐释。他说："三代之隆，其法寖备，然后王宫、国都以及闾巷，莫不有学。人生八岁，则自王公以下至于庶人之子弟，皆入小学，而教之以洒扫、应对、进退之节，礼乐、射御、书数之文。及其十有五年，则自天子之元子、众子，以至公、卿、大夫、元士之适子，与凡民之俊秀，皆入大学，而教之以穷理、正心、修己、治人之道。此又学校之教，大小之节所以分也。"这就是凡人均得到学校学习，古代学校教育分为小学和大学两个学程：小孩8岁入学开蒙，到15岁为小学阶段，以生活文化、文明礼节以及文字学等为主；自十六七岁入大学，接受大学教育，以穷理、正心、修己为主。

所谓学校学程的制度化安排，是指以国家制度为保障、经典化儒学为内容和统一的选举制度为引导的一种形式化安排。据《大戴礼记·保傅》《尚书大传》《汉书·食货志》《宋史·选举制》等，关于小学、大学两个学程的记载均同，只是各自的时间长短大同小异。唐太宗时期，学制发展较为完备，中央官学另设弘文馆、崇文馆，除一般大学外还有律学、书学、医学等专科学校，对宋、元、明、清影响较大。早在西汉武帝时，意识形态上独尊儒术，建官学，并设《诗经》《尚书》《礼记》《周易》《春秋》五经博士。到宋时，法定儒家经典逐渐增加到十三经。各个时期都有明确规定，学校须选择通晓经书者为学师，如《新元史·食货志》等均有记载。各代的科举制度，儒学当然亦为必考范围。

（二）汉代儒学制度化与制度化德育

"制度""制度化"系现代社会学所特别关注的一个方面。"制度"的功能即在调节和统一特定社会范围内人与人之间或组织之间的社会关系，它是一系列相关道德、戒律、规章或习惯等的总和。"制度化"则是指那些富有创新和实用价值的理念和实践经验从个别的、不固定的方式向被公众普遍认可的固定化模式的转化过程。其社会认可的习惯性约束，组织或国家认可的正规性约束，以及实施这些约束的机制，便构成制度化的三个要素。儒学之所以历经两千多年被各个封建王朝所接受而经久不衰，这与汉武帝在我国历史上首次将其确立为官方意识形态，并予以制度化实施紧密相关。不过，制度化最突出的表现还是在某个群体与组织发展成熟上的一个过程，其制度化结果对实施以德育为核心的儒学并非全是正能量。正如如何处理道德教育的自律性与制度化德育的一致性之间的矛盾，它必然是立德树人的严峻挑战。

1. 汉代儒学制度化的成因

孔子作为儒学的创始人，他一生"述而不作"，主要在开创私人讲学之风，是中国历史上的"第一位教师"。倡导仁义礼智信，约有 3000 弟子，其中贤人 72；晚年修订六经。孔子生前并没有什么显赫评价，不过就是人们所公认的渊博学者："大哉孔子！博学而无所成名。"（《子罕第九》）以致儒家后来在先秦诸子竞争过程中成为影响最大的学派之一。随着战国群雄争霸局面的进一步展开，法家思想一度被秦统治者所重视，直至一统天下。此时，秦对法家以外其他各家学说则采取了绝对排斥态度，特别是儒家学说更被认为"儒以文乱法"，遭遇了秦始皇"焚书坑儒"的厄运。

汉继秦而初立，统治者既汲取秦朝严刑峻法、惟尊法术，尤其是"天下苦秦久矣"教训，便有对儒学作为显学的深入思考，在思想文化上则采取了较为宽松政策。首先，汉高帝十二年"行自淮南还，过鲁，以太牢祠孔子"①，成为帝王祀孔之始；其次，"改秦之敝，大收篇籍，广开献书之路"②，以搜罗民间流传的先秦旧书；再次，皇帝及其诸侯王都竞相聘贤招士，部分情真意切的诏书后来还被选入《古文观止》，如《高帝求贤诏》《武帝求茂才异等诏》等。

---

① 班固：《汉书·高帝纪第一》下，中华书局 2007 年版，第 18 页。
② 班固：《汉书·艺文志第十》，中华书局 2007 年版，第 324 页。

　　诚然，从刘邦称帝到汉武帝即位，其间经过"文景之治"，经济已基本得到恢复。然随着"大一统"皇权政治日趋成熟，统治者当时所奉行的以无为而治和与民休息为特征的"黄老之学"，已无法适应现实的需要；加之封建制度在中国仍属草创，各种社会危机和矛盾纷繁复杂，时代迫切召唤一种新的治国策略。汉武帝主政后的建元元年冬十月，便诏令当朝丞相、御史、列侯等各举贤良方正直言极谏之士，拟推送到朝廷接受策问。据班固《汉书》记载，汉武帝类似这样的策问共有多次，前后百余包含各种学派的应举者，结果董仲舒的"天人三策"获得了汉武帝嘉许。

　　汉武帝 16 岁继承皇位，他首先问："三代受命，其符安在？灾异之变，何缘而起？"[1] 董仲舒答曰："臣闻天之所大奉使之王者，必有非人力所能致而自至者，此受命之符也。……孔子曰'德不孤，必有邻'，皆积善累德之效也。"反之，"此灾异所缘而起也。"[2] 回答很贴近皇上心理，认为王者"天人感应，君权神授"即为凭证。然后，董仲舒借助孔子的话再亮明自己进谏的主题方向，就汉武帝期望能实现"五帝三王"之治，"欲闻大道之要，至论之极"[3]，连上三篇对策作答，其中包括三个重要观点：第一，善治必须更化。"窃譬之琴瑟不调，甚者必解而更张之，乃可鼓也；为政而不行，甚者必变而更化之，乃可理也。……故汉得天下以来，常欲善治而至今不可善治者，失之于当更化而不更化也。"[4] 第二，善治者在于"仁、谊（义）、礼、知、信五常之道"，以教化为大务。"是故王者上谨於承天意，以顺命也；下务明教化民，以成性也；正法度之宜，别上下之序，以防欲也；修此三者，而大本举矣。"[5] 第三，借鉴《春秋》之大一统思想，提出用"六艺"来作为培养人才和统一思想的标准。"臣愚以为诸不在六艺之科孔子之术者，皆绝其道，勿使并进。邪辟之说灭息，然后统纪可一而法度可明，民知所从矣。"[6]

---

① 班固：《汉书·董仲舒传》，中华书局 2007 年版，第 561 页。
② 班固：《汉书·董仲舒传》，中华书局 2007 年版，第 562 页。
③ 班固：《汉书·董仲舒传》，中华书局 2007 年版，第 561 页。
④ 班固：《汉书·董仲舒传》，中华书局 2007 年版，第 564 页。
⑤ 班固：《汉书·董仲舒传》，中华书局 2007 年版，第 567 页。
⑥ 班固：《汉书·董仲舒传》，中华书局 2007 年版，第 570 页。

应对完毕，天子允董仲舒。《武帝纪》曰："孝武初立，卓然罢黜百家，表章《六经》……兴太学，修郊祀，改正朔，定历数，协音律，作诗乐，建封禅，礼百神，绍周后，号令文章，焕焉可述。"[1] 从此，经董仲舒改造过的以儒学为主体，又杂糅各家学说所建立起来的具有神学色彩的新儒学行构便正式进入西汉王朝的制度化体系。

2. 汉代"新儒学"社会化及其形构

儒学自孔子以来几经飘摇的历程至汉武帝时期终于宣告结束，而如何利用好原始儒学的合理内涵，并主动融入封建君主制度中，这不仅是汉代儒学重点思考的问题，亦是具有诸多新发展的基本面。

（1）汉代"新儒学"对原始儒学新拓展

"新儒学"作为汉代儒学的标签已为人们所公认。这种"新"主要表现在以下几点：首先，"天人感应，君权神授"观将君权解释成天的意志，它虽然是荀子曾批评过的"天人合一"的翻版，有消极的一面，但董仲舒则认为天、地、人"三者相为手足，不可一无"[2]，进而将儒家民本、"仁民"中心思想提升到了"天"的级别。以此便能限制君权乱用，同时亦为儒学作为国家级层面的主流意识扫清障碍。其次，从孟子性善论和荀子性恶论出发，提出"仁贪之气两在于身"[3] 的新人性论，即为加强人的"仁德、知德"与社会教化之必要提供了理论依据。再次，对儒家义利观做进一步阐释。孔子、孟子亦曾谈到，但只认为利与义是区别小人和君子的标志。董仲舒则曰："心不得义不能乐，体不得利不能安。义者，心之养也；利者，体之养也。体莫贵于心，故养莫重于义。义之养生人，大于利矣！"[4] 认为既要义利兼顾，又要特别牢记养心重于养体。最后，将儒家所谓"五伦"中的君臣、父子、夫妇三伦特别提出，并作为"三纲"予以强调；再以儒家德性核心思想比照"五行"说之基本模式加以对应论证。董仲舒《春秋繁露·五行相

---

① 班固：《汉书·武帝纪》，中华书局 2007 年版，第 52 页。
② 董仲舒：《春秋繁露·天人三策》，岳麓书社 1997 年版，第 102 页。
③ 董仲舒：《春秋繁露·天人三策》，岳麓书社 1997 年版，第 172 页。
④ 董仲舒：《春秋繁露·天人三策》，岳麓书社 1997 年版，第 151 页。

生》认为木尚人、火尚智、土尚信、金尚义、水尚礼。他还在《天人三策》中将"仁、谊（义）、礼、知、信"第一次明确为"五常之道"①。"三纲五常"作为封建社会影响深远的纲常体系由此建立。

（2）汉代"新儒学"制度化形构

"新儒学"制度化，亦即将"新儒学"内容通过习惯性或正规性的约束方式在一定社会范围内进行运用。如果"制度"的功能即在调节社会关系，那么"制度化"亦即社会化的过程。我们一切对社会和自然的认识，也只有进入社会化的层面才有意义，否则它就毫无价值。

"新儒学"在汉代之所以能成功社会化，"罢黜百家，独尊儒术"，一个重要前提是"新儒学"能极大满足当时"大一统"皇权专制内在的政治诉求。在《汉书》《后汉书》诸帝纪中，保存诏书约300篇，大约三分之一诏书都会直接征引儒家经典来作为某项制度的依据。以《春秋》经义附会法律来作为断案标准，这在汉朝亦不为稀奇。甚至面对儒学内部的分歧，统治阶级为保证"以经断事"不出偏差，也会出面调解。诸如"石渠阁会议""白虎观会议"均为汉代典型事件。为了"新儒学"社会化的不断深入，统治者将儒学思想作为选官用人的标准亦属汉代的一个基本规矩。重视德行的考察，"孝廉"即为选官用人特别看重。汉武帝时就有"初令郡国举孝廉各一人"②记载，以供考察推举之用。为防止所举不实等流弊，东汉阳嘉元年"左雄改制"，特规定还得"诸生试家法，文吏课笺奏""诸生通章句"③方能应孝廉之选，从而将通晓儒学经典与实际表现联系起来。当然，"新儒学"社会化离不开学校教育和社会教化的实施。汉代自武帝始设置太学，天下郡国皆立学校官，中央和地方官学合力构成传播儒家学说的主干系统。汉武帝还设五经博士，《诗》《书》《礼》《易》《春秋》成为法定的经典，并作为官学指定教材。社会教化亦为汉代儒学社会化的一个有机部分。当时乡里的一些名流特别是有名望的儒生，常以儒家道德和自己言行

---

① 班固：《汉书·董仲舒传》，中华书局2007年版，第564页。

② 班固：《汉书·武帝纪》，中华书局2007年版，第40页。

③ 马端临：《文献通考》，中华书局1986年版，第320页。

去感化乡邻乡亲，以使家乡保持良好的社会风气。《后汉书·陈寔传》所载"梁上君子"的故事，就记述了一个热心社会德化、深为老百姓爱戴的好官陈寔。

3. 对制度化德育的反思

儒学核心即"仁"，仁者爱人。汉代"新儒学"制度化，实际它对制度化德育以及今天的"立德树人"的确留下了诸多启示。

总体而言，汉代儒学在规范人们社会行为和维护社会存续上功不可没。一方面，以儒学制度化的形式强化德育，不仅加强了人的道德心性修治，可以不断提高人的中庸品格，亦是统治阶级施行道德教化，稳定社会秩序，巩固国家政权的有效手段；另一方面，董仲舒提出"独尊儒术"重在建议不让其他诸子之学立为官学，置为朝廷博士，亦即"皆绝其道，勿使并进"。我们应特别注意"勿使并进"这几个字。在当时的儒学实践中实际亦是尚德以功，以儒为主，为我所用的。陆贾突出援道修德，强调社会治理以道德仁义为本、以无为为用；贾谊突出援法修德，深入发展了荀子儒法一体论思想，主张礼治和法治相互补充；董仲舒则更是重儒而又不轻视黄老、法家、阴阳家等思想，以其鲜明的相容性和震撼的威慑性出类拔萃，这或许也正是"新儒学"在内容上的最大亮点。

因为历史的局限，从"新儒学"制度化形构看，这种制度化德育的弊端亦同样值得我们好好反思。其一，一味服膺于政治伦理，过于强化德育的工具性意义，实际上已成为一种无"人"的德育。而其制度化德育的"成人"目标，即在追求"中庸人格""明人伦"的圣人和君子"仁德"，极其高大上，甚至要实现"存天理，灭人欲"之无欲望道德人格。因而，对德育的显性规则部分极为推崇，最常见的就是诉诸规章制度、法纪法规和行政管理手段，极力培养成为统治阶级所认为的没有独立人格的"忠臣""孝子""顺民"。其二，制度性德育一般都具有制度所特有的强制性和可操作性，与现代德育科学所追求的人的内在自觉性和非强制性不同，根本不尊重德育在于个体的自律和生成特性。"我们无法选择问题，我们无法选择我们的产品；我们被推着前进——被什么力量？一种制度，一种任何目标及目的都无法超越的制度，这种制度使人成了附属物。"① 事实上，这种德育与做一个具有高尚品味的人，或过有道德的生活完全是两回事。

马克思在《评普鲁士最近的书报检查令》中指出："道德的基础是人类精神的自律，而宗教的基础则是人类精神的他律。"② 制度化德育不仅违背了德育科学的自律性、生成性，而至西汉末年还逐渐走上宗教化道路，开始出现托名孔子以推断朝代兴衰的纬书，更加令人惋惜。据《后汉书·光武帝纪》载，刘秀起兵建立东汉亦曾利用谶纬之说，孔子亦曾被推上神的位置。汉代儒学走到这一步，也许与董仲舒的"皇权神授"有关，但其真正的用意却在借助天的哲学来强化他"新儒学"的现实意义，而这却被很多人所忽视。

（三）立德树人中庸哲学撷英

1. 中庸与中庸之道

《中庸》是中国"四书"中的一部，是儒家重要思想之一。孔子最早创立了中庸哲学，并贯穿于孔子的整个思想体系之中。中庸源于古代帝王的治国之道，经过儒家的发展，逐步成为中国人文化生活的一部分，已深深地扎根于中华民族文化传统和当代社会道德行为准则之中。

（1）中庸内涵考正

"中庸"一词最早出自《雍也第六》："中庸之为德也，其至矣乎！民鲜久矣。"可知中庸是一种道德标准，而且是儒家思想经典中所一致肯定的道德行为的最高规范。

从"中庸"概念看，中国原始时代的"贵中"思想是中庸内涵的重要源头。《尚书·大禹谟》载，舜帝让位禹帝时即命："允执厥中"③；《周易》古经中亦有"中行无咎"④ 的说法；《尧曰第二十》又载，远古尧帝对舜帝传

---

① ［美］E. 弗洛姆：《健全的社会》，孙恺祥译，贵州人民出版社 1994 年版，第 146 页。
② 《马克思恩格斯全集》第 1 卷，人民出版社 1995 年版，第 119 页。
③ 李民、王健撰：《尚书译注》，上海古籍出版社 2004 年版，第 32 页。
④ 杨天才译注：《周易》，中华书局 2016 年版，第 231 页。

授治国之道时，亦特讲到"允执其中"。"中"，本义为箭射靶心，意即不偏不斜，后引申为正好，正中。"贵中"在远古即有其特殊内涵，意指"中正"之道，亦即理想之德性。

"庸"，《说文》曰："庸，用也。从用，从庚。"①"庚"，系镛钟乐器，借敲击镛钟以表会使用之意。击钟又系日常活动，遂引申为平常之意。何晏《论语集解》释"庸"即为平常意，以"中""和"为常行之道；朱熹注释亦认定"庸"为"平常"。然依其"平常"说，根本就不可能与上好的"中"搭配。朱熹释曰："中庸者，不偏不倚，无过不及而平常之理。"②令人颇为费解。"贵中""尚和"虽为常理，但"不偏不倚"在行为效果上并不易，此"庸"非指平常。实际上，"庸"是孔子对中国远古以来最高道德追求"中""和"之实践肯定。或如程颐云"不偏之谓中，不易之谓庸。"③亦即郑玄《礼记正义》注"中庸"曰："以其记中和之为用也。庸，用也。"④

（2）中庸之道述要

中庸之道，亦即君子之道，是孔子基于春秋到战国特殊的时代背景和儒家深刻反思及其诉求而最初提出并逐渐形成的。

中庸之道作为人的一种道德尺度、方法与修炼目标，不同的人在不同的社会实践中如何把握与应用往往会有所不同。相传孔子嫡孙子思撰《中庸》，对孔子所谓中庸观之原委曾特作阐释。此文后被收入《礼记》，有一定的权威性，是理解中庸之道的重要依据。《中庸》开宗明义："天命之胃性，率性之谓道，修道之谓教。……喜怒哀乐之未发，谓之中；发而皆中节，谓之和。中也者，天下之大本也；和也者，天下之达道也。致中和，天地位焉，万物育焉。"这里表达了三个观点：第一，"天人合一"观。"天命"两句，是说天赋予人的本体与心性，同时也必然赋予了与之相符的使命。第二，"修道之谓教"。"修道"，指修学君子之道，它是以人伦为主体的人道，

---

① 许慎：《说文解字》（影印本），浙江古籍出版社 2012 年版，第 70 页。
② 朱熹：《四书集注》，岳麓书社 1987 年版，第 27 页。
③ 《不列颠百科全书》国际中文版第 18 卷，中国大百科全书出版社 2007 年版，第 536 页。
④ 郑玄注，孔颖达疏：《礼记正义》，上海古籍出版社 2008 年版，第 1987 页。

即有一个教化的过程；而获"道"前提是"率性"，须循其人之真性情。第三，"中和位育"观。"中"既是为人皆具有的向善本性，亦指中正之品德；"和"是人所遵从的原则，即适度；"位"指天地万物安其所；"育"指万物安其所而顺利成长。"中和位育"是一个整体，"贵中尚和"是"位育"的前提，"位育"则是"中和"的归宿。

概言之，中庸之道的理论基础是天人合一观，"贵中尚和"是其内核，将至诚、至善、至中和作为人生追求的最高境界。按照中庸之路径努力践行，遵从自我本心和良知行事，又能做到"庸"，适度不逾矩，中正平和，从而实现自我与外界事物的和谐统一，以致"天地位焉，万物育焉"，正是中庸之目标。

2. 中庸人格修养

《中庸》开篇即云："道也者，不可须臾离也，可离非道也。"中庸之道在日常生活中虽没有实存显示，但又无处不在，其关键问题就在如何体认。在儒家思想体系中，最具有世界观和方法论意味的正是中庸哲学。其体系建构以人为本位，从人与人及其人与社会关系出发，以伦理道德为核心来设计，故而称之为伦理道德哲学。其体系的基本构架是知、仁、勇三达德互适结构，它所体现的是一种矢志向善的追求与精神，是孔子知之尽、仁之至、不赖勇而裕如者——中庸人格之德性在其修炼者生命中的自然绽放。

（1）中庸人格修炼：三个态度

其一，慎独反省。《中庸》第1章云："君子戒慎乎其所不睹，恐惧乎其所不闻。莫见乎隐，莫显乎微。故君子慎其独也。"这里要求的是人们应当进行严格的自我反省、修习约束，无论在什么场合，哪怕是个人独处之时也应谨慎地约束自己。中国式的人生，更善于依靠的是一种自省力、自立志、自省察、自努力、自鼓舞。孔子说"见贤思齐焉，见不贤而内自省也。"（《里仁第四》）"内省不疚，夫何忧何惧？"（《颜渊第十二》）"君子求诸己，小人求诸人。"（《卫灵公第十五》）无不告诉人们，修道中庸应严格遵循慎独原则和本心志向，经常自我反省，不断趋于完善。

其二，至诚尽性。儒家学说是从亲亲之爱始，中庸人格亦特注重情感因素注入。"志行合一"系中庸君子修道的一大原则,但真诚心态更是必要的前提。《中庸》第 22 章云:"唯天下至诚,为能尽其性;能尽其性,则能尽人之性;能尽人之性,则能尽物之性;能尽物之性,则可以赞天地之化育;可以赞天地之化育,则可以与天地参矣。"从"至诚"到"可以与天地参矣",如没有至诚尽性就万不可能。《论语》载:"子谓子产:'有君子之道四焉。其行己也恭,其事上也敬,其养民也惠,其使民也义。'"(《公冶长第五》)孔子认为的君子之道:恭、敬、惠、义等,均须至诚尽性之情感的推动。

其三,中正平和。《中庸》第 1 章云:"中也者,天下之大本也;和也者,天下之达道也。"这是要求君子用中庸的思想来控制自己,不过喜过怒,也不过忧过惧。在此基础上,孔子还特别提出"君子泰而不骄"的具体要求,不能像小人"骄而不泰"(《子路第十三》)。因"小人之情,缓则骄,骄则咨,咨则急,急则怨,怨则畔,危则谋乱,安则思欲,非威强无以惩之"①。故而儒家要求君子"泰而不骄",不要傲物自侈。只有时时保持敬畏和守礼,才能做到中正平和。

(2)中庸人格取向:三个统一

孔子曰:"道之不行也,我知之矣:知者过之,愚者不及也。"(《中庸》第 4 章)此所谓"道",在中国古代思想家那里,或为宇宙本体,或为事物运动变化规律,或为德性之最高境界。中庸之"道",显然是指中庸之德在君子人格中的凸显;中庸之"能",它需通过无数仁人君子遵循其"道","修己""安人"才能"至中和"。因此,精通中庸人格修养之取向则是"至中和"之命门。正如朱熹揭示《中庸》修读要津所说:"盖此篇大旨,以知、仁、勇三达德为入道之门。故于篇首,即以大舜、颜渊、子路之事明之。舜,知也;颜渊,仁也;子路,勇也:三者废其一,则无以造道而成德矣。"②据此,我们即以"三达德"为路径略述以下"三个统一"。

---

① 荀悦:《申鉴》,黄省曾注,孙启治校补,中华书局 2012 年版,第 19 页。

② 朱熹:《四书集注》,岳麓书社 1987 年版,第 32 页。

其一，仁德与诸德种属统一。孔子认为，中庸人格当是以"仁"为内核的兼含义、礼、知、信、忠、恕、恭等诸德为一体的最高境界，亦即汉末儒家之所谓"兼德而至，谓之中庸"①。其"兼德"思想，孔子早前实际亦有涉及。他说："君子之道四，丘未能一焉：所求乎子，以事父未能也；所求乎臣，以事君未能也；所求乎弟，以事兄未能也；所求乎朋友，先施之未能也。"（《中庸》第 13 章）这就是说，作为中庸的"君子之道"，正是父慈子孝、君敬臣忠、兄友弟恭、朋谊友信等品德的统一。实际上，后来儒家中庸所概括的"五伦十义"，完全是基于孔子"君子之道四"基础上的合理整合。

中庸人格这一道德境界，它一方面是诸德之整合，另一方面对诸德又有节制作用。在诸德中，"仁"不是被整合的德，它只是诸德中最基本、最重要的一种，是含有人类意识和情感基础的道德元理念。这也就决定了"仁德"与"诸德"之间的种属关系，亦即仁者，系诸德之根基也。

其二，"内圣"与"外王"表里统一。"内圣外王"虽然首见于《庄子·天下篇》，但它实际已成为儒家中庸哲学内外表里统一的人格模式。《论语》载："子路问君子。子曰：'修己以敬。'曰：'如斯而已乎？'曰：'修己以安人。'曰：'如斯而已乎？'曰：'修己以安百姓。修己以安百姓，尧舜其犹病诸！'"（《宪问第十四》）子贡曰："如有博施于民而能济众，何如？可谓仁乎？""子曰：'何事于仁！必也圣乎！尧舜其犹病诸！夫仁者，己欲立而立人，己欲达而达仁。能近取譬，可谓仁之方也已。'"（《雍也第六》）此即在要求君子、圣人以"修己"之"内圣"来建树"安百姓"之"外王"伟业。《中庸》第 25 章明确指出："成己，仁也；成物，知也。性之德也，合外内之道也，故时措之宜也。"这种人格设计正是"知勇合一""内圣"与"外王"的统一。

为实现君子"德合外内之道"，儒家还提出了多个要点：首先，要"言语必信"（《孟子·尽心下》），言而存道，决不能像小人"多少无法而流湎

---

① 刘劭：《人物志·九征第一》，中华书局 2009 年版，第 7 页。

然"①。这对那些阿谀拍马之徒，哗众取宠之辈自然是副清醒剂。其次，在行为方面，特提出"行中正"，"行无过"，君子行为要有"絜矩之道"。一旦有所偏差，君子就要自觉地依据中庸原则予以校正。再次，为使行能"尽道"，君子必须"素其位而行"。亦即"素富贵，行乎富贵；素贫贱，行乎贫贱；素夷狄，行乎夷狄；素患难，行乎患难"。主张"居易以俟命"，反对"行险以徼幸"，并认为只要做到了这一点，君子就"不愿乎其外"，"无入而不自得焉"。（《中庸》第 14 章）

其三，群体与个体和谐统一。中庸人格群体与个体的统一包含两个层面，一是人与人或人我关系；二是人与社会及其政体组织关系。不论是哪种关系，都首先涉及个人。如果每个人都能用中庸思想"素位以行"，努力"致中和"，必然将是社会长久安定的基石。当然，个体与社会政体、群体的关系总是矛盾的，一味强调群体性自然会桎梏个体生命的自由，反过来过分强调个体性又必然会影响到群体的秩序规范。然而，中庸所体现的正是以人与他人、人与社会群体以及天地万物之间的和谐为主旨，以上二律背反在这里须得到消解。

现代社会学家一致认为，道德在社会化行动中可以给予秩序。儒家中庸则颇有先验地抓住了这一点，在群体与个体的关系中利用道德润滑剂使得两者和谐统一。

在个体方面，首先要着力引导为公、为人、利他的道德人格走向，在道德人格实践中体现自己的生命价值。孔子在《论语》中就多次谈道："富与贵，是人之所欲也；不以其道得之，不处也。贫与贱，是人之所恶也；不以其道得之，不去也。"（《里仁第四》）"君子周而不比，小人比而不周。"（《为政第二》）"君子矜而不争，群而不党。"（《卫灵公第十五》）孟子曰："乐以天下，忧以天下。"（《孟子·梁惠王下》）无不是以"道"为尺度处理个人与群体的利与弊。其次要着力刻画蕴含着具有独立人格气节、意志和尊严的形象，极力为人彰显人格风范。孔子曰："富而可求也，虽执鞭之士，吾

①　《荀子·非十二子》，陈清等点校《诸子集成》2，团结出版社 1999 年版，第 109 页。

亦为之；如不可求，从吾所好。"（《述而第七》）又曰："三军可夺帅也，匹夫不可夺志也。"（《子罕第九》）"岁寒，然后知松柏之后凋也。"（《子罕第九》）孟子曰："生亦我所欲也；义亦我所欲也；二者不可得兼，舍生而取义者也。"（《孟子·告子上》）又曰："富贵不能淫，贫贱不能移，威武不能屈，此之谓大丈夫。"（《孟子·滕文公下》）以上，重在体现个体之"仁德""勇德"。

在群体或政体方面，则重在围绕"以人为本"①标榜为政者勤勉为民、"修己安人"的人、事、理。孔子曰："舜其大知也与！舜好问而好察迩言，隐恶而扬善，执其两端，用其中于民，其斯以为舜乎！"（《中庸》第 6 章）舜帝亦如此细察民情，一心为民，老百姓岂能不肝胆涂地？孔子曰："文、武之政，布在方策。其人存，则其政举；其人亡，则其政息。……故为政在人，取人以身，修身以道，修道以仁。"（《中庸》第 20 章）孔子借史上明君周文王、周武王发表感叹，为政即在善于用人，依法施政；君之为君，"修身以道"。同时，孔子还通过"哀公问政"明确回答："知、仁、勇三者，天下之达德也。……好学近乎知，力行近乎仁，知耻近乎勇。知斯三者，则知所以修身；知所以修身，则知所以治人；知所以治人，则知所以治天下国家矣。"（《中庸》第 20 章）将个体修身与政体期盼连在一起，从而更加凸显儒家重群体、重天下，以及个体中庸修炼与整体、群体之紧密关系。

（3）中庸实践原则："执两用中"

《尧曰第二十》载，远古尧帝让位给舜时特提到"允执其中"。这是尧对舜的期待，相信他能保持中道。孔子对尧的"执中"理念非常认同，有一次谈到舜的德政，又特提起此事，并第一次明确提出"执两用中"原则。《论语》与《中庸》均保留了孔子许多论述"执两用中"的观点和事例，生动体现了孔子以此解决社会生活中一切实践问题的最高智慧和最便捷的方法论，以致成为中庸之道、中庸人格的核心理念。"执两用中"主要包括执两、用中和权衡三个要素。

---

① 《管子·霸言》，陈清等点校《诸子集成》5，团结出版社 1999 年版，第 602 页。

其一，执两用中与过犹不及。《先进第十一》载："子贡问：'师与商也孰贤？'子曰：'师也过，商也不及。'曰：'然则师愈与？'子曰：'过犹不及。'"这里，孔子觉得子张、子夏各走一端，均有毛病。孔子之所以反对子贡看法，意在主张应该用舜的方法：面对所谓的"恶"与"善"，舜事先对其矛盾两端做详细调研，然后才以"利民"原则来取舍，从而达到"隐恶扬善""用中于民"的目的。所谓两端，即是基于事物发展均是相互矛盾的统一体而提出；"执两"，就是要求我们看待任何事物都要抓住矛盾的两端，不要偏执于一，应把握其本质和规律；"用中"，其"中"是过与不及的分界处，它既不是过，也没有不及，而是建立在对其两端否定的基础上，权衡以用其事物本质性的"中"。孔子把"中"规定为具有哲学意味的无过不及，并由此提出了不朽的经典名言——"过犹不及"。

其二，权衡与时中。仅仅看到事物运动的对立面还不够，还须达到"致中和"的最佳境界。孔子说过，一起求道的人，未必都能坚持守道；共同坚持守道的人，又未必都能随时势而应变，即"未可与权"（《子罕第九》）。朱熹注解曰："权，秤锤也，所以秤物而知轻重者也。可与权，谓能权轻重，使合义也。"[1]"权"，后又引申为权衡、权变。可以认为，中庸人格的修炼，"执两用中"重点还在如何"用中"，能否正确权衡极为关键。孟子云："执中无权，犹执一也。所恶执一者，为其贼道也，举一而废百也。"（《孟子·尽心上》）的确，"无权"亦即失去"执中"方向。方向错误，百害无益。孔子有云："乡愿，德之贼也。"（《阳货第十七》）"乡愿"又何谓"德之贼"呢？孟子曾对"乡愿"的危害性这样回答："非之无举也，刺之无刺也，同乎流俗，合乎污世，居之似忠信，行之似廉洁，众皆悦之，自以为是，而不可与入尧舜之道。"（《孟子·尽心下》）看来，"乡愿"就是道德上没有自己真正的是非观念的好好先生，貌似中庸，却"执中无权"，必然混淆道德是非。

如何权衡"执中"？一方面，道义是权衡"中正"与否的根本价值尺

---

① 朱熹：《四书集注》，岳麓书社 1987 年版，第 167 页。

度。孔子曰："君子之于天下也，无适也，无莫也，义之与比。"（《里仁第四》）亦即君子处理所有事物可不必拘泥已有方式，只要符合道义即可。孟子曰："大人者，言不必信，行不必果，惟义所在。"（《孟子·离娄下》）同样的，有贤德的人可以有言行不一处，但唯有儒家道义不能离开。正如朱熹所云："经者，道之常也；权者，道之变也。道是个统体，贯乎经和权。"[①]道义作为权衡之"统体"，其为最终标准必须坚持。另一方面，孔子倡导用"权"要合乎"时中"，亦即要与时俱进。孟子称颂孔子是"圣之时者"，即在"可以仕则仕，可以止则止，可以久则久，可以速则速，孔子也。"（《孟子·公孙丑上》）然而，有人却认为孔子"克己复礼"不合时宜，实际是并不了解孔子之中庸。孔子对西周礼制很欣赏，但他的看法却是辩证的。孔子曰："齐一变，至于鲁；鲁一变，至于道。"（《雍也第六》）亦即各诸侯国以前都奉行周礼，鲁国是奉行周礼的模范。现在齐一变，才赶上鲁；但鲁也要变一下才能"至于道"。这说明周礼在孔子心目中并非止境，而是比周礼更高的标准，那就是"时中"。

二、近代立德树人之转型

（一）社会大变局中的转型

中国自古就是个农业国家，直至清王朝时期，即便在"康乾盛世"仍是以农业、手工业、商业为国家经济支柱。学校教育亦基于这种"士农工商"的传统需求，各级各类学校的课程设置均侧重在文法方面，相对单纯。但1840年鸦片战争和1919年五四运动，西方的各种思潮与中国的传统文化相互冲撞、相互融合，学校的立德树人工作在这种大变局下亦不得不随之转型。

---

① 黎靖德编：《朱子语类》（全6册）卷37，中华书局2020年版，第1061页。

1. 观念的转型

鸦片战争以来，西方列强的坚船大炮不断敲打着中国人固有的自大心理，甚至对持续数千年的尊孔重儒文化传统都开始普遍持有异议。梁启超1922年2月撰文《五十年中国进化概论》云："近五十年来，中国人渐渐知道自己的不足了。……渐渐有点废然思反，感觉社会文化是整套的，要拿旧心理运用新制度，决计不可能，渐渐要求全人格的觉醒。"① 于是，"中学为体，西学为用"② 主张便成为当时中国如何在文化观念上救亡图存的新方向。而且，这在晚清知识分子中有着广泛共识。从早期维新派、洋务派、改良派直到辛亥革命派，均迫切期望建构起一种以中国传统文化为经、西方文化为纬的能够实现实业救国、科学救国、教育救国的新文化形态。"中学为体，西学为用"之内涵，改良维新派对其释曰："合《经》《子》之奥言，探儒佛之微旨，参中西之新理，穷天人之畸变，搜合诸数，披析大地，剖析今古，穷察后来。"③ 此基本符合当时社会广大有识之士的儒学开放态度，与张之桐的意趣迥然有别。张氏云："今欲强中国、存中学，则不得不讲西学。然不以中学固其根抵、端其识趣，则强者为乱首，弱者为人奴。其祸更烈于不通西学者矣。"④ 显然，张之桐之重点还在以西学护卫中学，以维护清末日趋腐朽的反动统治。综合而言，基于儒学中庸之道之"时中"思想，在当时科技日新、列强入侵、分工细化的大变局背景下，学校立德树人必须转变观念。突破封闭，以利人本，此即当时人们改造传统儒学的一个基本态度。以往"中学为体，西学为用"之争论，实质在于太拘泥于"体用"之分，并未真正达到会通中西，"允执其中"的初衷。面对新的形势，封建儒学中的特权思想，亲疏有别，男尊女卑，以及其他种种不利人本的礼教等必须

---

① 梁启超：《五十年中国进化概论》，中华书局1922年版，第2页。

② 该说法以前普遍认为是洋务派代表人物张之洞在其《劝学篇》中首次提出，但据学者考证非也。张之洞不过是借用了孙家鼐、沈毓桂等著名学者于19世纪末所提出的相同话语，而用意却大相径庭。

③ 康有为：《自编年谱》，中国史学会主编《戊戌变法》第4册，上海人民出版社1957年版，第117—118页。

④ 见《万国公报》复刊第83期，1895年12月。

放弃。

2.制度的转型

科举制创始于隋唐，完善于宋，至明及清中期达到顶峰。然而，随着社会不断发展和人们需求的相应提高，长期不变的科举考试内容与形式愈来愈不能适应新的现实，但真要放弃科举并不容易。康熙是历史上少有的一位明君，深感八股文"实于政事无涉"，登基后于康熙二年（1663年）便发布上谕："自今之后，将浮饰八股文章永行停止，惟于国计民生之策论中出题考试。"① 然而，因停止八股文无异于放弃圣贤之学，或助长异端，康熙七年又全部恢复科举旧制。至鸦片战争爆发，光绪帝支持戊戌变法，于1898年6月拟再次废除八股文，而因戊戌政变不得不中途停止。到"八国联军"对中国发动史上规模最大的侵华战争，1901年9月7日签订《辛丑条约》，中国自此沦为半殖民地半封建的社会，迫使清政府实施新政。第一步，1902年8月出台"壬寅学制"《奏定学堂章程》，实施不到两年；② 因迫切需要对该章程再细化，1904年1月又发布新修订的"癸卯学制"（《奏定学堂章程》）。前后章程内容大框架相同。纵向上部分为三段七级，包括初等教育三级，中等教育一级，高等教育三级；横向上均为师范教育、实业教育与普通教育三大块。总体目标上均在积极支持新式学堂的创办，并拟替代科举制。第二步，则是1905年下达诏书从次年（光绪三十二年）始正式废除科举制。以上教育新政相辅相成，在我国教育发展史上可谓旧中国教育制度转型的标志性事件。其意义与启示有三：第一，科举制的废除亦属必然。因其排斥女性参与的权利，应试内容限于儒家经典，"学而优则仕"窄狭的选拔目标等，均为社会发展所不相容。据《光绪三十三年分第一次教育统计图表》，1907年全国女子新式学堂已达422处。天津严氏女塾、上海爱国女校等均是划时代的成果。第二，极大动摇了清王朝的统治基础。新型教育制度与新式学校

---

① 梁章矩：《制义丛话》，上海书店出版社2001年版，第13页。

② 现学界普遍认为，壬寅学制因不完善，颁行后并未实施。但经查中国第一历史档案馆《光绪朝朱批奏折》（105辑），中华书局1996年版第484—593页，壬寅学制已经实施情况清晰。

不仅打破了儒学一统天下局面，培养了一批批科技精英与新型知识分子，而且原有的封建士子或投笔从戎、弃文从商，或出国留学，他们中的很多人甚至成为封建体制的掘墓人。第三，科举制之所以能持续 1300 年，还被不少人誉为中国"第五大发明"，其科举学亦并未作古。譬如选才以"仁德"为先，所有考生平等竞争，严密的选拔机制等，均系"后科举时代"国内外学者关注的热门话题。①

3. 内容的转型

早在明清之际，西学东渐已呈趋势。鸦片战争后，在不平等条约庇护下则有大量西欧传教士来到中国建立教堂、开设学堂，更多的外来文化潮水般涌入中国。从洋务运动、戊戌维新，到清末新政，落实到学校人才培养上必然得依赖内容的转型。张之洞、张百熙等曾联名上奏并这样描述科举与新式学堂的不同："科举文字，每多剽窃；学堂功课，务在实修；科举只凭一日之短长，学堂必尽累年之研究；科举但取词章，其品宜无从考见；学堂兼重行检，其心术尤可灼知。"② 问题亦正在于此，其"务在实修""兼重行检"等，这在传统"六艺"之学那里显然难以承担。于是，1902 年《钦定学堂章程》既"上溯古制"，又"参考列邦"，在课程设置上则突出"中国圣经垂询，以伦常道德为先；外国学堂于知育体育之外，尤重德育，中外立教本有相同之理。"③ 将"德知（智）体"三育说正式出现在清廷官方文献中，这是首次。当然，"德智体"三育说在此之前的教育研究与实践中，实际亦已成为不少国人的共识。著名教育家严复 1895 年即在《直报》围绕救亡发表

---

① 由厦门大学高等教育发展研究中心、北京大学中国古代史研究中心主办，中国高等教育自学考试专业委员会等协办的"第一届科举制与科举学国际学术研讨会"于 2005 年 9 月 2 日至 4 日在厦门大学举行。该专项研讨会此后每年举办 1—2 次，主办单位不同，至 2022 年 9 月已累计举办 21 届。每届有来自中国、美国、日本、韩国、俄罗斯、越南、巴西等国家和地区的高校、考试研究中心、科研院所的专家学者与会，与会人数 80—150 人不等。会议主要围绕明清童生试、清代试院与考棚、科举学、科举制度、科举考试的借鉴价值等专题进行探讨。会议反响热烈，成果丰硕。

② 范书义、孙华峰、李秉新编：《张文襄公全集》，河北人民出版社 1998 年版，第 1012 页。

③ 璩鑫圭、唐良炎：《中国近代教育史资料汇编·学制演变》，上海教育出版社 1991 年版，第 235 页。

《原强》等系列文章，提出教育图强须标本兼治，而"本"正在于"民智、民力、民德"。①1897年，陈懋治等自编《蒙学课本》，编辑大意亦云："泰西教育之学，其旨万端，而以德育、智育、体育为三大纲。"②事实上，清末新政的推出既是为了顺民意，更是西方列强铁蹄践踏下，中华儿女追求人才图强的觉醒。因此，随着新政"德智体"三育说的出台，而后许多相关类似的教育主张，诸如美育、群育、劳育等均曾先后进入官方话语体系，甚至经改造后还成为当下中国教育思想表述的一部分。

（二）近代中国学制史上的里程碑：壬戌学制

1. 以"健全人格"为主旨的国家学制的确立

学制是学校教育制度的简称，是一个国家教育制度的核心和重要表征。1922年，北洋政府以大总统令颁布了《学校系统改革案》（壬戌学制，又称新学制）。与以前学制相比，新学制"在学制体系、架构、内容抑或是教育宗旨、教育理念方面，均发生了根本性的转变"③，系中国近代三大学制中使用时间最长、影响最大的一个学制。

新学制以"养成健全人格、发展共和精神"④为教育宗旨，其主张由蔡元培、蒋梦麟等19位教育界知名人士组成的"教育调查会"在1919年提出。该学制孕育于中国社会从旧民主主义革命向新民主主义革命转折关键期，标志着中国教育向立德树人的发展转向。它是近代以来国家学制全程体系基本确立的突出标志，其"六三三"分段法主体架构经受百年淘洗而延续至今，可谓中国学制改革的奠基石。

2. 对"人"的教育的充分关注

鸦片战争的爆发，加上1894年甲午海战清政府以签订丧权辱国的《马

---

① 严复：《原强》，汪征鲁等主编《严复全集》卷7，福建教育出版社2014年版，第22页。
② 朱有瓛：《中国近代学制史料》第1辑下册，华东师范大学出版社1986年版，第540页。
③ 李永、周洪宇：《壬戌学制颁行的百年省思：科学精神与自主意识的统一》，《大学教育科学》2023年第5期。
④ 教育调查会第一次会议报告：《教育宗旨研究案》，《教育杂志》1919年第5期。

关条约》而落下帷幕，清政府一向沉浸在天朝上国的黄粱美梦被彻底击碎。随着民族意识的觉醒，"今日为中国前途计，莫亟于教育"[①] 便得到普遍认同。如何针对社会需求、真正实施"人"的教育即成为壬戌学制的最大特点。

（1）科学划分"人"的教育阶段

新学制第一次考虑我国国情及学生身心特点与教育规律，依据适龄情况将学校教育划分为初等教育（6—12岁）、中等教育（12—18岁）和高等教育（18—24岁）三个相对独立而又相互衔接的阶段。其中，明确基础教育小学六年，中学六年（初、高中三三分段），即"六三三"学制。

（2）按照"人"本需要制订教学标准

新学制分为标准、学制系统图和说明三个部分。标准包括七项：①适应社会进化之需要；②发挥平民教育精神；③谋个性之发展；④注意国民经济力；⑤注意生活教育；⑥使教育易于普及；⑦多留各地方伸缩余地。说明部分包括初等教育、中等教育、高等教育和附则四个方面，共计29条。[②] 其"谋个性之发展"等多条标准，均是中国以往学制从未涉及的。归根结底，新学制无不紧扣"养成健全人格、发展共和精神"宗旨，实际亦在回答"培养什么人、如何培养人、为谁培养人"这些根本问题。胡适撰文感慨："新学制的特别长处，在于他的弹性"[③]。此所谓"弹性"，就是学制制订所坚持的遵循教育规律，充分挖掘每个人潜力的宽严尺度。譬如，新学制所明确的"选科制"。它虽然在中国古代学校中也存在，但作为国家制度在中等和高等教育中实行，这就很不相同。

（3）分阶段整体贯通的学制理念

首先，设计过程科学。新学制的制定过程体现了中国现代教育改革的科学性和民主性。自1915年教联会提出学制改革的初步设想开始，经历了长达7年的深入研究和广泛讨论。这一过程包括草案拟定、多轮酝酿和讨

①　梁启超：《教育政策私议》，《新民丛报》1902年第8期。

②　璩鑫圭、唐良炎编：《中国近代教育史资料汇编·学制演变》，上海教育出版社2007年版，第1008—1012页。

③　胡适：《对于新学制的感想》，《新教育》1922年第2期。

论、全国范围内的意见征集、地方试点实施以及教育专家和社会舆论的积极反馈。特别是广东省教育会所提出的草案，因其严谨科学的态度和方法，被选为讨论的基础。在这一过程中，教育界内外专家学者、各级教育机构以及广泛的社会成员均参与进来，依据"人"的教育对草案进行了细致评点和深入分析。各地教育会和学校也积极开展了新学制的试验和实践，为新学制的完善和最终确立提供了宝贵经验和反馈。

其次，内容设计全面。新学制不仅按照"六三三"对基础教育进行设计，还总体对高等教育进行谋划。小学阶段缩短年限至 6 年，且分为初小和高小两级，强调基础教育的普及；中学阶段延长至 6 年，分为初中和高中，既注重普通教育的深化，又引入职业教育。在高等教育阶段主要有三：一方面，取消大学预科，强化专业教育和科学研究的质量，通过选科制和分科制的实施，为学生提供更为宽广的发展空间；另一方面，新学制特别重视师范教育，从不同年期的师范讲习所到四年制的高等师范教育，力求师范教育办学机制不断走向灵活；再一方面，注重职业教育体系与普通教育的系统性连贯，值得肯定。整体看，新学制的设计既考虑了"人"的教育的科学性，又兼顾了方案的时代性和社会性，系科学性、民主性和实用性的有机统一。

3. 系吸取古今中西精粹的学制

新学制的颁布，既见证了中国近代教育从"今日欲立学校宜取法于日本"①，至"应世界潮流"② 又吸取了欧美不少国家的优点；同时，各省教联会参与新学制制订的教育专家多是学贯中西的学者，诸如黄炎培、陶行知、胡适、廖世承、经亨颐、舒新城、袁希涛、金曾澄等，这些专家的留学受教育经历，对新学制的制订为开阔中外教育视野奠定了扎实基础。

首先，此前壬寅学制和癸卯学制是模仿日本学制，壬子癸丑学制再参考德国学制，新学制又转为师法美国，学制制订经验不断丰富。其次，中西结合、以我为主。既注重继承中国传统教育理念，重视道德教育和人文精神的培养，

---

① 朱有瓛：《中国近代学制史料》第 2 辑上册，华东师范大学出版社 1987 年版，第 35—36 页。

② 教育调查会第一次会议报告：《教育宗旨研究案》，《教育杂志》1919 年第 5 期。

又力图借鉴西方实用主义教育理念，强调儿童中心、生活教育和实践能力的培养。再次，尊重学生个性自由发展。受五四新文化运动科学与民主思想的影响，特别强调教育的普及和平，注重体现对不同地域需求和个体发展需求的平衡；同时，还强调天才教育和特殊教育，全力让每个学生自由发展。

（三）进入马克思主义"全人教育"新纪元

1. 早期马克思主义在中国

（1）十月革命前后的马克思主义传播

19 世纪末，中国在抵御外辱的进程中经历了文化的嬗变，试图寻求国家富强的真理。1899 年《万国公报》的《大同学》将马克思的观点介绍给国人，开启了马克思主义在中国的初步传播。随着清末民初留学日本的浪潮，中国学生受到日本社会主义运动影响，亦开始向国内推广社会主义学说。辛亥革命失败后，中国先进分子不得不就国民性问题进行反思，为新文化运动做准备。1917 年，"十月革命一声炮响，给我们送来了马克思列宁主义。"我们要"用无产阶级的宇宙观作为观察国家命运的工具，重新考虑自己的问题。"① 人们更加重视研究马克思主义，并视其为解决中国问题的理论武器。1919 年五四运动爆发，标志着新文化运动和思想解放的高潮，亦为马克思主义在中国的广泛传播提供肥沃土壤。在这一时期，早期马克思主义者通过创办刊物、发表文章、组织团体等形式积极推广马克思主义。李大钊在《新青年》发表了《我的马克思主义观》，马克思主义的信仰开始成为毛泽东、陈独秀、周恩来、邓中夏、瞿秋白、蔡和森、恽代英等中国先进知识分子的主流思想。

（2）中国共产党成立前后的马克思主义发展

1920 年陈独秀在上海建立了共产主义小组，李大钊在北京建立了共产主义小组，后有武汉、长沙、济南、成都、广州等地共产主义小组相继成立。《湘江评论》（长沙）、《星期日》（成都）等革命刊物不断涌现。1921 年

---

① 《毛泽东选集》第 4 卷，人民出版社 1991 年版，第 1471 页。

7月，各地共产主义小组代表在上海召开会议，成立中国共产党，为中国革命提供科学指导。此后，以毛泽东为代表的中国马克思主义者，研究马克思主义哲学，创造性地运用马克思主义世界观和方法论研究中国革命的实际问题成为党的工作重心。毛泽东写于1930年的《反对本本主义》，精辟阐明了中国共产党人必须运用马列主义的基本原理，坚持从实际出发，深入群众，调查研究。他在长期的革命实践中把中国的一系列独创性经验作了理论性概括，创立了新民主主义革命理论，奠定了马克思主义中国化的重要基础。[①]

2."全人教育"在中国的初步确立

依据马克思主义关于人的发展的最高理想，"全人教育"作为社会不断进步的一个要素，或作为个体追求全面而自由发展的教育理想，其概念内涵包括：它是人的精神性与物质性的全面发展，必然追求跨学科互动与专业知识融通，强调人文精神培养及其人与人之间的理解，具有全球视野和跨文化理解，共同面对全球性的挑战。

（1）新民主主义时期"全人教育"的初创

这一时期中国经历了大革命、土地革命、抗日战争和解放战争，阶级矛盾、民族矛盾非常尖锐。中国共产党的诞生，为破解中国社会以及教育事业的发展困局指明了前进方向。

中国早期马克思主义者特别注重一线群众的革命性，认为教育不应脱离实际生活，必须通过工读结合教育解决劳苦大众的受教育权利。李大钊提出在城市中多设立劳工教育机构，如夜校、半日学校等，使工人有机会接受教育。在农村则利用农闲时间，通过开办农民补习班等实现耕读结合。随着中国共产党成立，更加坚持"无论何种情况，手中要有学校，要有教科书"，"一手握枪，一手握笔，这是共产党的宝贵经验。"[②]抗日战争时期，毛泽东还明确提出要"实行以抗日救国为目标的新制度、新课程"[③]，突出配合全民

---

① 张兴堂：《五四前后马克思主义在中国的历史命运》，《马克思主义研究》2000年第3期。

② 石鸥、张文：《根据地教科书的精神遗产及其现代价值》，《课程·教材·教法》2017年第2期。

③ 《毛泽东选集》第2卷，人民出版社1991年版，第356页。

抗战形势的政治性，以提升民族意识、爱国情怀、革命精神和劳动本领。

新民主主义时期的教育，尤其是中国共产党成立后，注重探索马克思主义基本原理与中国教育实际的对接，坚持走知识分子与工农相结合的道路，成效显著。从教育目的、教育内容、教育方式上奠定了"树什么人"的重要基础，为"全人教育"进行了宝贵的早期探索，中国教育历史亦从此翻开新的一页。

（2）社会主义建设初期"全人教育"的探索

伴随着新中国的成立，中国教育在中国共产党的领导下，开启了对"全人教育"实施国策及其强化实践的转向。这一时期，以1951年第一次全国中等教育会议提出全面发展教育目标为起点，1957年2月毛泽东在党的一次专题会议上又明确提出："我们的教育方针，应该是使受教育者在德育、智育、体育几方面都得到发展，成为有社会主义觉悟的有文化的劳动者。"①1958年《中共中央、国务院关于教育工作的指示》进一步确立了"培养有社会主义觉悟的有文化的劳动者"②的教育目的。此时的"全人教育"，主要在前一时期的基础上对育人的内容范围做了新思考。在实践层面，各省市及其所在学校的强化口号是：培养"又红又专"的好学生！争当"又红又专"的好老师！可以说，"又红又专"就是"立德树人"的最初表达。

马克思主义人的全面发展学说认为，全面发展是社会进步的目标和条件，它要求超越资本主义社会中人的异化，通过社会制度的变革、生产力的发展和教育的普及，实现人的智力、道德、审美等各方面的和谐发展，使每个人都能在自由的社会环境中实现自我价值和社会价值的统一。新中国成立前后关于人的全面而自由发展的探索与实践，正是马克思主义"全人教育"在我国开启的新阶段。

党的十八大以来，"全人教育"突出"五育并举"，突出通过技术融合，强化个性化学习，鼓励创新创业，关注心理健康，努力培养具有国际视野和

① 《毛泽东文集》第7卷，人民出版社1999年版，第226页。
② 中共中央档案馆、中共中央文献研究室：《中共中央文件选集（1949.10—1966.5）》第29册，人民出版社2013年版，第37页。

社会责任感的创新者和领导者。德智体美劳"五育并举"就是"立德树人"的必然要求，中国特色社会主义进入马克思主义"全人教育"新纪元的时代正在不断成熟。

三、立德树人之主要经验

（一）"蒙以养正"

1. 蒙学教育概说

"蒙"指稚子愚昧之意。蒙学乃启蒙之学，多指儿童时代在家庭与小学的教育。启蒙教育历经悠久的传承，留下了丰富的工作经验和教学作品。早在商周时代，天子及诸侯国国君就建立了保傅之教制度。《大戴礼记·保傅》记载："自为赤子时，教固以行矣。昔者，周成王幼，在襁褓之中，召公为太保，周公为太傅，太公为太师。保，保其身体；傅，傅其德义；师，导之教顺，此三公之职也。"[①] 显然，成王年幼时的师保傅及其家教组织比较健全。史载古代儿童 8 岁入小学，始创于奴隶社会的夏朝，在秦汉时期得以进一步发展，唐宋以后逐步形成相对稳定的教学内容和程序，主要任务是读书、习字和作文。由于先人重视，我国古代小学教材堪称繁富。较有影响的诸如周朝《史籀篇》，秦朝《仓颉篇》，汉朝《急就篇》，南朝《千字文》，唐朝《太公家教》，宋朝《三字经》，元朝《日记故事》，明朝《龙文鞭影》，清朝《弟子规》《增广贤文》《文字蒙求》等。众所周知，中国古代多神童，如孔融、曹植，也许与古代蒙学发达不无关系。当然，我国古代蒙学教育也存在一些不可忽视的问题。尤其是，蒙学教材充满着封建统治阶级的伦理道德说教；渗透着以"三纲五常"为中心的"男尊女卑"歧视观点；提倡读书做官、争做人上人的极端利己主义思想；灌输鄙视劳动、轻视劳动人民的剥削阶级意识等。

---

① 《大戴礼记·保傅》第 48，上海商务印书馆《四部丛刊》1922 年影印本。

2. 蒙学教育的德育特色

在我国的传统文化中，道德教育始终享有非常重要的地位，亦有不少成功的探索和经验。周谷城在《传统蒙学丛书》序言中说："产生和流传于封建社会的蒙学书……有的能够长久流行，为社会长期接受，在传授基本知识、进行道德教育……等方面，确实有其长处和优势，是不能也不应一笔抹杀的。"[1] 首先，重视蒙养教育，提倡"养正于蒙"是中华民族的优良传统。《周易·蒙》早有"蒙以养正，圣功也""蒙，君子以果行育德"[2] 之说法。朱熹云："古者小学，教人以洒扫应对进退之节，爱亲敬长隆师亲友之道，皆所以为修身齐家治国平天下之本"[3]，亦即要打好"圣贤坯模"[4]。其次，在蒙学教材的设计与编撰方面注意体现中华民族的传统人文价值。如《弟子规》对衣食举止、人际交往方面提出"衣贵洁、不贵华，对饮食、勿拣择，适可止、勿过则"；"德有伤、贻亲羞，亲有疾、药先尝，昼夜侍、不离床……称尊长、勿呼名，对尊长、勿见能"等要求；如《三字经》鼓励童生努力学习，不断上进："子不学，非所宜，幼不学，老何为。玉不琢，不成器，人不学，不知义"；或以大量的历史故事说明"古圣贤，尚勤学"的道理。再次，注意搭建家庭、学校、社会"三位一体"的启蒙平台，为孩子道德养成提供良好环境。《童蒙训》《幼学琼林》等均为父母及学校列举了不少优秀故事来教育童蒙。譬如孔融让梨就是为人熟知的，便于童蒙模仿。同时，古人还注重外部环境对童蒙发展的影响。"孟母三迁"的故事和"近朱者赤，近墨者黑"的俗语妇孺皆知，都能对孩子起到潜移默化的作用。最后，蒙学教材全部用偶句写成，容易诵读，便于记忆，加深理解，故采用诵读亦是以往蒙学教育中最为普遍和有效的教学方法。这种诵读，并不同于一般所说的死记硬背，而是古人一种重要的教学手段，通过对各种语言材料的"口诵心

---

① 周谷城：《传统蒙学丛书序》，萧良有、杨臣净《龙文鞭影》，岳麓书社 2002 年版，第 4—5 页。

② 杨天才译注：《周易》，中华书局 2016 年版，第 37 页。

③ 朱熹：《小学序》，陈选《小学集注》卷首，明崇祯八年（1635）内府刻本，第 1 页。

④ 黎靖德编：《朱子语类》（全 6 册）卷 7，中华书局 2020 年版，第 136 页。

惟""演绎反复"，能很好地形成学生敏锐的语言感受力和理解力。

"蒙以养正"之所以流传数千年而不衰，还在于此一经验与现代德育思想暗相契合。依据现代认识论观点，新修道德理念往往和已有道德理念一致方能被接受。亦即在心理学上存在一种天然的异性排斥。早期教育就如同大楼之基石，非同小可。再有，程颢、程颐等古人都很强调幼教幼习。他们认为婴儿除"食乳"等本能外，其他本领都是靠后天所学，道德修养亦如此。对蒙童就当以"格言至论"使其"盈耳充腹"，方能"不被邪言所惑"。这些经验，至今仍具价值。

（二）"教以人伦"

1."道"与"教以人伦"

在中国古代哲学中，人始终处于中心位置。为了使人生活得更好，道家之祖老子和儒家先师孔子均将"道"视为人认识世界的重要哲学范畴。"道"涵指天道与人道，是最高的秩序。老子认为："人法地，地法天，天法道，道法自然。"（《道德经》第 25 章）表明天道规范服务于人本，人道与天道相承绪。孔子虽罕言于天，但他对"人道"却相当重视。他称赞子产"行己也恭""事上也敬""养民也惠""使民也义"，有"君子之道"（《公冶长第五》）。孔子之所谓道是具体的，从根本上讲是一种不离人伦的圣贤之道。自上古以来，天人合一，"教以人伦"的论述可谓以人为本的第一主题。据《尚书》载，早在尧舜时就曾推行"慎徽五典，五典克从；纳于百揆，百揆时叙"的"五典"① 之教。《诗·大雅·烝民》曰："天生烝民，有物有则，民之秉彝，好是懿德。"亦即人间秩序来自天道。孟子继承并发扬了孔子学说，不仅肯定"仁也者，人也，合而言之，道也"（《孟子·尽心下》）；还进一步指出"设为庠序学校以教之……夏曰校，殷曰序，周曰庠，学则三代共之，皆所以明人伦也……教以人伦：父子有亲，君臣有义，夫妇有别，长幼

---

① 上古伦理道德经典通常指《左传·文公十八年》载"父义、母慈、兄友、弟恭、子孝"五典之教。

有序，朋友有信。"(《孟子·滕文公上》)自汉开始又以阴阳五行之"道"为本原来比附人伦秩序，诸如《七略·六艺略》《白虎通》等，其具体配置方式与说法虽不尽相同，但人伦教化的基本理念与实践则一脉相承。

2. 朱熹"人道"修养论

朱熹不仅是一代儒学大师，更是一位著名的教育家，尤其在人道修养论方面有独特创获，影响深远。为实现封建德育教育目标，他围绕德育过程与方法建立起了"立志""窒欲""致知""涵养""笃行"一套完整有效的理论体系。

（1）立志

"立志"是儒家学者一贯重视的修身方法与基本原则。朱熹曰："学者大要立志。所谓志者，不道将这些意气去盖他人，只是直截要学尧舜。"[①]又曰："世人多以圣贤为高，而自视为卑，故不肯进。抑不知，使圣贤本自高，而己别是一样人……又安得不以圣贤为己任？"[②]朱熹在这里批评了两种倾向，一是好高骛远，志大才疏；一种自甘落后，碌碌无为。这两种人都不可能明"人伦"，成"圣贤"。立志系一种情感定力，属于非智力因素——意志的范畴。

（2）窒欲

"窒欲"就是要克己，革除那些非饥餐渴饮的"私意之欲"，要用封建的"义理"来控制人的感情和欲望。这是对北宋程颢、程颐"窒欲"思想的继承。如何"窒欲"呢？朱熹指出，首先是要狠抓苗头，"纤微处尤其要密察"，或"有纤毫私欲，便能识破他"[③]，扑灭它；其次是革尽私欲当持之以恒，常抓不懈。它往往可能是去得一层，又有一层。"亦只逐日渐渐积累……今日长得一分，夜气便养得一分；……今若坏了一分，夜气渐薄，明日又坏，便坏成两分，渐渐消，只管无。"[④]不能丝毫懈怠。

---

① 黎靖德编：《朱子语类》（全6册）卷8，中华书局2020年版，第146页。

② 黎靖德编：《朱子语类》（全6册）卷8，中华书局2020年版，第145页。

③ 黎靖德编：《朱子语类》（全6册）卷15，中华书局2020年版，第322页。

④ 黎靖德编：《朱子语类》（全6册）卷59，中华书局2020年版，第1492页。

（3）致知

"致知"者，亦即朱熹之所谓"致，推极也；知，犹识也。推极吾之知识，欲其所知无不尽也"①。他是提倡引导孺子在穷理的基础上，再用"推知"的方法去认识世界，认识人们已有的知识。从一定意义上说，"致知"与"穷理""格物"存在相通之处。而朱熹又特别看重致知，并认为："学之大本，《中庸》《大学》已说尽了。《大学》首便说'格物致知'。为甚要格物致知？……格物致知，方能意诚、心正、身修，推而至于家齐、国治、天下平，自然滔滔去，都无障碍。"②

（4）涵养

朱熹以为，大学之序，必先致知而后涵养。又指出程颢"涵养须用敬，进学则在致知"两语乃学者入德之门、立身进步之要；涵养心性并非一朝一夕，"行之，则终身不穷"，是一个渐入佳境的过程。③"须是平日有涵养之功，临事方能识得，若茫然都无主宰，事至然后安排，则已缓而不及于事矣"④。此强调的是道德主体的自觉和主动性。朱熹又曾以流水、栽培来比喻论证涵养应坚持不懈。如流水，长长地流；如栽培，不断地培植深厚。此即强调道德修养的长期性和艰巨性。

（5）笃行

朱熹所谓的"行"，并非指社会实践，而重在将"行"视为"知"的目的，提倡对已知道德规范务必拳拳服膺。或者说，德育过程的终结应归之于"行"，即"践履躬行"。他还具体指出："笃行，所以固执而为仁，利而行也。"所谓"笃行"，即强调在"明理"的基础上，把"理"落实到自己的行为上去，扎扎实实实行。亦即"善在那里，自家却去行它。行之久，则与自家为一"；"凡日用之间，动止语默，皆是行处。"⑤

---

① 朱熹：《四书集注》，岳麓书社 1987 年版，第 6 页。

② 黎靖德编：《朱子语类》（全 6 册）卷 117，中华书局 2020 年版，第 3048—3049 页。

③ 黎靖德编：《朱子语类》（全 6 册）卷 12，中华书局 2020 年版，第 230、219 页。

④ 郭齐、尹波：《朱熹文集编年评注·答胡广仲书》第 5 册，福建人民出版社 2019 年版，第 2024 页。

⑤ 黎靖德编：《朱子语类》（全 6 册）卷 13，中华书局 2020 年版，第 237 页。

（三）"博文约礼"

1. "博文约礼"概说

中国既是诗的国度，亦是重礼的国度。《尚书·舜典》即有舜帝以诗书礼乐治国的记载。"博文约礼"亦即知书达礼，语出《论语·雍也》："子曰：'君子博学于文，约之以礼，亦可以弗畔矣夫！'""博文约礼"是孔子对儒士修养所提出的要求，一定要饱读诗书，并以礼约束自己行为，否则就会偏离人生方向。"博文"与"约礼"，它在我国传统文化中长期是所谓君子中庸的中心话题，不论是个人修养还是国家治理均离不开它。譬如，《礼记·大学》即是谈君子修身的经典，其述说修身、齐家、治国、平天下的前提，即在博文、诚意、正心、达礼这四要素。直到清代，大思想家顾炎武为唤起广大有志之士在国家覆亡、仁道倾颓之时能敢于担当，亦再次明确提出这两个基本点，一则"博学于文"，二则"行己有耻"。[①]

"博文"与"约礼"看似两码事，其实不然。自尧舜以来，"博文""约礼"，在所有志士仁人那里其认识价值总是相辅相成的。"博文"重在"穷理""致知"，或如荀子所云需"养天下之本"，是"约礼"的基础与途径；"约礼"重在"窒欲""践履"，系"博文"的表现、规范和升华。《荀子·礼论》有云："礼者，人道之极也。然而不法礼，不足礼，谓之无方之民；法礼足礼，谓之有方之士。"[②]意即用礼作标尺，可以区分人之境界高低。

2. "博文""约礼"内涵流变

"博文"与"约礼"的内涵往往随着历史的发展而不断变化。各个时代有不同内容的伦理文化与诗书，亦即决定了不同时期的人们在礼仪礼节形式上的不同表现倾向。

虽然，孔孟儒学已逐步成为自汉以来中国古代社会的主体意识，但孔孟儒学却也一直在变化中以不断适应社会需求。汉以前儒学并非显学，至

① 顾炎武：《与友人论学书》，《顾亭林诗文集》，中华书局1959年版，第41页。
② 《荀子集解·礼论》，陈清等点校《诸子集成》2，团结出版社1999年版，第277页。

汉武帝"罢黜百家、独尊儒术",设"五经博士",再到后来"七经""九经""十二经"以及"十三经",其经典数量的演变显而易见。同时,孔孟儒学在长期保持以"仁"为核心的前提下,在内容上又注意不时吸收法家、道家、墨家、阴阳家、纵横家等诸家学说的合理因素为我所用。最初儒学从"诗书礼乐"经典范式到兼包《易》《春秋》的扩充;儒学大师荀子主张"隆礼重法",与孔子不同,与孟子对立,其《荀子》虽未进入儒学经典,但自唐以后却不断被人视为儒学别宗予以重视;孟子作为孔子儒学之集大成者,其学说却一直到唐宣和五年"蜀石经"补刻《孟子》①才入"十三经",是以中唐后学术界重视"义理"和"道统"而促成。

从《尚书·舜典》可知,"礼"起源于人对上天的祭祀。王静安《殷周制度论》说得不错:"周之制度、典礼,实皆为道德而设。"②周朝时其礼乐制度已非常完备,直到春秋中期前后,《左传》尚有不少明确记载。事实上,将仁德、礼德相贯通,以及礼法并重,则是后来中国古代社会的基本共识。一则,对"礼"高度重视,并已深入到人们的生活中。《论语·季氏》云:"不知礼,无以立","不学礼,无以立"。"礼"有助于个体德性的养成,亦是个体"仁""孝"德性的展示。僖公十一年则从国家层面指出:"礼,国之干也;敬,礼之舆也。不敬,则礼不行;礼不行,则上下昏,何以长世?"③二则,已开始从一般礼仪发展到礼政。襄公二十一年有云:"礼,政之舆也;政,身之守也。怠礼,失政;失政,不立,是以乱也。"④三则,随着礼治秩序日趋解体,昭公六年郑国子产"铸刑书"⑤,标志着礼制刑法时代的到来。然而,"礼"与"刑",毕竟当以"礼"为主。故孔子一直坚持并梦想"克己复礼,天下归仁"的大同世界。而且,他还从人的血缘亲情出发,提出"弟

---

① 曾宏甫:《石刻铺叙》卷上,文渊阁四库全书本,台湾商务印书馆1986年影印本,第4页。
② 王国维:《观堂集林》,中华书局1959年版,第477页。
③ 杨伯峻:《春秋左传注》上,中华书局2018年版,第288页。
④ 杨伯峻:《春秋左传注》下,中华书局2018年版,第916—917页。
⑤ 杜注"铸刑书于鼎,以为国之常法。"见杨伯峻《春秋左传注》下,中华书局2018年版,第1106页。

子入则孝，出则弟，谨而信，泛爱众"（《论语·学而》），亦即从亲情再推及"爱人"的理念。

新时代之中国，更是"坚定文化自信"，要从"文化是一个国家、一个民族的灵魂"高度加强对中华优秀传统文化的传承。结合"博文""约礼"经验，我国周代官学要求学生掌握"六艺"，可谓文理兼备，且将"礼"摆在第一。习近平总书记在全国教育大会上明确指出，学校要"坚持以美育人、以文化人，提高学生审美和人文素养。"① 综合而言，当下之"博文"，既指传统文化，亦指各类先进文化，要通过多种形式让学生沉浸在优秀的文化氛围中，受到感染；"约礼"是指将传统的谦顺文化精髓与学生日常行为深度融合，从明礼修身角度增强学生践行优秀文化的自觉性。

（四）"知行合一"

1. 古代知行观概说

知行观最早见于《尚书·说命中》"非知之艰，行之惟艰"。可以说，知与行此后一直是中国古代哲学特别是孔孟儒学的一对基本范畴。在儒家那里，知与行并非一般认识论意义上理论与实践的关系。"知"属于道德认识问题，"行"亦与道德实践相关。"知行并重"，突出践履既是儒家立德树人的内在要求，也始终是儒家传统伦理知行学说的基本主题。自孔子创立儒学以来，关于知行关系的讨论可分为以孔孟荀为代表的先秦阶段和以"朱陆鹅湖之会""龙场悟道"为标志的宋明理学阶段。

先秦时代强调"知行并重"，突出"做人""求善"的德性品格。《尚书》与《左传》首提"知易行难"；孔子提出君子既要重好学，又要"重行慎言"；《左传·襄公二十四年》有所谓"立德、立功、立言""三不朽"说，亦即决定了中国古代之学重做人、重实践、重知识的基调，或者说《庄子·天下篇》之"内圣外王"亦可概括儒家学术的实践宗旨。

经过汉朝的"独尊儒术"，宋朝继续实行"偃武修文"国策，儒学开始

---

① 习近平：《习近平著作选读》第 2 卷，人民出版社 2023 年版，第 201 页。

逐渐转向知行一体的理性思辨。于是，张载气学，程朱理学，以及陆王心学等很快形成了前所未有的宋明理学蓬勃发展的盛大气场。该气场之所以形成，当以张载明确提出"见闻之知"与"德性之知"①为滥觞。"见闻之知"者，其"知"指主体对事物的耳目所闻见以及相关书本知识的掌握；"德性之知"者，其"知"指"德性"主体不仅是对客观事物耳目所闻见的超越，更是主体极力从其丰富实践以及"道"的角度对该事物认识的超越。显然，"知"的不同必然会带来知与行认识的变数。譬如"知行并重""行重于知""知易行难"，以及朱熹主张"知先行后"，或王夫之认为"知中有行，行中有知"等，均是宋明乃至清初理学热门话题，亟待厘清。应该说，既然有不同的"知"，就该有不同的"行"，知与行本该同性相向而行。王阳明受此启发，正德三年于贵州龙场"忽中夜大悟格物致知之旨"，"知行合一"说终于隆重登场。②尽管此后依然有学者对其"知行合一"提出异议，但它对那些具有知行脱节、言行不一、知而不行、玄思冥行等通病者就是一剂猛药。

2."知行合一"与"致良知"

宋明理学一个最为突出的贡献就是王阳明"知行合一"说的提出。它不仅有鲜明的理论针对性，同时亦是向学理本身实然价值的回归。"鹅湖之会朱陆异同辨"，可谓是宋明理学当时有关"知与行"争辩不休的一大公案。王阳明曾评此曰："朱陆异同，各有得失，无事辩诘，求之吾性本自明也。"③何谓"无事辩诘"？"吾性本自明也"。对此，黄宗羲则基于"德性之知"与"见闻之知"之别，对"吾性本自明"难得有以下深入评析："先生悯宋儒之后学者，以知识为知。……夫以知识为知，则轻浮而不实，故必以力行为功夫。良知感应神速，无有等待，本心之明即知，不欺本心之明即行也，不得不言'知行合一'。此其立言之大旨。"④这段话有几点值得注意：一方面，宋

① 张载：《正蒙》，《张载集》，中华书局 1978 年版，第 24 页。

② 王守仁：《王阳明全集》下，上海古籍出版社 2011 年版，第 1354 页。

③ 王守仁：《王阳明全集》下，上海古籍出版社 2011 年版，第 1355 页。

④ 黄宗羲：《明儒学案》卷 10，中华书局 2008 年版，第 180—181 页。

儒之后学多"以知识为知"，倡格物穷理以致知，不免轻浮不实，更在"知"与"行"遂被打为两橛；另一方面，儒家之"知"追求来自于本心本性的"良知"，是真明真知，故"感应神速，无有等待"，知真行遂，可谓"知行合一"；再有德性意义上的"知行合一"本为浑然一体，本体是大本，学理上本来如是。其中，与"以知识为知"相对应的"良知"更是重中之重。王阳明曾明确诘问："欲致其良知，亦岂影响恍惚而悬空无实之谓乎？"① 此时之"致知"，可谓是真正包含了以上"两个超越"的"德性之知"。"致良知"即是我们掌握王氏"知行合一"的金钥匙，且乃"良知学"还成为学界对王阳明学术研究的突出标签。

《大学》只说"致知"，而王氏却说"致良知"，多这"良"字，发人思考。所谓"良知学"，实质上即以良知为德性本体，以致良知为治学手段，以知行合一为躬行功夫，以经世致用为研究目的的学问，亦称阳明心学。"致良知"或"知行合一"的根本即不断地在实践中追求更新更好的"良知"。强调"我辈致知，只是各随分限所及。今日良知见在如此；……明日良知又有开悟，便从明日所知扩充到底。如此方是精一功夫"②。

从"知行并重""德性之知"到"知行合一"，这就是中国古人关于人类知行观的一种顺向不断的深入探索，即便是"知行并重"，至今仍具认识论意义。而"知行合一"者，"知"在实践层面又尚有"致良知"的价值判断，"知行合一"便初步具备了马克思主义理论与实践关系的真理性。亦即人类认识世界和改造世界的过程，在马克思主义看来不仅是一个"思想成为现实"的过程，也是一个"现实本身……趋向思想"③的过程。所以，习近平主席在 2014 年 9 月 24 日纪念孔子诞辰 2565 周年国际学术研讨会暨国际儒学联合会第五届会员大会开幕会讲话中明确将"经世致用、知行合一、躬行实践的思想"④视为中国优秀传统文化之一，它正是源于实践的检验与总结。

---

① 王守仁：《王阳明全集》中，上海古籍出版社 2011 年版，第 1071 页。

② 王守仁：《王阳明全集》上，上海古籍出版社 2011 年版，第 109 页。

③ 《马克思恩格斯文集》第 1 卷，人民出版社 2009 年版，第 13 页。

④ 习近平：《习近平著作选读》第 1 卷，人民出版社 2023 年版，第 278 页。

（五）"润物无声"

1. "润物无声"法概说

"润物无声"，出自杜甫《春夜喜雨》中的名句："随风潜入夜，润物细无声。"诗人用拟人的手法，紧扣前两句好雨知时而降临的快意，这里再抓住"潜""润""细"，即将这及时滋润万物又悄然无声而可喜的春雨形象为我们刻画出来。而且，"润物无声"此后还被人总结成一种特有的教学方法。当下教育部所颁发的《高等学校课程思政建设指导纲要》，正是要突出显性教育与隐性教育的统一，从而实现"润物无声"的立德树人之效果。与"润物无声"同理，与灌输式讲授相反，该方法要求教者通过情景感受等间接形式让学生自然而然地领悟，还往往成为学校教学潜移默化诸如言传身教、举善而教等的同名词。

"润物无声"法最早起源于春秋战国，老子《道德经》有曰："圣人处无为之事，行不言之教。"其"不言之教"，即主张教师在教学上不能明白说出自己的意图，全然由学生从教者的启发教学中"迁想妙得"。孔子特别善于使用"润物无声"法教学。他主张教学"不愤不启，不悱不发"（《述而第七》），常常通过提问、引用史实、比喻说理等方式，启发诱导学生主动去理解。孔子著名的反问"未知生，焉知死？"（《先进第十一》）就曾为其弟子留下许多人生哲学的思考。孔子还常用史实来进行教学。据记载，孔子就曾多次引用臧武仲、管仲等历史人物的事迹来启发学生理解礼、仁。譬如管仲不用兵力就辅佐齐桓公成就霸业，孔子对此极为赞赏，并在最后告诉弟子："如其仁，如其仁。"（《宪问第十四》）"润物无声"法，用今天的话来讲亦为"无痕教育"。应该说，"无痕教育"尊重学生，倡导让学生在积极主动、淡墨无痕的过程中获得知识能力，符合教育心理学规律。苏霍姆林斯基说："最有兴味的讲课，是那种把某些东西故意保留而不讲完的讲法。……帮助学生'攀登高峰'，使他们成为'思想家'和'发现者'。"① 这就是提高教学

---

① ［苏］B.A.苏霍姆林斯基：《给教师的建议》，杜殿坤编译，教育科学出版社1984年版，第539—540页。

质量最好的方法之一。

2. 从《论语》看孔子的"润物无声"法

《论语》蕴含着丰富的"润物无声"教学法，这里就其教育思想进行现代意义的解读，以期更多启示。

（1）重言传身教

一方面，孔子特别重视言传身教的作用。孔子曰："士志于道，而耻恶衣恶食者，未足与议也。"（《里仁第四》）强调只有将教育事业视为自己生命的全部，才能用生命去呵护实践教育。又曰："其身正，不令而行；其身不正，虽令不从。"（《子路第十三》）孔子一生重视"德"，感叹"知德者鲜矣"《卫灵公第十五》；认为说话要合乎"礼"才能做到"仁"德，并要求"非礼勿言"《颜渊第十二》。另一方面，孔子以身作则，要求学生做到的，自己则首先做到。孔子本就是"温而厉、威而不猛、恭而安"（《述而第七》）的谦谦君子，其道德修为亦深为弟子钦佩。其成就靠的是他不断学习，他也以此为荣："十室之邑，必有忠信如丘者焉，不如丘之好学也。"（《公冶长第五》）

（2）喜"举善而教"

"举善而教"（《为政第二》）亦是孔子喜好的教学方法。"举善"，可以是列举前面提到的像臧武仲、管仲这些典型人物来说明问题，亦可列举身边的道德榜样以教育和启发他人，从而达到"见贤思齐"的教学效果。有一次孔子讲仁德修养，就以他最具代表性的弟子颜渊（颜氏，名回，字子渊）为例。颜渊家贫，却能安贫乐道，他在孔子德行科当排第一。孔子称道他："贤哉，回也！一箪食，一瓢饮，在陋巷，人不堪其忧，回也不改其乐。贤哉，回也！"（《雍也第六》）子贡与曾参均为孔门弟子，他向卫将军文子评价子贡的仁德以"先王难之"盛赞，闻者疑惑，子贡便以老师的教导来说明："孔子曰：'孝，德之始也；悌，德之序也；信，德之厚也；忠，德之正也。参中夫四德者也。'以此称之。"[①] 这亦可说明孔子"举善而教"已得到弟子的高度认可。

---

① 杨朝明、宋立林主编：《孔子家语通解》，齐鲁书社 2013 年版，第 138 页。

（3）善"叩其两端"

《子罕第九》有云："吾有知乎哉，无知也，有鄙夫问于我，空空如也，我叩其两端而竭焉。"这是孔子就农夫所问以及自己的处理，告诉弟子如何求知做学问。农夫问"有知乎"？他一片茫然，最后好在"叩其两端"，还是尽量让农夫满意了。显然，如有问题，"叩其两端"很重要。"两端"者，指有关事情的正反、始终或上下等两个相对应的方面。由此让学生开阔视野，学会思考问题、解决问题。而且，孔子特看重"叩其两端"的自学与教学方法。有一次，子贡问如何评价一个善人，孔子便启发子贡先从反面作多种尝试性思考："乡人皆好之，何如？""乡人皆恶之，何如？"结果，各种尝试性的思考均评断"未可"，孔子这才从正面提示："乡人之善者好之，其不善者恶之。"（《子路第十三》）直到学生也恍然大悟。以上，一是以孔子生活经验作比况，一是以孔子教学实例作比况，亲切可信。

（4）用"能近取譬"

从汉语造字"六书"可知，先人最早的思维多为象形无疑。"能近取譬"，亦即就身边事物甚至是自己本身来打比方，推己及人，达意必将会更为通畅。《雍也第六》曰："夫仁者，己欲立而立人，己欲达而达人。能近取譬，可谓仁之方也已。"孔子不仅对"能近取譬"充分推崇，而且也是他在教学中常用的方法。据悉，孔子曾看到流水时对子贡云："逝者如斯夫，不舍昼夜"（《子罕第九》）。此即典型"能近取譬"式的"润物无声"法的运用，其意指或许各有所得。或许系孔子与子贡等讨论"东流之水"与"君子之德"的关联；或许系朱熹所说"自此至终篇，皆勉人进学不已之辞"[1]等，只要从"流水"这一自然现象由衷地观照自己、体验存在就对了。不仅如此，孔子还用堆土成山的事例来说明持之以恒的重要性，鼓励弟子在道德修养上要坚持不懈，"譬如为山，未成一篑，止，吾止也。譬如平地，虽覆一篑，进，吾往也。"（《子罕第九》）

---

[1] 　朱熹：《四书集注》，岳麓书社 1987 年版，第 163 页。

（六）"积善成德"

1. 积善成德概说

积善成德，是一个我们耳熟能详的成语，最早出自荀子《劝学》篇："积善成德，而神明自得，圣心备焉。"甲骨文"善"，从言、从羊，言为讲话，羊是祥和的象征；甲骨文"德"，从彳（或从行）、从直，以示遵行正道。王弼认为德者得也，于是"德性"即"有得之性"，"德"指人的道德品性。积善成德者，前部分讲因，后部分是人所羡慕的果。故而，"德之不修"亦为孔子一生最为忧虑的事情。

积善成德思想，在中国人的头脑里根深蒂固，其动因主要有二。首先，系基于郭店楚简《五行》"善，人道也；德，天道也"思想，它体现了我国古人重"积"崇"德"之企盼。重"积"者如："合抱之木，生于毫末；九层之台，起于垒土；千里之行，始于足下。"[①] 在《晏子》中亦有"太山之高，非一石也，累卑然后高；夫治天下者，非用一士之言也"[②] 等。崇"德"者，如《礼记·大学》倡导"苟日新，日日新，又日新"的修炼要求，正如《周易·系辞》所云"日新之谓盛德"，充分体现了自《尚书》以来"作新民"的重"德"传统；荀子《儒效》则更为显豁："故君子务修其内而让之于外；务积德于身而处之以遵道。"[③] 将君子之德视为内外双修的基本任务，其目标即在"涂之人可以为禹"[④]。其次，随着西汉末佛教的传入，再经过漫长的佛教中国化过程，至宋明理学时期基本完成了与儒、道思想的融合，最终使佛教成为中国文化的一部分。如经改造后禅宗主张"佛法在世间，不觉世间觉"[⑤]，其因果报应说亦从"积善成德"，以及《易·坤》"积善之家必有余庆；

---

① 王弼注，楼宇烈校释：《老子道德经注》，中华书局 2011 年版，第 170 页。

② 张纯一：《晏子春秋校注》，陈清等点校《诸子集成》2，团结出版社 1999 年版，第 475 页。

③ 《荀子集解·儒效》，陈清等点校《诸子集成》2，团结出版社 1999 年版，第 128 页。

④ 《荀子集解·性恶》，陈清等点校《诸子集成》2，团结出版社 1999 年版，第 333 页。

⑤ 《六祖坛经·疑问品》，见石峻等编《中国佛教思想资料选编》第 2 卷第 4 册，中华书局 1983 年版，第 43 页。

积不善之家必有余殃"① 中找到知音。事实上，报应思想在佛教传入中国前已广为流行。老子、庄子以及魏晋玄学都讲"自然之赏罚"，不过是一种非人为的本然状态，而慧远则继承了这种说法并加以改造，认为"自然者，即我之影响耳"②。进而结合佛教的报应理论，只要有"业"，就会有"报"，而其"业力"行为的不同，就会在不同程度上表现为善或恶。经过这样的中外文化的深度交流，"积善成德"更加深入人心。现代著名佛学大师星云还专门撰文谈"积善成德"：希望人们"善法多闻""善念多思""善事多做""善行多赞"，"成就崇高的人格"。③

2. 荀子"积善成德"修养论

人之所以"最为天下贵"，重在有"义"。(《荀子·王制》) 义者，宜也。亦即人在复杂的社会生活中对所有事物均能作出自觉合适的评判。当然，"上德"之人更不寻常。荀子围绕"积善成德"专列《修身》《劝学》《性恶》等多篇谈修养，值得我们温习汲取。

(1)"成圣"须"明于天人之分"

如何通过修德实现"成圣"理想，与孔孟主观唯心主义的天人合一观不同，那种完全具有主宰意义的神性之天在荀子这里已经改变。它虽然仍具有不以人的意志为转移的客观自然性，但却少了天的神秘德性。其核心在《荀子·天论》所宣示的基本观点"明于天人之分"，这一思想是先秦时代我国古人对天体科学的重大进步。作者开篇即曰："天行有常，不为尧存，不为桀亡。"而后立言："天有其时，地有其财，人有其治。"具体表明天人各有其责，天的变化与社会治乱无关。荀子所谓"知天""知人"既指人要尊重自然，知其所不为，"不与天争职"，又要实现"制天命而用之"，充分利用好天时地材，进而"与天地参"。这样，人作为宇宙万物最为优越的存在，即在"气""生""知"之外还特有"义"的思想亦便呼之欲出。如此，人类

---

① 杨天才译注：《周易》，中华书局 2016 年版，第 28 页。

② 《明报应论并问》，石峻等编《中国佛教思想资料选编》第 1 卷，中华书局 1981 年版，第 90 页。

③ 星云大师：《积善成德》，《台声》2017 年 7 月（上）。

生命中的道德向度（"义"）则成为人在自然生命之外更有一种文化生命、价值生命在。我们要十分重视荀子的"天人之分"思想，真正做到"知其所为、知其所不为矣，则天地官而万物役矣"。积极发挥人的能动性和创造性，最终自我实现，成就自我。

（2）"涂之人可以为禹"

荀子不仅提出"积善成德"，还在于引导人正心修身，不断将自己塑造成社会理想人格。"禹"是道德楷模（圣人），而普通人经过去陋至僩、内修外砺亦可达到禹的境界。可能吗？荀子云："'涂之人可以为禹。'曷谓也？曰：凡禹之所以为禹者，以其为仁义法正也。……涂之人也，皆有可以知仁义法正之质，皆有可以能仁义法正之具，然则其可以为禹明矣。"在荀子看来，因此"质"、此"具"是普通人都具有的禀赋和能力，故"涂之人可以为禹"在逻辑理念上并不离谱。不过，人人所拥有的"性"更多系侧重在自然本性，并非社会性，而"圣人积思虑，习伪故，以生礼义而起法度"（《荀子·性恶》）等社会实践，亦即"化性起伪"工作不能轻视。荀子也十分清楚普通人成圣的难度，但"涂之人可以为禹"的观点仍具有其鲜明的现实意义。它并非随意提出一个像孟子"人皆可以为尧舜"的类似观点，荀子还用心地从"人畜相别（辨）—材质同一（朴）—隆礼化性（学）—积善成德（积）—内圣外王（禹）"理路向人做了开放性论证。一方面，圣人就是普通人"积伪"而成，故而让人要把握实践，去其神圣；另一方面，着意点明"涂之人"，其道德口号便更显其向人的亲近性和召唤性。

（3）"强学而求""见善修然"

"人积耨耕而为农夫"，亦"积礼义而为君子"（《荀子·儒效》）。或者说"积善成德"，这个"善"即与"礼义"同位。那么，一个人的仁义哪里来？荀子认为，这只能通过加强人的品德与人格修养来实现，重在学思结合。他指出："今人之性，固无礼义，故强学而求有之也；性不知礼义，故思虑而求知之也。"（《荀子·性恶》）其所学内容也很广泛，核心亦为"礼"。并指出："其数则始乎诵经，终乎读礼；其义则始乎为士，终乎为圣人。"（《荀子·劝学》）同时，荀子又特别提醒"学至于行之而止矣"（《荀子·儒效》）。

这就是"见善修然，必以自存也；见不善，愀然，必以自省也。"（《荀子·修身》）。在这方面，荀子与孔子的意见完全一致。修养就是一种自我教育的方式，必须落实到行动和效果上；必须具备"见贤思齐焉，见不贤而内自省"（《里仁第四》）的态度，明确强调这是一种自觉的修养行为过程。实际上，所谓"积善成德"，以及前面提到的"积耨耕""积礼义"等，荀子所反复强调的这个"积"，正是他关于个体道德人格修养在具体实践上的核心内容。

第三章　西方人才培养之审察

一、通识教育与牛津大学"道德哲学"

（一）通识教育与课程设置的基点

1. 通识教育源起与含义

通识教育作为一种大学教育理念长期被人高度关注。"通识教育"（General Education）的思想和传统发端于欧洲古希腊和古罗马时期，当时的世俗势力与王权贵族矛盾开始激化，此前宗教对公民的控制亦开始大大减弱，很多学者能够聚集在特定的场所探求知识与真理，并逐渐在社会中涌现出各种群众自治组织。此时的通识教育没有明确的教育目的和课程体系，只是学者个人阐述自己思考的一种自由教育。亦可以认为，古希腊和古罗马所出现的这种以自由传播高深学问为目的的教育机构，实行的正是重视培养人的个性的通识教育。

至 18 世纪，欧洲大学开始步入近代化进程。为适应第一次工业革命的需要，科学教育的呼声此起彼伏，技术以及机器被认为是影响社会前进的决定因素。于是，与传统大学研究高深学问不同的一些城市大学开始兴起。这些中世纪城市大学在课程设置上强调传授学生的实用技能，并以培养社会所需要的专职人员作为培养目标。不过，一些老牌的诸如牛津大学、剑桥大学等仍具有相当的优越感，新起的大学依然为老牌大学所支配和统治。

总体而言，英国高校坚持突出大学是一个自由学习的场所，强调学生自由入学，纽曼即是当时倡导以自由为特征的通识教育的代表之一。他不仅明确提出大学是探究普遍学问的场所，又在《大学的理念》一书中雄辩地论证了大学应当实施"博雅教育"而非"专业教育"。通识教育培养的是社会良好的成员，即智力发达、情趣高雅的绅士而非保守的基督教徒。①

进入 19 世纪，英国大学教育还是遵循精英教育模式，对学生实行相对自由的教育。在 19 世纪 30 年代以前，纽曼的通识教育思想更加受到英国大学的普遍推崇。与英国大学不同，美国大学则将通识教育视为相对独立的若干门课程，认为每个学生都有一些共同的、基本的知识必须学习。譬如哥伦比亚大学曾推出的一组核心通识课程，即由当代文明、文学人文、艺术人文、音乐人文、科学必修、科学前沿、大学写作、全球核心必修、外语必修和体育必修构成，旨在根据社会需求并通过核心必修培养学生的必要素质。像"当代文明"，即通过让学生接触身边的如自然资源、近代历史等素材，向学生介绍当下紧迫问题，满足培养公民之需；"人文"类课程，又重在培养学生的理智与人文情感。

从上述通识教育的源起以及欧美大学对其概念内涵的界定，在表达形式上，通识教育既是一种自由教育理念，强调以崇尚人文主义传统的教育理念、专业教育通识化的课程设置、师生交互式的个性化教学实践形式为一体的通识教育样式，亦是一种课程体系，表现为通识基础课程、核心课程或选修课程等显性的通识课程体系。从源起及其演变看，西方通识教育根植于古希腊的博雅教育，传至英国的自由教育，兴盛于美国大学则表现为一些共同的、基本的必要知识的通识课程教育。无论博雅教育、自由教育还是通识教育，概念用语虽有区别，其实内核精神基本是一致的，都可以现代的通识教育概念来贯通考察其历史发展。

可以认为，通识教育的目的是培养积极参与社会生活的、有社会责任感的国家公民和全面和谐发展的社会的人。"通"即通晓、贯通之义；"识"

---

① Newman, John Henry Cardinal, *The Idea of a University*, New York：Rutledge Press, 1994，p.302.

亦即见识、辨识、智慧之义。就其内容而言，通识教育这一概念尚处于不断发展变化中，其内涵也不断丰富，目前尚未形成一个规范性的表述。在我们看来，通识教育简而言之是一种哲学观。它是在西欧国家"自由教育"（Liberal Education，也称"博雅教育""文雅教育"）的基础上发展而来，以培养具有宽厚人文基础的人；① 或者说它就是一种广泛的、非专业性的、非功利性的核心知识、技能和态度的教育。

2. 通识教育模式与前瞻

本·戴维（Ben David）曾明确将西方通识教育划分为以美国为代表的显性（Explicit）通识教育以及以英国、德国和法国为代表的隐性（Implicit）通识教育，并指出无论是显性还是隐性的通识教育，均要求学生在接受大学教育之前对一般性知识有总体性的把握，从而更好地学习专业知识和技能。这就需要设立一种有共同性的课程。② 显然，本·戴维系倾向于美国模式。一般而言，我国现在所谓通识教育，大都将美国大学在本科阶段面向全体学生所实施的一种集中的相对独立的综合素质教育画等号，在教育的内容与形式上与专业教育相对应，倾向于向模式化发展。甚至不少学者还错误地以为似乎美国就是西方通识教育的唯一代表。在中国知网上检索，有关西方"通识教育"研究的文献中，美国有 228 篇，英国仅有 2 篇。③ 事实上，古希腊的博雅教育与西方通识教育的姻缘更早，传至英国的自由教育，才是西方通识教育的一种更为稳固的模式。

如前所述，不论英国模式还是美国模式，通识教育的目标或核心要旨均在培养具有宽厚人文基础的人。之所以分化出两种模式，主要表现即在其具体实施的不同的方式方法。英国学者怀特海认为："并没有一门课程只给学生普通陶冶，而另一门课程只给专门知识。为了普通教育目的而学习的学

---

① 魏饴：《大学素质教育与教育回归人本》，湖南人民出版社 2008 年版，第 34 页。

② Russell Tomas，*The Search for a Common Learning*：*General Education*，New York：McGraw-Hill，1962，pp.1800-1960.

③ 殷冬玲、朱镜人：《古希腊自由教育思想的嬗变及对英国大学通识教育的影响》，《高教探索》2015 年第 12 期。

科，也就是专门地去学习的专门学科……你不能把一件无缝的学问外套割裂开来。"① 因此，在英国、德国大学那种美国式的通识教育并不存在，甚至通识教育课程这一名词也没有出现。然而，通识教育的目标并未改变，内容亦并未消失，只是有英国大学等自己的通识教育实现途径。主要包括这样三点：第一，通过联合专业及其教学通识化的方式方法。英国不少大学普遍采取设置联合专业，拓宽学习广度，并将通识教育融入专业教学中，从而形成一种以专业通识化为特征的通识教育。联合专业体现了人文社会与自然科学之间的交融，专业设置面都比较宽广，主要形式有双科专业、三科专业和主副修专业。譬如牛津大学有单科专业 24 个，双科专业 21 个，三科专业 4 个。其三科专业如"哲学、政治学和经济学"（PPE）、"工程学、经济学和管理学"（EEM）等，各学科的课程比重略有相同。第二，注重导师辅导与学生自我教育的统一。相对而言，英国的大学教学学制短、学期短，每周课程少。为达到人才培养的目的，他们在世界上采取了独具特色且颇具影响的大学导师制。给每个学生配备导师，导师制要求在讲授课、实验课之外，由导师对学生学习和人才培养进行全面的、有计划的个别辅导，学生在导师辅导下养成自我教育的良好修养。导师制不仅提供了师生间的个人联系机会，还使得大学教师担当起了言传身教、促进学生全面发展的职责。于是，一些英国大学明确"通识教育（在获得心智的普遍素质意义上）能够通过关注狭窄专业的研究学者辅导下的深度学习来实现"②。第三，加强共同的可迁移技能的培养。何谓共同的可迁移技能，亦即人们在正式的生活、学习和工作的各种活动中（例如工作实习、课题、志愿者工作、爱好、体育等）获得的技能，这些技能能够应用于其他共同的情境，也就是说，它们是可迁移的。据悉，剑桥大学就很注重加强学生两类迁移技能培养：一是所有本科生应该在毕业前尽最大可能发展的技能，诸如智力技能、组织技能和人际交往技能

---

① ［英］怀特海：《教育的目的》，《现代西方资产阶级教育思想流派论著选》，华东师范大学教育系等编译，人民教育出版社 1980 年版，第 121 页。

② William Birch. *A Challenge to Higher Education*，Buckingham：SPHE and Open University Press，1988，p.16.

等；二是虽不能被普遍应用但却十分重要的可迁移技能，诸如研究技能、数据技能、外语技能等。[①] 以上技能如果得以灵活迁移，其专业"通识"的内涵即会得到很好的应用。随着剑桥大学、牛津大学联合专业以及课程设置的弹性化、课堂教学方法、课程要求以及学生丰富的大学经验，即拓展了学生对成功的职业生涯来说至关重要的可迁移技能。

通识教育美国模式和英国模式如果在人才培养目标与理念上一致，只是实现途径和方式不同，那么就完全可以打通互鉴。王定华多次到美国大学考察，他曾撰文反映这种互鉴必然到来。该文谈到美国学者对通识教育未来的预期："通识教育不仅仅是一种课程，还是一种态度、一种学习方式、一种终生的追求。"他们认为，"各个年级都应包含通识教育"，所有"教师教学将更注重通识教育，使得教师能以全面的修养感召学生，让更多的人受到有益的教育"。[②] 再联系近年公布的通识教育哈佛报告以及美国高校相关实践看，虽然通识教育仍以核心课程为主体，但更多的则是聚焦于趋向知识的方式方法而不是课程知识本身。从以上两大模式互鉴融合的取向看，恰如我国思政课程和课程思政的互鉴交汇，因在目标上均侧重在价值观教育，同向同行，方式方法的互鉴自为必然。

我们使用"通识教育"这一概念，是梅贻琦先生将它最早引入我国大学教育中。实际上，将"general education"译为"普通教育"是直译，其含义直接、明了，但易于肤浅化；译为"通识教育"是意译，有利于人们在更高层面上理解这一概念，因其抽象化，又更容易导致在实践中走入歧途。再说，从自由教育到通识教育，再到我国此前提出的素质教育，内涵虽各不相同，但培养具有宽厚的综合的人本素质基础是一致的。我们相信，"大学完全可以将通识教育和专业教育兼顾起来，而提倡大学素质教育应更为合适。因为，通识与专业毕竟是矛盾的，又都偏重在社会本位，而素质教育却

---

① 杨春梅：《英国大学专业教育和通识教育融合的实践及其启示》，《教育探索》2011 年第 2 期。

② 王定华：《美国大学生所体验的通识教育》，《中国教育报》2006 年 12 月 14 日。

既包括了通识教育中的内容，同时专业教育中也有素质教育的内涵"①。

3. 通识教育课程设置基点

古希腊和古罗马所出现的一些以传播高深学问为目的的教学机构，注重培养人的个性发展，其自由教育的重要理念与模式直至当下更是被美国高等教育体系中一类非常独特的组织——文理学院所传承，让自由教育或通识教育不断保持其旺盛的活力。然而，从自由教育到文理学院，其课程设置究竟系以什么为基点能使这种自由教育绵延数千年？

（1）从欧美著名学者的观点看通识教育基点

约翰·密尔就大学自由教育指出："大学不是进行专业教育的场所。大学并不打算传授人们谋生所需的某种特殊的知识。大学的目的不是培养能干的律师、医生或工程师，而是培养有能力和有教养的人。应该在大学之外设立提供专业教育的公共机构。最好能设立法学院、医学院，还有工程学院和工艺学院。"②密尔是19世纪最具影响力的哲学家，担任过圣安德鲁斯大学的荣誉校长。他以为大学的目的并非为了学生生计实施专业训练，而是向学生提供一种自由教育的智能，全力使之成为有教养的人。

著名思想史家约翰·西奥多·梅尔茨在《十九世纪欧洲思想史》中对自由知识或自由教育的属性有深刻认识："一切哲学和历史学术的特点是它们研究一个大的题材，而这个题材不可能轻易划分为许多可以分别加以处理的独立部分；因为它们的兴趣主要依附于这样的事实：它们研究人类心智在过去和现在的作用原理和表现。因此，这些学术不得不总是把行动和目的的大统一放在首位，以观点的完全性为目标，把一切特殊研究都归依于一般原理和标准。事实上，一切哲学和历史科学都不得不应用这种整全性的观点。"③这种"整全性"的"大题材""大统一"，即在于"人类心智"的全部，而不在其他，必须"放在首位"。

---

① 魏饴：《大学素质教育与教育回归人本》，湖南人民出版社2008年版，第36页。

② 转引自任钟印《世界教育名著通览》，湖北教育出版社1994年版，第799页。

③ MERZ J T., *A History of European Thought in the Nineteenth Century*, Edinburgh and London: William Blackwood and Sons, 1923, pp.180-181.

教育家埃里克·阿什比认为，大学重在"培养有教养的人，而不是知识分子。就大学毕业生而言，具有教养比具有高深学识更为重要"①。阿什比系英国科学促进协会主席，曾在剑桥大学、曼彻斯特大学等多所大学任教。其"大学根本是培养有教养的人"这个观点在西方一直比较通行，除了以上密尔教授外，还有纽曼、赫胥黎、沛西·能、怀特海、欧克肖特等大学者均有类似的观点。阿什比这里还特别将"有教养"与"具有高深学识"加以比较，无非即在强化人本，或者人所拥有的"高深学识"亦是在提高人的"心智"。

托马斯·亨利·赫胥黎指出："任何人只要认真钻研过所有医学知识的主要分支，对自然科学的基本知识有所了解；由研究法医学而接触到法律；由研究精神错乱症而涉足心理学领域，我敢说，这样的人已经受到了一种自由教育。"② 自由教育本对学科专业的修习嗤之以鼻，但赫胥黎在这里对自由教育似乎又有新的认识。他在 1868 年《在哪里能找到一种自由教育》的演说中明确揭示：自由教育"就是在自然规律方面的智力训练，这种训练不仅包括了各种事物以及它们的力量，而且也包括了人类以及他们的各个方面，还包括了把感情和意志转化成与那些规律协调一致的真诚热爱的愿望"③。看来，赫胥黎对自由教育的人本理解并未改变，这里不过在强调它对人的培养实际应该是一种和谐与全面发展的教育。

阿弗烈·诺夫·怀特海认为："在一个国家的教育系统中须有三种主要的方式，即文科课程、科学课程和技术课程。但其中的每一种课程都应该包括其他两种课程的内容。我的意思是，每种形式的教育都应该向学生传授技术、科学、各种一般的知识概念以及审美鉴赏力；学生在每一方面所受的训练，都应该由其他两方面的训练补充而相得益彰。"④ "此外，在学习中不

① [英] 阿什比：《科技发达时代的大学教育》，滕大春、滕大生译，人民教育出版社 1983 年版，第 9 页。
② [英] 赫胥黎：《科学与教育》，单中惠等译，人民教育出版社 1990 年版，第 164 页。
③ [英] 赫胥黎：《科学与教育》，单中惠等译，人民教育出版社 1990 年版，第 59 页。
④ [英] 怀特海：《教育的目的》，徐汝舟译，生活·读书·新知三联书店 2002 年版，第 85 页。

存在一种课程仅仅传授普通的文化知识，而另一种课程传授特殊的专业知识。……你不能将学习浑然一体的表面分开。教育所要传授的是对思想的力量、思想的美、思想的条理的一种深刻的认识，以及一种特殊的知识，这种知识与知识掌握者的生活有着特别的关系。"① 说白了，这种"特殊的知识"亦正是有利于人的和谐发展的，尤其不能将人文教育与技术教育对立，甚至要更加注重对人的"思想的力量、思想的美、思想的条理"的培养。

托马斯·沛西·能指出："教育上的一切努力，似乎必须限于为每个人获得使个性得以最圆满地发展的条件——换言之，限于使他对富于变化的整个人类生活，做出本性所许可的尽可能充分而又确具特色的创造性的贡献；至于这种贡献所取的形式，则必须由各人在生活中和通过生活自己去创造。"② 一方面，对自由教育最圆满个性发展的条件，沛西·能这里的意思应包括要尊重教育的个性、学生的个性、教师的个性，甚至还有学校的个性等；另一方面，自由教育的目的是努力帮助学生尽其所能达到最高度的个人发展水平，个性既是目标，亦为评判努力成效的标准。

随着自由教育发展至美国，19 世纪初博德学院帕卡德（A.S.Parkard）教授第一次将它与美国大学教育联系起来。他在《北美评论》撰文认为，本科课程应有共同部分："我们学院预计给青年一种 general education，一种古典的、文学的和科学的，一种尽可能综合的教育。它是学生进行任何专业学习的准备，为学生提供所有知识分支的教学。这将使得学生在致力于学习一种特殊的、专门的知识之前对知识的总体状况有一个综合的、全面的了解。"③ "general education"在西欧多称普通教育或自由教育，而帕卡德在这里实际上是将其发展为"通识教育"的最初含义。在帕卡德看来，那些人所需要的共同的、综合的、全面的自由知识与智能教育，必须要得到落实，但

---

① ［英］怀特海：《教育的目的》，徐汝舟译，生活·读书·新知三联书店 2002 年版，第21 页。

② ［英］沛西·能：《教育原理》，王承绪等译，人民教育出版社 1992 年版，第 8 页。

③ A.S.Packard, The Substance of Two Reports of the Faculty of Amherst College to the Board of Trustees, with the Doings of the Board thereon, *North American Review*, 1829 (28), p.300.

同时又要对学科专业教育予以足够的重视。这一界定，明确将综合教育或通识教育与专业教育对等提出，但对通识教育课程设置的基点似乎有些含混，这对美国大学人才培养的方向影响深远。

综上不同思想家、教育家和学者对自由教育及其发展的观点，从中不难得出以下结论：自由教育即是一种广博高雅的教育，它是通过人的自由选择对人类普遍知识的学习，促进人的理智发展、个性自由和人格健全的教育；自由教育包括后起的通识教育的课程设置均当以人的教育为目的、为基点，而且大学教育不能是一种纯粹的职业教育或专业教育，不重视人文学科的教育，或者说不重视"非功利性的学问"的教育没有出路。①

（2）从自由教育到文理学院看通识教育基点

从古希腊自由教育至当下美国高等教育的实体组织机构文理学院，其自由教育理念与实践前后延续约 26 个世纪。如果别除其中世纪黑暗时代，可将自由教育这一漫长的发展历史就通识教育课程基点问题分述如下。

① 古希腊时期的自由教育

其时的自由教育，之所以称之为"自由"，这可从自由的内涵和教育的方式两个方面看。公元前 6—前 5 世纪，古希腊城邦林立，有奴隶主制、寡头制、贵族制、议会民主制等多种不同制度混杂。自由教育的内涵，实际只属于奴隶主阶级或其他贵族集团等，他们推崇的自由都是为了维护奴隶制等贵族的集体自由或个人自由。当时所谓的"七艺"课程，不过亦即有闲阶级的特有待遇。苏格拉底为捍卫集体自由而毅然牺牲个人自由，最终从容赴死。其弟子柏拉图则通过导师的离世，更将不平等的政治权力摆在至高无上的地位，竟然认为"只要统治者统治，工人们工作，而奴隶们被奴役，国家就是正义的"②。亚里士多德同样注重这种集体范围内的自由。在亚里士多德看来，按照政体的规则生活并不是不自由，而是一种自我保护或解放，就是

①　[英] 罗素：《罗素论教育》，杨汉麟译，人民教育出版社 2009 年版，第 205 页。
②　[英] 卡尔·波普尔：《开放社会及其敌人》第 1 卷，中国社会科学出版社 1999 年版，第 177 页。

在某种意义上的自由。① 而晚期的希腊，因遭受到马其顿人的征服和罗马的统治，人们生活在社会的极度混乱中，只能转向自我，觊觎自保，亟待个人自由的思想十分活跃。这在伊壁鸠鲁学派、斯多葛学派和怀疑论学派等均有反映。譬如，伊壁鸠鲁主张在个人和集体的关系上，重视个人先于集体，倾向满足个人。个人地位的拥有和个人快乐的满足都是个人自由的表现。伊壁鸠鲁还明确告白："我们认为快乐是幸福生活的始点和终点，我们认为它是最高的和天生的善。"② 再就自由教育的实施方式而言，据苏格拉底、柏拉图、亚里士多德、芝诺等诸多大师文献看，其教学组织相对松散。教师多利用公共建筑的亭廊空房开展演说，学生可随意进出，演说内容亦比较宽泛，更谈不上系统而稳定的课程。演说话题多集中在集体、个人、城邦（国家）、平等、幸福等这些人们关心的内容上。这在本书第一章等已有相关介绍。

②"文艺复兴"以来至 19 世纪的自由教育

同其他西方国家特别是美国不同的是，英国、德国大学自由教育的发展受古希腊教育传统思想的影响已渗透到大学教学的目的、内容、方式的方方面面。以"文艺复兴"为标志，其自由教育虽仍然保持着古希腊以来相对自由组织的精髓，而在内容上更是对古希腊苏格拉底"认识你自己"和斯多葛学派所主张的"人人平等"自由教育思想的极大弘扬。首先，突破了以往培养绅士的阶级意识，在教育目的上开始向普通人关注。约翰·洛克认为，教育培养绅士，但不再仅限于贵族，而应包括中产阶级，教育目的是"培养受过合适教育的英国绅士"③。培养绅士从"官职人"开始下放到普通人。直到 19 世纪，绅士系指博学多识，涵括广大的知识分子，其阶级性逐渐淡化。其次，自 16 世纪空想社会主义教育代表人物莫尔提出要重视人的全面发展，此后它便一直是自由教育的基本主题。培根认为："知识和学问可以给人类

---

① ［古希腊］亚里士多德：《政治学》，颜一、秦典华译，中国人民大学出版社 2003 年版，第 186—187 页。

② 苗力田主编：《古希腊哲学》，中国人民大学出版社 1990 年版，第 648 页。

③ ［英］罗伯特·R.拉斯克、詹姆斯·斯科特兰：《伟大教育家的学说》，朱镜人、单中惠译，山东教育出版社 2013 年版，第 105 页。

社会带来恒久的恩泽；可以抑制人间的纷争；有助于取得战争与军事的胜利；有益于道德和品性的修养；可以给人带来乐趣和喜悦。"① 培根的教育目的系相对于社会而言，其"知识和学问"自然已涵盖教育的全面性。到 19 世纪，著名教育家纽曼指出："培养绅士还不是大学的最终目的，大学教育的最终目的是促进社会文明。"② 当然，实现这样的目标，其前提条件必须是个体的心智和理智得以充分发展。就像科学教育代表人物赫胥黎所描述的"心智活跃、知识面广、情感丰富"，又如新教育代表人物沛西·能所认为的个性要得到充分发展。

③ 美国高校通识教育文理学院模式

随着 19 世纪初以柏林大学为标志的欧洲现代大学的诞生，与中世纪大学相比，现代大学将科学研究作为自己首要的职能。③ 为了适应这一需要，被细分的不同的学科和专业随即成为世界现代大学所关注的重点，甚至针对某一学科的职业技术学院亦开始纷纷成立。自然，这对自由教育突出人的理性理智教育形成挑战。如何继续沿着欧洲自由教育模式走还是立足本土再创造呢？1828 年美国人终于拿出来自己的《耶鲁报告》；后又经过一百多年的多轮改革，1945 年他们再次推出《哈佛通识教育红皮书》。有学者认为，是美国高等教育赋予了自由教育的系统性、类型化的实体组织结构，即文理学院，亦是以此区别于其他国家的美国特色。④ 依据伯顿·克拉克观点，美国自由教育组织包括两种类型：四年制的小型私立文理学院和综合性研究型大学的文理学院。⑤ 由于其卓越的自由教育和通识教育理念与实践，这类组织在当今被奉为美国高等教育中的"神话"⑥。

---

① 朱镜人：《英国教育思想之演进》，人民教育出版社 2014 年版，第 99—100 页。

② 朱镜人：《英国教育思想之演进》，人民教育出版社 2014 年版，第 137 页。

③ 徐继宁：《中世纪大学与现代大学的职能比较》，《高教发展与评估》2009 年第 1 期。

④ 崔乃文：《文理学院模式为什么独存于美国大学体系？》，《复旦教育论坛》2018 年第 2 期。

⑤ [美] 伯顿·克拉克：《高等教育系统——学术组织的跨国研究》，王承绪译，杭州大学出版社 1994 年版，第 48 页。

⑥ Delucchi.M，"Liberal Arts" Colleges and the Myth of Uniqueness，*The Journal of Higher Education*，1997（4）.

实际上，美国文理学院模式既包含了对人的理性理智教育的共同性或通识型，同时它又是和专业教育一并设计的。归纳这一设计特色，它包含这样几点：一是借鉴巴黎大学"艺学院"、德国高校"哲学院"经验，通过专门的"文理学院"机制凸显、强化了对人的理性理智自由教育的必要性。二是通过通识核心课程的设计彰显了古今学术可以并存的可能。譬如该学院中的核心课程"道德哲学"就是这一理念的集中体现。概括文理学院的课程设计，它包括两种语言和两种哲学，前者指数学和语言学，后者指自然哲学和道德哲学。而道德哲学在美国、英国、德国等西欧大学中均为常设课程，它特别在逻辑、神学和形而上学课程中居于支配地位。三是在课程设置内容上以人本性、人文性为准绳，较充分地体现了对古典自由教育的遵循。四是将通识教育和专业教育对等设计的初衷，随着世界科技革命以来人们对学科专业知识与技能的实际需求日益迫切，通识教育美国模式与英国模式的融合不可避免。美国学者阿诺德在《从通识教育走向自由教育》一文指出："我们大多数人都希望高等教育能拓宽知识视野，培养批判思维和发展一种自由教育的意识，为此我们必须放弃使自由教育与专业教育分离的想法。"[1]

从自由教育起始至当下美国高校通识教育文理学院模式，其自由教育漫长的演变发展史如从不同角度看，给我们的启示一定很多。仅就自由教育或通识教育课程设置基点而言，总体来讲，其课程科目虽总会随着历史发展而不断变化，但无论课程如何组合，它却必然是对高等教育愈加专业化和功利化倾向的纠偏，准确地讲即是自由教育的一种回归，让教育从其不合理的实然状态回归到人的教育的应然状态。所以，对于通识教育理念的理解，就其性质而言，或就其目的和内容而言，它应该上升到更高的教育理念的层次上，应始终重点关注把受教育者塑造成一个什么样的人。

---

[1]　David L. Arnold, *Moving from General Education to Liberal Education*, Change: The Magazine of Higher Learning, Vol.38, No.3 (2006), p.48.

（二）牛津通识课"道德哲学"述评

1.对大学"道德哲学"的基本认识

涉及道德哲学，迎头的一个问题是：如何理解"德"在生活工作中的重要性。道德之于个人与社会均具有基础性意义，做人做事第一位的就是崇德修身。思想是行动的向导，道德哲学让我们思考人生与生活。对于一方行政官员而言，"德"之一念，事关老百姓的幸福指数，这是放之四海而皆准的真理。以德壮行是基调，德不配位只能给老百姓甚至社会带来负面影响和灾难。哲学是人类知识的重要结晶，系其他学科专业的根基理念，而"道德哲学"更是时代精神和人类求善倾向的重要体现。我们说"为党育人、为国育才"，这即不仅要将"道德哲学"上升为"立德树人"课程计划的顶层来认识，而且还需内化为每一个大学生为人做事的基本修养。

不少人对哲学、道德哲学，或伦理学感觉高深莫测，其实不然。如何做才对，什么样的生活就是好，这些我们日常面对的问题，追问下去，实际就会触及道德的本质。当然，何谓道德，全球肯定没有一个统一的标准，亦可谓"一千个读者就有一千个哈姆莱特"。因为文化、流派、环境的不同，对道德的理解就会不同。至少，关于道德的阐释，历史上即有这样三大派系：一是道德宗教论。宗教亦有信仰，如果你的行为举止不符合宗教教条，自然就是不道德的。宗教有很多种，每个宗教道德体系不一样。二是道德自然法论。在自然法那里，道德标准是统一的，亦即人应该遵循自然，动物怎么发展，人就应该怎么发展。一句话，顺其自然。三是道德契约论。鉴于每个人所处区域和阶层不同，受教育的程度不同，认知亦会不同，因而对道德的标准必然有别。于是，契约论认为只要大家都守契约，就是有道德。然而，现实生活中的道德问题却无处不在，以上标准之适用局限显而易见，这即需要通过"道德哲学"课程来总体习得。

道可道，非常道，名可名，非常名！哲学和道德，两者相辅相成。道德哲学可以帮助大家认识道，拥有德。如果人人都明白了道，做好自己，回归初心，加强修养，逐渐进入老子之所谓"大德"之境界，这个世界将会是一片多么和谐美好的景象呢?!

2.牛津哲学课程的历史变革

牛津大学哲学教育能享誉全球当归功于古典自由主义的文化传统——注重培养学生理性智能人文主义品质与本科生哲学教育的独特形式。哲学教学在牛津大学作为一门学科经历了漫长岁月与变迁。中世纪后期,牛津的哲学教学以两种方式展开,即亚里士多德和《圣经》文本的阅读、讨论与研究,以及在导师的指导下学生对给定的主题组织相应的、针锋相对的程式化辩论。在 17、18 世纪,独立的"哲学"学科仍未在牛津大学被广泛认同,只有在人文古典学院才教授哲学。正如马克·帕蒂森所云:"在牛津的哲学没有实质性的存在,仅仅是人文古典学院的附属品。"① 不过,逻辑学、形而上学、伦理学、道德哲学等这些相关哲学课程已逐渐开始列入牛津的课程计划。在 19 世纪下半叶,牛津大学哲学教学的发展开始迎来黄金时期。一方面,在格林时期宗教课程被废除,唯心主义哲学作为当时英国主流哲学在学院派中受到重视;另一方面,在布拉德雷和凯尔德时期,政治哲学、功利主义伦理学等传统课程进一步得到拓展,而且在 1859 年牛津大学还设立了两个专门的教授职位:一是逻辑学职位,亦即著名的威克汉姆(Wykeham)教授席位,第一位获得者为亨利·沃尔;二是道德哲学和形而上学职位,亦即韦恩弗利特(Waynflete)教授席位,第一位获得者为亨利·朗格维尔·曼塞尔。至 1870 年,哲学亦开始独立并真正有效地在牛津大学被广泛讲授。

20 世纪是英国大学变革的重要世纪,英国大学的课程改革运动此起彼伏,对古老的牛津必然带来巨大冲击。从自由教育向现代大学转变的这一过程中,牛津大学哲学教学亦发生了重大变化,开始逐步形成具有自身特色的哲学课程教学模式。牛津大学贝利奥学院(BalliolCollege)于 1920 年创造性地提出了一个包括哲学、政治学和经济学"现代三艺"的哲学学位联合课程,后在赖尔指导下,贝利奥学院于 1945 年成为开设"现代三艺"(PPE)课程的首开学院。毋庸置疑,这三门学科课程的并列结合有效打破了单一学

---

① Pattison.M., Philosophy at Oxford, *Mind*, 1876(1):90.

科对于牛津大学本科人才培养的格局，为牛津从哲学单一的教学模式向哲学与其他学科并列混合的复合性模式转变指明了方向，有效地提高了牛津本科人才的培养质量。1965年牛津大学涅尔委员会又提出将"联合专业/学科课程"模式向全校推广。[①] PPE学位教学的社会影响力不断扩大，还推动了一系列哲学与其他学科复合多样化发展的新模式。诸如，哲学、心理学和生理学（PPP），数学和哲学（MP），哲学和物理学（PP），哲学和神学（PT），哲学和现代语言（PL），哲学、心理学和语言学（PPL），计算机科学与哲学（CSP）等，标志着哲学专业的联合课程模式在牛津大学走向成熟。

进入21世纪以来，随着世界尤其是欧美发达国家大学的竞争越来越激烈，牛津大学紧跟时代步伐与世界发展潮流，在本科教学复合性哲学学位课程的设置、导师指导和质量评估等，尤其在大学通识和专业关系的处理上已形成自己鲜明的特色，并在全球具有示范意义。特别是，牛津大学布拉瓦尼克政府学院公共政策系著名教授乔纳森·沃尔夫（Jonathan Wolff）不论在西方还是中国均有着广泛影响，他的著作《政治哲学》《21世纪，重读马克思》《道德哲学》等，均曾先后在我国再版。

3. 乔纳森·沃尔夫《道德哲学》导读

（1）知人论世

按照中国鉴赏美学，阅读一部作品并力图成为作者的知音，其必要前提就是知其人、论其世。乔纳森·沃尔夫出生于1959年，是当代西方马克思主义研究的著名学者。我国高等教育出版社2006年曾推出"当代英美马克思主义研究译丛"，乔纳森·沃尔夫的《当今为什么还要研读马克思》即是其首批四种之一；他的《道德哲学》21世纪初为牛津首版，我国2019年由中信出版集团再版。西方马克思主义研究的中心在20世纪70年代后已从西欧转移至英美资本主义国家，而且马克思主义逐渐在西方资本主义国家占据着很重要地位。特别是随着2008年经济衰退，西方国家"越来越多的学

---

① 威廉·涅尔（William Kneale，1906—1990年）是英国著名逻辑学家，牛津大学埃克塞特学院院士、怀特道德哲学教授。

生再一次与马克思产生共鸣，尤其是赞同马克思所指出的资本主义将只会增加不平等性，而非像资本主义维护者所希望和声称的让每个人都富裕起来"①。自 21 世纪以来，我国马克思主义研究亦从原承袭苏联教科书中的马克思主义的封闭体系中走出，人们开始审慎地从西方马克思主义理论研究中汲取合适养分。我国学者周启杰认为："伦理学就是一种道德哲学……马克思的伦理道德思想就是一种总体的宏观道德论，它表达的是有关人类生存和社会文明发展的价值取向，符合实际的说法，应该是一种关乎人类解放的道德哲学。"② 因而，从马克思主义的角度来阅读研究乔纳森·沃尔夫的《道德哲学》就显得很有必要。

（2）《道德哲学》内容品鉴

《道德哲学》作为牛津大学哲学通识课教材，关于本书撰写意图，该书"前言"说得明白："这本书的目的是帮助刚开始接触这门学科的人独立地思考道德哲学。……帮助你走上道德启蒙之路（至少是康德所谓的那种启蒙），虽然这么说可能会让你产生不切实际的期待。不过，启蒙并非指知道了问题的答案，而是指拥有了认真思考问题的工具。"③ 这里有两层意思，一者为了启蒙"道德哲学"初学者，二者并不是告知读者何谓道德或非道德，重点是让你掌握运用思考道德问题的工具，提高"道德哲学"的修养和道德问题的鉴别力。

《道德哲学》共 15 章：① 道德哲学与道德推理；② 文化相对主义；③ 怀疑主义与主观主义；④ 自由意志与道德责任；⑤ 宗教与自然法；⑥ 利己主义；⑦ 社会契约；⑧ 功利主义：边沁和穆勒；⑨ 对功利主义的质疑；⑩ 道义论：康德；⑪ 对康德伦理学的质疑；⑫ 德性伦理学：亚里士多德；⑬ 对德性伦理学的质疑；⑭ 性别与种族的伦理学；⑮ 道德观的培养。从以上内容结构看，可分为 4 个部分。前 4 章为第一部分，从对以往一些道德规范和哲学质疑的评述提

---

① 杨旎：《马克思研究的当代价值——访英国哲学家乔纳森·沃尔夫教授》，《新视野》2017 年第 6 期。

② 周启杰：《论马克思道德哲学建构的多重维度》，《道德与文明》2018 年第 1 期。

③ [英] 乔纳森·沃尔夫：《道德哲学》，李鹏程译，中信出版集团 2019 年版，第 vii 页。

出修习道德哲学很有必要；后续 3 章为第二部分，从对以往一些较为积极的道德阐释看道德哲学的意义；第 8—13 章为第三部分，从对以往 4 位伟大哲学家的道德学说利弊分析看道德哲学的优化没有止境；最后两章为第四部分，对有关学说的补充和全书结论：要从道德哲学和社会实践中培养道德观。

　　纳森·沃尔夫《道德哲学》自 21 世纪问世以来，即得到全球东西方广大学人的高度肯定，被一致视为一部哲学通识经典之作。该书的最大不同即在于，它不像其他种类教材，著作者的观点总是鲜明的，而只是耐心地向读者从不同侧面介绍历史上关于道德哲学的主要观点。而且，即使像康德、亚里士多德等这样一些道德学大家，仍然会对他们的思想提出质疑，甚至具有强烈的批判性。进而，让读者在比较中各自取舍。在沃尔夫看来，因为"道德哲学是一种思想传统，而非一套需要死记硬背的教条。我们每个人都可以随时为它添砖加瓦"①。或者说，"道德和道德哲学是两种社会实践"，与每个人的行动有关系。② 这一思想，实际是对马克思主义道德哲学所明确的实践伦理观，亦即人的自由而全面发展既是一个理想的道德目标，又是一个永无止境的历史实践过程的基本遵循。所以，纳森·沃尔夫再次指出："马克思理论能有如此力量，正是因为他质疑一切，追求洞察力和独创性，从不容忍对问题给出快速和肤浅的答案"③。沃尔夫的《道德哲学》之所以在 21 世纪的当下大行其道，它的突出亮点正在这里。

二、哈佛大学选修课"积极心理学"

（一）"积极心理学"（"幸福学"）诞生与影响

　　在心理学领域中，研究"幸福"的专门学科通常称之为"积极心理

---

① ［英］乔纳森·沃尔夫：《道德哲学》，李鹏程译，中信出版集团 2019 年版，第 11 页。

② ［英］乔纳森·沃尔夫：《道德哲学》，李鹏程译，中信出版集团 2019 年版，第 371 页。

③ 杨旎：《马克思研究的当代价值——访英国哲学家乔纳森·沃尔夫教授》，《新视野》2017 年第 6 期。

学"，是一门与以往传统心理学紧密相关的于 20 世纪 90 年代末发展起来的新兴学科，并已在国际心理学界掀起了一股积极心理学的研究浪潮。简单而言，积极心理学就是一门让人摆正心态，感受到更多幸福的课程。或者说，"积极心理学"亦即"幸福学"。积极心理学指出，心理学应当致力于研究那些使得个体、团体和社会积极发展的因素，进而增进个体的幸福与健康，不断促进社会的安定与繁荣。

哈佛大学心理学硕士、哲学和组织行为学博士泰勒·本－沙哈尔前些年所讲授的"积极心理学"和"领导心理学"课程曾被哈佛学生推选为"最受欢迎的课程"①，他的《幸福的方法》一书在全球 20 多个国家和地区翻译再版。不过，幸福学的开拓者则是发起积极心理学运动的美国心理学会前主席马丁·塞里格曼。据悉，随着科技的进步和社会发展，西方国家青少年的抑郁程度特别令人震惊。在美国，抑郁症的患病率比 20 世纪 60 年代高了 10 倍，而且抑郁症的发生已开始逐步年轻化；英国的情况与美国相似，而且感到幸福的人与过去相比亦大幅减少。于是，塞里格曼即于 1994 年在宾夕法尼亚大学启动"韧性项目"（Penn Resilience Program，简称 PRP），系专为中小学生设计的小组型干预课程，目标即在防御青少年抑郁症。课程通过角色扮演、讲幽默故事或卡通等不同方式教授学生更为客观、灵活地思考问题，以此来提高他们的乐观水平。同时，又教授自信、决策、放松、创造性的头脑风暴法，以及其他应对和解决问题的能力。研究发现，该组课程能有效提升学生稳定的幸福感，以及应对困难的能力，进而拥有抵抗负面情绪的韧性。此外，菲利浦·斯通教授亦于 1999 年在哈佛大学开设积极心理学选修课。至 2000 年，马丁·赛里格曼等人又发表了《积极心理学导论》，成为吹响积极心理学号角，主张从多个层面研究人类的积极力量。

对积极心理学的研究实际还可追溯到 20 世纪 30 年代斯坦福大学的刘易斯·特曼（Lewis·Terman）教授关于天才及婚姻幸福感的研究，以及荣格的关于生活意义的研究。不过，随着第二次世界大战爆发该方面的关注和研

---

① ［美］泰勒·本－沙哈尔：《幸福的方法》，汪冰等译，中信出版集团 2022 年版，封面。

究亦中断了。直至 20 世纪 60 年代以来，心理学才逐渐恢复并开始对人的积极心理因素的探索。经过马斯洛、罗杰斯、塞里格曼等人的倡导与实践，为积极心理学这一新领域的创立奠定了基础。

随着积极心理学的理念不断深入人心，人们对于幸福的关注不再局限于哲学领域。"幸福"成为当下积极心理学研究的核心与焦点，甚至被看成了积极心理学的代名词。积极心理学尤其在美国不少大学的推动下，短短十余年内，很快向加拿大、澳大利亚、日本以及多个欧洲国家扩展。同时，亦得到了中国香港以及内地大学广大教师和学生的积极响应。1999 年我国教育部下发《关于加强中小学心理健康教育的若干意见》，将中小学心理健康教育作为推进素质教育的一项重要措施；2001 年教育部又颁发了《关于加强普通高等学校大学生心理健康教育工作的意见》。之后，在我国大中小学随即开展了一系列形式多样、各具特色的心理健康教育。

（二）"幸福学"课程学科定位与体系

1. 哈佛"幸福学"课程概要

泰勒·本－沙哈尔于 2006 年始在哈佛大学开设幸福课，以积极心理学为理论依据，通过冥想、练习、记录等方法帮助学生寻找幸福。这门课一周两次，分别在周二和周四的中午，每次一个半小时，持续一个学期。此课程并非一般的人文通识课，而是将积极心理学的研究成果应用到实践中，教授学生获得幸福的方法。选课人数从 8 人、380 人，再到 855 人，以致成为哈佛的一道亮丽风景线。而且，据泰勒·本－沙哈尔在课堂上介绍，美国现有超过两百所大专院校开设"积极心理学"课程，并且均成为大受欢迎的课程。[①] 应该说，追求心理健康和幸福与追求成功一样，系人类的一种无法抗拒的本能。

"幸福课"作为一门大学生的心理选修课，最初就已明确课程的目标系指向学生态度的积极改变，包括情感、行为以及认知三个方面的积极改变。

---

① 王兰君、思谦：《"幸福学"风靡全球》，《西部广播电视》2012 年第 10 期。

根据泰勒·本－沙哈尔讲义出版的《幸福的方法》，分为三篇共 15 章：第一篇，"什么是幸福"，系从时间指向上（过去、现在、未来）探究幸福的内涵；第二篇，"幸福无处不在"，系从积极的视角谈如何将幸福观应用到日常活动（生活、学习、社交）中；第三篇，"幸福像花儿一样"，系从 7 个方面喻指幸福就像花儿需要关爱、培养和护持，最终实现积极改变。

在泰勒·本－沙哈尔看来，如果你想拥有幸福，首先，自然是对幸福具有正确的认知。而我们通常看到的幸福模式，诸如"享乐主义型""忙碌奔波型"均不可行。他主张的幸福观是"快乐＋意义"。即在于人的"情感是动机的来源……快乐是幸福生活的先决条件"；而人与动物的不同，不仅有情感，还具有灵性，灵性的权威解释是"真切地感受到事情的意义"，即能对自己的生存行为"从内心感到有意义的目标"实现的快乐。[①] 一个真正幸福的人，会在自己觉得有意义的生活方式里，不断享受它快乐的点点滴滴。其次，具有主动发现幸福，并善于利用核心价值经营幸福的意识。本－沙哈尔特别指出："核心价值指的是我们最深最真的特性，也就是我们的个性。……由于无法直接观察到核心价值，所以唯一可以用来衡量一个人的个性的方法，就是根据其个性所反映出来的行为来判断。……如果我们因为财富、权力或名声而被爱，那么这种爱只是有条件的爱；如果因为踏实、力量或是善良而被爱，那么这种爱才是无条件的爱。"[②] 体会其核心价值或无条件的爱，不外是人的个性没有被外因干扰的纯真反映，亦即"与朋友、家人和爱人共享美好时光是幸福的必需品"[③]。这一点，正是他之所谓发现和经营幸福的必然条件。最后，幸福如同养花是完全可以配置的，这亦是本－沙哈尔幸福科学与传统心理学的最大不同。前者可谓"健康模式"，后者可谓"病症模式"。如果将人的心理发展视为一个数轴，传统心理学注重对病症的修复，进而达到"0"的正常标准，幸福科学则不是按照病症的概念仅仅将人

---

① ［美］泰勒·本－沙哈尔：《幸福的方法》，汪冰等译，中信出版集团 2022 年版，第 38—49 页。

② ［美］泰勒·本－沙哈尔：《幸福的方法》，汪冰等译，中信出版集团 2022 年版，第 129 页。

③ ［美］泰勒·本－沙哈尔：《幸福的方法》，汪冰等译，中信出版集团 2022 年版，第 124 页。

从负数推到"0"就足够，而是要侧重将人从"0"推到尽可能大的正数为目标。本－沙哈尔以养花为喻，一连用"幸福的土壤，幸福的肥料，幸福的根，幸福的阳光，幸福的成长，享受幸福的花朵，幸福至上原则"等七章的篇幅，重点阐述了"幸福的生活是累积而成的，无论是那些刻骨铭心的经历还是点点滴滴的瞬间……我们首先应当接纳'活在当下'的理念，从现在开始!"①

无可怀疑，积极心理学（幸福科学）突破了一个多世纪以来只关注失败和障碍的旧模式，真正恢复了心理学本应有的使命，这是一个带有革命性的贡献；同时，它亦为大学传统心理学教学带来了不同视角，不再像过去专注于学生的问题心理，而是侧重帮助大学生充分挖掘自身隐性的价值与潜能，从而真正实现人的全面发展，其进步意义不能低估。

2."幸福学"课程学科基础

首先，幸福科学作为一门新兴学科，单从泰勒·本－沙哈尔的《幸福的方法》看，全书学科研究的指向明确。无论是目标的制定还是内容的选择及其组织都是以学生为中心，并将积极心理学的科学研究成果与学生的现实生活联系起来，在具体活动中实现学生的积极改变。在内容结构安排上，从经验出发，由简单到繁复，逐层加深对幸福的感知；在教学材料选择方面，鉴于幸福的时间指向、活动类型和关系维度，适当跨越学科的限制，注重学生的思考与练习，亦充分体现出该课程的应用价值。总之，该幸福科学的学科研究方向端正。

其次，幸福科学具有较强的学科意识，主要系教育学和心理学有机联姻的结晶。总体而言，在学生的心理健康与幸福感面临危难的时期，教育学家和心理学家再次联手站在一起，进而催生了以积极心理学为理论依托的幸福课。俄国教育家乌申斯基较早即认为："教育的主要目的在于使学生获得幸福，不能为任何不相干的利益牺牲这种幸福，这一点当然是毋庸置疑

① ［美］泰勒·本－沙哈尔：《幸福的方法》，汪冰等译，中信出版集团 2022 年版，第 177—178 页。

的。"① 在不少学者看来，真正的学校教学体系本就不只是教给学生自然科学的知识和社会科学的知识，更应当教给学生关于自己的知识、人的知识。应该说，这第三项知识教学虽在 21 世纪以来有所改进，但仍然还比较薄弱。有学者指出，"现今的教育不能重蹈无视生命、无视生命的价值的覆辙"，我们期待的"教育不只是教人生存、谋生，而是能使人存在的教育"。② 这个提醒很有必要。就世界东西方大学普遍流行的积极心理学而言，以幸福感为研究中心，它提出的幸福感是一种状态类的、具有迁移性的能够培养发展的积极心理能力，注重积极情绪和实现潜能、人生价值与意义发掘。国内外已有大量研究成果表明获得积极情绪和幸福感可以抵御心理疾病的侵袭，且与良好的学习水平具有协同作用。当年塞里格曼指出积极心理学教育事实上就是在既关注传统知识技能教学同时又致力于幸福的教育，若干年后他的项目组一直使用严谨的科学方法去研究学生是否可以在学校教学中习得幸福。并在澳大利亚的季隆语法学校展开了积极教育实验，所得出的成果证实了提高积极情绪、心理韧性等，可为实践幸福学课程提供坚实的理论基础和操作指导。当下，泰勒·本-沙哈尔所推出的《幸福的方法》，亦得到了塞里格曼的积极评价："这本书的闪光之处在于，它把教给人们获得幸福的方法和关于幸福的科学研究成果完美地结合起来。看完这本书，你便可以发现理解它包含了哈佛大学备受欢迎的幸福课的精髓。"③ 它正是熔铸了教育学和心理学等学科研究与实践的最新成果。

3. "幸福学"课程学科体系④

（1）课程内涵

幸福是人类生命本身的意图与意义，是人类存在为实现目标的过程中对"快乐与意义结合"的一种精神享受及感悟，财富、名望等都不能与幸福

---

① ［俄］乌申斯基：《乌申斯基教育文选》，张佩珍、冯天向、郑文樾译，人民教育出版社 2004 年版，第 204 页。

② 程红艳：《教育的起点是人的生命》，《教育理论与实践》2002 年第 8 期。

③ ［美］泰勒·本-沙哈尔：《幸福的方法》，汪冰等译，中信出版集团 2022 年版，封底。

④ 本节内容引文均引自泰勒·本-沙哈尔的《幸福的方法》。

相比。幸福课程是大学全人教育的补充，它是以积极心理学为理论依托，通过课堂教学、面对面工作坊和团体辅导等多种方式协助学生获得提升幸福感的新知以及顺利实现人生目标的课程。

（2）课程任务

首先，必须要让学生走出对幸福的迷惑。"好运""满足""痛快"等常被人视为"幸福"的代名词，但它并非本课程对幸福的理解。"真正的幸福不应该是绝对不掺杂不良情绪，而是经得起困难和挫折的考验"。其次，力求让学生明白："幸福是一个需要长期追求，永不间断的过程，而不是一个可以终结的句点"。与其问自己是否幸福，不如去积极争取实现"怎样才能更幸福"。

（3）课程目标

首先，切实理解"目标是获得幸福的必需品，但它并不是全部"。心理实验研究和实践经验已经证明目标与成功的关系。其次，必须改变我们通常对目标的期望，要懂得"目标是意义，不是结局"的意旨。只有"当目标被认可为意义时，它才会帮助我们规划旅途中的每一步；而当目标被认为是结局时，它带给我们的只会是无尽的困难和挑战。"本课程提倡人们关注人类的积极优势，注重兼容"预防"与"发展"两个层面。

（4）课程内容

课程内容依据课程目标而确定。首先，了解东西方关于"幸福"的概念和理论，向学生普及经过科学实证检验的知识与技能，重点掌握本教材第一章、第二章的内容；其次，结合以上理论教学内容，再通过案例教学、体验教学等努力让学生明白人的幸福需要像花儿一样细心培养。突出以国际视野重点讲述那些成功人士走上幸福道路的各种故事，以及学生自身的经历和体验更是幸福学课程进行教学互动和自我教育的最好素材。

（5）课程组织

情绪体验与认知感悟系幸福学课程教学的组织原则。因而，加强参与性、情境性和互动性等教学活动的设计与组织即是幸福学课程的主要选择方式。譬如心理拓展训练、面对面工作坊、心理情景剧、团体心理活动课、小组辅导讨论，以及通过多样化的思考练习培养学生的积极体验等，这些均已被证明是学生喜闻乐见又富有成效的幸福学课程的教学形式。

（6）课程评价

根据哈佛课程管理委员所收集的学生对课程的反馈，"幸福学"课程所体现出来的评价方式是多种视角驱动下的整体评价。突出以成长性取向为主导，以情境化、合作性、动态性、灵活性的活动过程及其效果评价为特征。在强调学生形成性评价的同时，又借助心理学专业测评工具或者自行设计量表对教学工作进行实时评价。不仅要求学生作大量的读书笔记，以及参与式反思活动，还要求学生将自己所学与家人分享，评价教学效果的最好的方式就是教学本身。①

（三）"幸福学"课程教学问题与改进

积极心理学（幸福学）作为 20 世纪末美国和西方心理学界兴起的一股新的研究思潮，或者说作为一门新兴学科，虽然在近 20 多年来的发展态势迅猛，诸如国际积极心理学协会（简称 IPPA）于 2007 年成立，2009 年由 IPPA 举办的第一届世界积极心理学大会召开。此后一般每两年举办一届，延期的第八届世界积极心理学大会于 2023 年 7 月在加拿大温哥华举办。然而，幸福学的发展历史毕竟不算太长，在学科定位及其研究对象、范畴和方法上还不够成熟。一方面，学界对幸福学的学科归属仍存有异议。或突出标识"积极"的意义，将矛头直指过去一个世纪中占主导地位的消极心理学模式；或理性地辩证地认识积极心理学的发展，将其视为对传统心理学的一种补充，二者并不对立；或将幸福学确定为横跨心理学、人类学、生命科学、社会学、经济学、政治学等多个学科的综合性新兴学科等。再一方面，我们认同"幸福是一个需要长期追求，永不间断的过程，而不是一个可以终结的句点"② 的观点，或者"幸福学"应更多关注幸福实现的过程，而不只

---

① 张倩：《一门教授幸福的学科——哈佛"积极心理学"课程及其对我们的启示》，《高等函授学报》（哲学社会科学版）2010 年第 2 期。

② ［美］泰勒·本－沙哈尔：《幸福的方法》，汪冰等译，中信出版集团 2022 年版，第 9 页。

是幸福的定义或形态之类。而泰勒·本－沙哈尔将人的幸福界定为"忙碌奔波型""享乐主义型""虚无主义型""感悟幸福型"4 种，但他对特别认可的"感悟幸福型"的研究却显得很不深入。另一方面，"幸福学"所涉及的学科领域较多，但我们也不希望"幸福学"没有自己的基础学科底蕴，甚至仅停留在经验层面只做概括描述。泰勒·本－沙哈尔的"幸福课"之所以成为"哈佛大学'有史以来最受欢迎的一门课程'"①，他的《幸福的方法》亦多次再版，确有很多值得我们研究和学习，但对"幸福课"所紧密依托的教育学、心理学及其关联学科的研究尚有待深入。

　　毫无疑问，追求幸福是所有人的共同与永恒主题。亚里士多德说得不错，幸福是生活的目的和意义，是人类存在的至上目标。依据大学当下办学 OBE 理念，深入开展幸福学研究并开设好"幸福课"，既是我们的职责，亦是我们的义务，其美好积极的前景完全可以预期。根据近 20 余年幸福学研究和学校实践情况，明确幸福学的学科定位显得更加急迫。彭凯平等学者指出："我们将幸福科学定义为研究如何使得人们有效支配自身及外部的资源、协调自身与外部环境的关系以实现幸福的科学。"②亦即幸福科学是如何使人实现幸福的，重点在过程，或者实现幸福的方式方法与途径。大学幸福学的教学与研究，其学科主干系教育学和心理学，然后再兼顾社会学、政治学等。随着社会发展的不断进步，人类对幸福的关注度增强，幸福学从传统的心理学学科中独立出来，成为一门学科交叉的相对独立的应用学科很有必要。然而，如果将幸福学视为积极心理学，就好似传统心理学就是消极的，不如干脆提"幸福科学"（Science of Happiness）为好。"幸福科学"作为一门独立学科，不仅要具有自己的学科定义和研究对象，还要有自己的研究范围。著名经济学家 Daniel Kahneman 在他《重新定义幸福》的文章中，已较好地将幸福学研究的关注范围限定在以人的幸福为中心的 4 个方面：一是整

① ［美］泰勒·本－沙哈尔：《幸福的方法·译后记》，汪冰等译，中信出版集团 2022 年版，第 187 页。

② 彭凯平等：《幸福科学：问题、探索、意义及展望》，《清华大学学报》（哲学社会科学版）2011 年第 6 期。

体的幸福感；二是积极的人格特质；三是积极的情绪培育；四是愉快的感官感受。这与其他学者关于幸福学十分宽泛的研究亦形成区别。

　　谈到幸福学的定义、学科或范围，还有一点必须澄清，亦即区域文化差别对人的幸福感知的影响问题。Mark Suh 认为，在东亚，幸福更依赖于职责和履行自己的角色，在西方幸福则与情绪的爆发捆绑在一起。[①] 说白了，社会主义国家和资本主义国家人的幸福感知当然有别。虽然人类情绪的反应是建立在生物基础之上，但根本的具有意义的反应则是和心理、社会属性紧密相关。我们中国人对幸福的感知更多的是去感知自己与他人的联系，包括满足与怜悯等；而美国人更多的是去追求个体的幸福与成功，甚至选择离群索居、孤芳自赏。有西方学者将前者的幸福感归为"友爱"一类的卷入型情绪（en-gage eomotion），后者则归为"骄傲"一类的脱离型情绪（disengage emotion）。[②] 显然，如果从马克思主义人学观点来看，这种"友爱"一类的卷入型幸福观更应值得肯定，它才是真正的富有德性的幸福观，亦更符合人类社会发展的根本趋势。

　　幸福科学打开的是一片既充满神秘而又富有现实意义的学术实践领域。传统心理学为幸福科学的发展奠定了一定基础，但人们似乎仍然感觉对消极心理的研究比较得心应手，而对人类的幸福问题总觉茫然。诸如在如何促进积极情绪的体验、提升和美德养成，疾病康复和预防中的作用机制，以及幸福的脑机制等方面即可大显身手。从大学幸福科学的教学应用看，心理健康教育当下应特别注重在诊断评价体系、治疗与咨询内容和总体教学目标上积极转向，以幸福科学的正向功能赋予心理健康教育新的内容和更高目标，为大学立德树人根本任务的落实作出幸福科学的应有贡献。

---

① 　Suh，E，Diener，E，Oishi，S.&Triandis H.The Shifting Basis of Life Satisfaction Judgements Across Culures：Emotions Versus Norms，*Journal of Personality and Social Psychology*，1998，74（2），pp.482-493.

② 　Kitayama S，Markus R H & Kurokawa M. Culture，Emotion，and Well-being：Good Feelings in Japan and the United States. *Cognition and Emotion*，2000，14（1），pp.93-124.

三、苏霍姆林斯基的学生观

（一）主题：极大丰富学生的健康精神生活

　　B.A. 苏霍姆林斯基是苏联著名教育实践家和理论家，曾被时任苏联教育部部长普罗柯菲耶夫称之为"教育思想的泰斗"①，并获两枚列宁勋章。即使在一些资本主义国家"不被允许研究苏联教育家作品"的背景下，依然有很多人为苏霍姆林斯基所取得的成果折服。德国马尔堡大学研究员、教育学博士埃里卡·卡尔特曼认为："苏霍姆林斯基是 20 世纪杰出的教育家，而且是教育家中的太阳，因为他的教育事业照亮了人们对真善美的希望、对培养真正的人的期盼。"② 苏霍姆林斯基在教学和管理上的成就十分丰富，尽管他是以从事基础教育学科教学和管理的专家，但他多年所摸索出的丰富的学生管理经验和教学体会对我国高等教育立德树人工作同样可以借鉴。

　　与资本主义制度下学校教育主要是培养学生的消费者思维，亦即重在培养物质价值观和竞争精神不同，苏霍姆林斯基则强调通过与自然以及人与人的交流来唤醒情感、培养优良情操。苏霍姆林斯基不仅有专门探讨情感教育的专著《学生的精神世界》，还在《怎样培养真正的人》等著作中反复告诫，学校如果偏离"丰富学生精神生活"这一主题，就将丧失教育存在的真正价值。

　　苏霍姆林斯基从教育心理学角度独具慧眼指出："我们给'精神世界'和'精神生活'赋予以下含义：人的精神生活领域就是在人的积极活动过程中使德、智、体、美诸方面的需求和兴趣得以发展、形成和满足。"③ 这个判

---

① 单中惠：《西方教育思想史》，教育科学出版社 2007 年版，第 629 页。

② ［德］埃里卡·卡尔特曼：《超越制度　崇尚自然　唤醒情感——苏霍姆林斯基人学教育思想的新审视》，朋腾译，《比较教育研究》2018 年第 11 期。

③ ［苏］B.A. 苏霍姆林斯基：《学生的精神世界》，吴春荫、林程译，教育科学出版社 1981 年版，第 4 页。

断，全面科学地揭示出教学管理的本质内涵：学校的全部教学活动均是在人的精神世界（领域）所开展的精神生活。为了使学生得到全面发展，就得极大丰富学生的精神世界，尤其是"共产主义思想是人的丰富的精神世界的基础"①；然后"尽可能深入地了解每个孩子的精神世界——这是教师和校长的首条金科玉律"②。并通过课内外、校内外多个途径开展充实的、有效的精神生活。苏霍姆林斯基的"精神世界"思想熔"五育"为一体，各方面的育人工作——以"精神生活"归总，全校"和谐育人"的局面亦就悄然形成。毫无疑问，这是苏霍姆林斯基学生观的一个鲜明创见。

（二）进路：培养"和谐个性"，突出"情感教育"

1. 目标："非抽象的""全面发展的和谐个性"

将学生培养成什么样的人以及怎样来培养，这是每一个教育工作者不可回避的问题。苏霍姆林斯基有两个核心思想：一是"没有也不可能有抽象的学生"，亦即他经常提到的"把教学和教育的所有规律性都机械地运用到他身上的那种抽象的学生是不存在的"③；二是着力"培养全面发展的和谐的个性"④，或"一个有思想、有崇高思想觉悟的公民"⑤。这里的"公民"与西方化语境下的公民不同，它是理想社会全面发展的理想公民。

"全面发展的和谐个性"是人类教育思想的崇高理想，亦是苏霍姆林斯基一生从事学校教育工作所提出的独到的实践思考。1978 年波兰出版的《1900—1975 年世界上的实验学校》，将帕夫雷什中学列为 20 世纪世界上著

---

① ［苏］B.A. 苏霍姆林斯基：《学生的精神世界》，吴春荫、林程译，教育科学出版社 1981 年版，第 6 页。

② ［苏］B.A. 苏霍姆林斯基：《学生的精神世界》，吴春荫、林程译，教育科学出版社 1981 年版，第 34 页。

③ ［苏］B.A. 苏霍姆林斯基：《给教师的建议》，杜殿坤编译，教育科学出版社 1984 年版，第 1 页。

④ ［苏］B.A. 苏霍姆林斯基：《给教师的建议》，杜殿坤编译，教育科学出版社 1984 年版，第 367 页。

⑤ ［苏］B.A. 苏霍姆林斯基：《怎样培养真正的人》，蔡汀译，教育科学出版社 1992 年版，第 303 页。

名的实验学校之一。按照苏霍姆林斯基的观点，所谓"全面"：亦即尊重马克思关于人的全面发展学说，尊重教育规律，在学生体格、思想品德、知识本领、智慧能力、审美情操、劳动本领等各方面均能得到健康发展。所谓"和谐"："就是如何把人的活动的两种职能配合起来，使两者得到平衡：一种职能就是认识和理解客观世界；另一种职能就是人的自我表现，自己的内在本质的表现……以及在集体成员的相互关系中的表现和显示。"① 所谓"个性"：即要关注人作为生命主题的个性内涵，视每一个学生都是唯一的、具体的和独特的，还要善于以活生生的理想为目标，发现并培养学生的那些决定性的东西。② 所谓"和谐个性"：即苏霍姆林斯基认为的"全面"与"和谐"相辅相成，不可偏废。

其"全面发展的和谐个性"观值得我们深刻反思。我国一直坚持学生全面发展的教育方针，而一般却是以统一的标准与教学设计来对待每一位学生，其结果自然不够理想。在苏霍姆林斯基那里，其全面发展的重点是要让每一个学生都能成才。每一个学生都是活生生的人，他要求教师要用心研究每一个不同的人，包括每一个"差生"。只有这样，才能努力使其成为"全面发展的和谐个性"。"全面发展的和谐个性"具体又是什么样的人呢？从苏霍姆林斯基《全面发展教育思想的一些问题》《怎样培养真正的人》《帕夫雷什中学》等著述看，其"和谐个性"或"理想公民"即：不仅要突出全面发展的内涵要求，而且应该是道德高尚的，亦即苏霍姆林斯基所说，这种道德精神就是一个"真正的人要有的一种精神……在这一真谛之中，我看到整个道德教育的一条红线"③。"红线"当然不可逾越。作为"和谐教育"下的一个"公民"，综合他的观点，应具有以下特征：共产主义是其忠诚的精神底

---

① ［苏］B.A.苏霍姆林斯基：《给教师的建议》，杜殿坤编译，教育科学出版社 1984 年版，第 477 页。

② ［苏］B.A.苏霍姆林斯基：《给教师的建议》，杜殿坤编译，教育科学出版社 1984 年版，第 367 页。

③ ［苏］B.A.苏霍姆林斯基：《怎样培养真正的人》，蔡汀译，教育科学出版社 1992 年版，第 16 页。

色，爱国主义是其矢志的情感追求，集体主义是其热切的毕生关切，在认识和改造"两个世界"过程中始终保持和谐发展。

2. 核心（1）：以"平民人格"身份实施情感教育

心理学认为，情感是人对客观事物是否符合自己需要的态度体验。学生对这种客观事物的态度越直接、越贴近，其体验就会越真切、越深刻。因此，在《怎样培养真正的人》等著作中，苏霍姆林斯基总喜欢将低年级甚至高年级的学生常用"孩子"或"我们的孩子"来称呼，有时候则直呼其名。就一届学生而言，他自己说"可以指名道姓地说出178名中学毕业生"①。从《公民的诞生》《全面发展教育思想的一些问题》等还发现，作者为他的学生所设定的人格目标是"真正的人"，或"理想人格"。"理想人格"非一蹴而就，它需要坚持以一种"平民人格"的师生关系开展教学，注重情感性。苏霍姆林斯基说："人需要人，如同人需要精神财富那样。这种需要的产生和发展，是基于人们在精神上的共同性，对拥有精神财物的共同追求。"②苏霍姆林斯基之所以要求教师放下架子，要成为学生的朋友，这与苏联在20世纪30年代起普通教育片面追求升学、教师教学"目中无人"有关。

"平民人格"与"非抽象的学生"不仅是苏霍姆林斯基情感教育的核心，更是他在帕夫雷什中学任校长时所提出的"全面发展的和谐个性"学说的压舱石。总体来看，苏霍姆林斯基的情感教育思想主要包括这样几点：第一，情感教育过程同全面发展教育的过程是一个有机统一的整体；第二，情感教育是实施全面发展教育非常有力的内在促进者；第三，世界观教育必须得依靠情感教育才有可能真正实现；第四，有利的校内外情感环境是实施情感教育的重要手段；第五，情感教育是师生"精神生活"一致性的体现，教师与每一个学生的交流都是"精神世界"的重要部分；第六，情感教育是对学生纯正情感的陶冶，它可以迸发出无可比拟的强大力量。

---

① ［苏］B.A.苏霍姆林斯基：《给教师的建议》，杜殿坤编译，教育科学出版社1984年版，第483页。

② ［苏］B.A.苏霍姆林斯基：《怎样培养真正的人》，蔡汀译，教育科学出版社1992年版，第2页。

在一次帕夫雷什中学的教师会上，苏霍姆林斯基校长讲了他若干年前所亲身经历的一个故事：有个叫玛琳娜大妈的乡亲，二战中她丈夫前线阵亡，她的三个孩子又因战争撤退时不幸失踪……孑然一身的大妈难以忍受，常去教堂找神父祈祷，后来神父因年迈去世，大妈无人倾诉，便选择以投河了结，结果被帕夫雷什中学的同学发现，成功施救。玛琳娜告诉校长：此前神父所说的每句话都钻进了她的心，他能说出她苦苦寻觅十多年而没搞清的道理。神父过世后我总在思考：该怎样活？……神父祈祷的影响力究竟来自哪里？苏霍姆林斯基对那位神父早也认识。他在一篇文章中写道："……神父与我开诚布公地交谈……他具有惊人的打动人心的魅力：善于感觉和理解每位来访者的内心世界，洞悉谁有什么创伤，谁有什么痛苦，并善于讲出质朴的、打动人心的、安抚的话语。"① "结识这位神父……使我大开眼界：我不仅看到了无神论教育的许多缺陷，而且看到了通常培养人类心灵工作的许多弱点和毛病。"② 的确，神父的情感沟通与布道艺术值得我们教育工作者学习。

3. 核心（2）：学生价值观的三个重要支点

学生作为社会现实中的人，他首先是一个公民。同时，他又不可能坐享其成，必须通过劳动并创造一定的价值才能生活。当然，要想生活得更好，他还得对自己有一个正确的认识和判断。公民观、劳动观和自我观如何，这是苏霍姆林斯基对学生尤为关注的三个方面。

公民是一个全球通用的概念，但其内涵却有区别。资本主义社会多将公民身份作为政治自由的重要标志之一。苏霍姆林斯基则认为，社会主义"公民"的内涵与人民、祖国、义务等紧密相关；合格的公民要掌握知识，使自己成为共产主义理想的斗士，并确立爱国者、劳动者和战士的信念。③

---

① ［苏］B.A.苏霍姆林斯基：《苏霍姆林斯基选集》第 5 卷，苏维埃学校出版社 1980 年版，第 472 页。

② ［苏］B.A.苏霍姆林斯基：《苏霍姆林斯基选集》第 5 卷，苏维埃学校出版社 1980 年版，第 473 页。

③ ［苏］B.A.苏霍姆林斯基：《遵循列宁思想培养合格公民》，刘伦振译，《外国教育资料》1990 年第 3 期。

因而，公民观念的教育在苏霍姆林斯基的学校总是占据核心位置。一方面是要努力培养学生成为德、智、体、美、劳和谐发展的人；另一方面要使学生树立共产主义思想，坚信"共产主义理想是存在的，是可以实现的，而且是可以达到的，教育者应当用理想的标尺去衡量自己的劳动"①。

苏霍姆林斯基认为，劳动对促进人的全面发展具有重要作用。劳动教育的目的不仅是培养社会公民，亦在培养"真正的人"。在苏氏看来，德智体美劳的教育是一个完整的系统，劳动教育与德育、智育、体育、美育不可分开，且对德智体美都有促进作用。甚至认为，一个优秀的学生，必须具有正确的劳动价值观。"要培养热爱劳动的品质，就得善于指导学生的精神生活和劳动生活。"② 要有目的、有计划地组织学生参与劳动，在劳动中引导学生，让其内化为一种情感，进而在人的精神上发挥陶冶和教育。

自我观，系指一个人对自己的认识、教育和评价。霍姆林斯基说，学生"只有当他不仅努力认识周围的事物和现象，而且努力认识自己的内心世界的时候……他才能成为一个真正的人"③。因为学生终究要走出学校，独自开启自己的人生。面对纷繁复杂的社会现象，那些没有良好自我教育能力的人就很容易误入歧途。因而，学校更应教会学生认识自己，善于进行自我教育。"所谓自我教育，就是用一定的尺度来衡量自己"④。这个"尺度"需要教师指导，需要从生活中历练。学校要鼓励学生独立行走，使他们对自己负责，从而形成自己的生活态度。

4. 引导：多途径走进学生的"精神世界"

苏霍姆林斯基指出："人的丰富的内心世界是人的全面发展的一个及其

---

① ［苏］B.A.苏霍姆林斯基：《怎样培养真正的人》，蔡汀译，教育科学出版社 1992 年版，第 1 页。

② ［苏］B.A.苏霍姆林斯基：《苏霍姆林斯基论劳动教育》，萧勇、杜殿坤译，教育科学出版社 2019 年版，第 10 页。

③ ［苏］B.A.苏霍姆林斯基：《育人三部曲》，萧甦、诸惠芳译，人民教育出版社 1998 年版，第 521 页。

④ ［苏］B.A.苏霍姆林斯基：《给教师的建议》，杜殿坤编译，教育科学出版社 1984 年版，第 354 页。

重要的标志。"① 学校不是加工厂，千万不能像加工批量产品那样去生产。学生作为一个个鲜活的独立的生命个体，教师的任务须得尊重学生，走进他们的"精神世界"，努力培养他们的优良个性。

（1）通过学科课程培养

苏霍姆林斯基特别注重"思想工作与教学的统一，这就是教学过程中的教育"②。在他看来，通过学科课程对学生进行适时的触动心灵的品德教育，正是思想道德教育本身的需要。如果没有具体依附，没有情感，道德就会变成枯燥无味的空话，那只能培养伪君子。

（2）通过集体活动培养

首先，社会化过程本就是形成集体教育的重要前提，丰富高尚的集体活动对个人的思想教育非常重要；其次，集体活动影响着个体对这个世界的情感体验，体会到集体中的欢乐和善感，能使个体建立起正确的自我认同；再次，集体中的交往既满足了个体交往需要，又能陶冶其道德情操，这对那些性格内向、孤陋寡闻的学生尤为重要。③

（3）通过劳动培养

一则，个体在认识世界、征服世界中能获得乐趣，更容易体验到作为公民的认同感、责任感；二则，学生选择具有一定的知识技能性的劳动，往往会带有一定的劳动公益性。苏霍姆林斯基说："向往创造性的劳动，力求把它建立在牢固的智力基础上——这一特点变成了在青年早期受过高度劳动文明教育的男女青年的道德素质。"④

---

① ［苏］B.A.苏霍姆林斯基：《学生的精神世界》，吴春荫、林程译，教育科学出版社1981年版，第4页。

② ［苏］B.A.苏霍姆林斯基：《怎样培养真正的人》，蔡汀译，教育科学出版社1992年版，第154页。

③ ［苏］B.A.苏霍姆林斯基：《苏霍姆林斯基选集》第1卷，陈先齐、陈茵梅、干正、蒋雪琦译，教育科学出版社2001年版，第581—685页。

④ ［苏］B.A.苏霍姆林斯基：《学生的精神世界》，吴春荫、林程译，教育科学出版社1981年版，第208页。

（4）通过自我教育培养

苏霍姆林斯基说："只有能够激发学生去进行自我教育的教育，才是真正的教育。"① 他还说："对美好事物和高尚道德的向往——是激发不同年龄学生积极活动的最重要原因之一。"② 所以，鼓励、引导学生通过课外阅读或参加社会实践等，以增强其理想信念教育即是学校自我教育工作的重点。

（5）通过美的环境培养

"人的精神生活，即内心世界是否丰富，取决于他同周围世界的实际关系十分丰富多样，取决于他同自然界和其他人的相互作用的内容和性质。"③ 因而，校园环境的育人性和参与性、校外教学实践基地的选择与利用等，均是苏霍姆林斯基用心思考和重点营造的。

（6）通过到大自然旅行培养

苏霍姆林斯基认为："用记忆来代替思考，用背诵来代替鲜明的感知和对现实本质的观察——这是使儿童变得愚笨，以致最终丧失了学习愿望的一大弊病。"④ 因而，他所主持的帕夫雷什中学每学期都要安排"大自然旅行"课，以对大自然的了解来促进学生的记忆发展，完善性格以及培养人类心灵中诸多美好的东西。

（三）启示：加强自我观、公民观和劳动观"三观教育"

苏霍姆林斯基指出："在我们社会的旗帜上清楚地书写着：人是最高价值，没有什么事比活生生的人更加重要。"他还尖锐地发问："人是最高价值"原则在苏联学校教学中是否得到贯彻？教师在教学中是否存在"目中无人"？⑤

---

① ［苏］Ｂ.Ａ.苏霍姆林斯基：《少年的教育和自我教育》，吴福生等译，北京出版社 1984 年版，第 1 页。

② ［苏］Ｂ.Ａ.苏霍姆林斯基：《学生的精神世界》，吴春荫、林程译，教育科学出版社 1981 年版，第 127 页。

③ ［苏］Ｂ.Ａ.苏霍姆林斯基：《学生的精神世界》，吴春荫、林程译，教育科学出版社 1981 年版，第 28 页。

④ ［苏］Ｂ.Ａ.苏霍姆林斯基：《给教师的建议》，杜殿坤编译，教育科学出版社 1984 年版，第 197 页。

⑤ ［苏］Ｂ.Ａ.苏霍姆林斯基：《苏霍姆林斯基选集》第 5 卷，苏维埃学校出版社 1980 年版，第 471—498 页。

进而，苏氏不仅从方法上提出教师当全面走进学生心灵，以"平民人格"身份实施"情感教育"，并要紧紧扣住学生的自我观、公民观和劳动观教育三个方面，以此加强他所谓的"三观教育"。苏氏以上的学生观理念与实践，至今看来依然熠熠生光。以下，我们再就苏氏"三观教育"谈几点启示。

1. 善于利用情感因素加强培养学生的自我观

《诗大序》云："故正得失，动天地，感鬼神，莫近于诗。"诗的魅力非情莫属，即每个人的心中无不有诗，亦正在于我们"对拥有精神财物的共同追求"。故而，"以情感人"即成为艺术审美教育的重要方式。教学作为一种艺术，在学生自我观教育上，其"情感教育"的因素自然被苏霍姆林斯基等所有中外教学大师和有作为的教师所看重。

自我观与自我教育相辅相成，联系紧密。没有良好的自我教育就不可能形成正确的自我观。良好的自我教育，仍然还得以情感因素为纽带，从课程教学这个主渠道来自我领会。不论"思政课程"还是"课程思政"，通常均具有较强的原理性和哲理性，容易流于抽象说教。而且，专业教学与思政教育又因其两者学科分属，互为排挤亦为常态。如何在教学中突破这些难点，按照苏霍姆林斯基的指导，可从两个方面着力。首先，教师在课前要做足功课。如果对学科教学内容在备课阶段即做到横纵穿贯，融汇通浃，课堂上再顺手拈来，动之以情，学生又有谁不能欣然接受呢？正如苏氏所云："教师越是能够运用自如地掌握教材，那么他的讲述就越是情感鲜明"；"那种对教材的认识很肤浅的教师，往往在课堂上造成一种虚张的声势……所有这些都会腐化学生的灵魂。"[1]其次，"情感教育"的实现还有赖于学生自我观教育的推动。苏氏认为"只有当他学会了不仅仔细地研究周围世界，而且仔细地研究自己本身的时候；只有当他不仅努力认识周围的事物和现象，而且努力认识自己的内心世界的时候；只有当他的精神力量用来使自己变得更好，更完善的时候，他才能成为一个真正的人"。显然，自我观教育的实现

---

[1]　[苏] B.A. 苏霍姆林斯基：《给教师的建议》，杜殿坤编译，教育科学出版社 1984 年版，第 421 页。

前提在心理上正涉及两点——自尊和他尊。或者说，师生间要建立起相互尊重的和谐关系。于是，苏氏接着告诫，绝对正常的教育是与惩罚无缘的。"只有能够激发学生去进行自我教育的教育，才是真正的教育。"①

2. 加强公民教育需从顶层设计开始

苏霍姆林斯基对培养社会主义公民教育的理论与实践，对社会主义国家公民教育具有重要意义。精神生活一直被苏霍姆林斯基所推崇，尤其是通过丰富的有意义的集体活动来促使和加深每个个体与集体的联系，从而获得自身公民身份的认同等做法，同样值得我们思考借鉴。

公民教育源于近代西方。1791 年法国颁布了第一部宪法，明确提出公民教育的思想；到 20 世纪初，德国学者凯兴斯泰纳提出了较为完善的"国家公民教育论"。随后，公民教育概念逐步被各国所普遍接纳，并已在美国、法国、德国、新加坡等国家及中国的香港等地区展开。

1985 年，中共中央曾颁布《关于改革学校思想品德和政治理论课程教学的通知》，本着先易后难、由点到面的原则，对马克思主义理论课教学进行了改革，在党的十七大报告中又明确提到加强公民意识教育，这标志着我国公民教育理论与实践进入了一个新阶段。公民教育研究队伍初现雏形，学术交流开始活跃。2006 年 6 月，由香港特区民政事务局、香港特区公民教育委员会与郑州大学公民教育研究中心联合主办的有关公民教育研讨会在香港召开；北京大学公民社会研究中心、北京师范大学公民与德育教育研究中心等先后成立；一些社会团体也相继成立公民教育研究组织，不少高校马克思主义教学部门也开始将公民教育列入学科研究与教学实践中。在此背景下，2019 年，中共中央、国务院印发了《新时代公民道德建设实施纲要》的通知，要求各地区各部门结合实际认真贯彻落实。目前我国公民教育整体来看虽是曙光初现，但发展水平仍然不平衡，主要表现在各地各校的公民教育基本是各自为政，大学公民教育一般是融入思想政治理论课中，但教学目

---

① ［苏］B.A.苏霍姆林斯基：《给教师的建议》，杜殿坤编译，教育科学出版社 1984 年版，第 347、350 页。

标不明确，教学边界不清晰，教学内容更不系统。加上新时代大学生受多元价值观影响，网络传播快捷，大学生信息选择自主性明显增强等，这对大学生正确公民意识的形成带来挑战。

结合苏霍姆林斯基以及西方公民教育的经验，做好公民教育的顶层设计应是我们的当务之急。

（1）全面布局，系统设计

《辞海》中说，公民系"指具有本国国籍，并依据宪法或法律规定，享有权利和承担义务的人。"这意味着作为一国之公民，他既有这个国家赋予的权利，亦有对组织和社会不可推卸的责任。但权利如何行使，责任怎样承担，这就需要全面布局，对所属所有的社会成员进行如何做一个合格公民的教育。所谓全面，亦即包括我国所有具有国籍的公民；所谓系统，可分为两个部分，第一类是所有学校的在校在籍学生，第二类是除学生以外的所有其他社会各类人员。当由国家教育主管部门牵头，其他部委配合，按照公民教育的目标体系和内容，统一教育要求，根据不同类型对象设计公民教育内容和方式，全面、科学地进行总体安排。

（2）明确内容，讲究方式

公民教育的内容由公民教育的目的所决定。公民作为一个社会人和政治人，总体来讲公民教育的目的即在通过教育使他们成为能够高质量地履行社会和国家赋予的相应的公民权利和义务，其公民教育内容主要包括政治教育、爱国主义教育、民主法制教育、社会公德教育、共产主义理想教育等5项。不过，依据以上两类不同身份的公民特点，其公民教育的内容与方式又略有不同。就第二类对象而言，一般来讲他们的价值观均已形成，在教育方式上可采取集中培训和自我教育的方式，并以后者为主。就第一类对象而言，公民教育内容除开以上5项外，还包括公民知识教育、价值观教育、情感教育、道德教育、劳动教育、集体主义教育、个性心理教育，另加专业知识技能教育共8项；方式上可采取课堂教学与实践教学相结合，前7项还应根据对象的不同层次需要设置相应专门课程，而重点还得通过在校所有课程的课内课外，采取灵活的方式进行教学渗透与习得。

（3）分层实施，突出重点

从公民教育对象而言，因第一类人在学校持续的时间比较长，内容亦比较复杂，这里主要谈谈这类人的公民教育。本部分人可按年龄特征大致上分为未成年人（中小学）和成年人（大中专学校）两个阶段。中小学学生因均未成年，公民教育则侧重于知识（指作为公民应该具备的政治、经济、法律、伦理道德和社会生活交往方面的基本知识）的介绍，目的是逐步使他们建立起初步的公民意识。大中专学校的在籍学生大都会在这个阶段进入成年，公民教育的重点一方面是健全并强化公民意识（指个人对公民地位及其由该地位所决定的思想准则的认识和态度，如民主意识、权利意识、义务意识等），另一方面是要突出公民知识的知行合一，注重在公民行为、公民能力上不断得到提高，侧重归结到公民角色的扮演与具体行为的实操锻炼，进而让公民教育成为学校立德树人的一个有机组成部分。

3.“五育并举”的劳动教育不能成为形式

苏霍姆林斯基的教育目标是培养和谐全面发展的人。“一个人的和谐全面发展……所有一切，只有当他不仅在智育、德育、美育、体育素养上，而且在劳动素养、劳动创造素养上达到较高阶段时，才能做到。”[1] 亦即劳动教育是其他“各育”发展的基础，它的实施须结合德智体美教育才能发挥其整体效果。劳动教育是其他“四育”的前提，这一思想比我国大学“五育并举”的提法更具力度。马克思认为，劳动是一切价值的创造者，因此主张教育与生产劳动相结合，以培养全面发展的人。亦可以说，大学生的劳动德性直接决定着他的“立德”品格之高下。我国从20世纪80年代开始重视劳动教育，到2018年习近平总书记在全国教育大会上指出：“要努力构建德智体美劳全面培养的教育体系”，“要在学生中弘扬劳动精神，教育引导学生崇尚劳动、尊重劳动，懂得劳动最光荣、劳动最崇高、劳动最伟大、劳动最美丽的道理”。[2] 的确，劳动教育被列为“五育”之一，受到了前所未有的重视。

---

① ［苏］B.A.苏霍姆林斯基：《帕夫雷什中学》，赵玮、王义高、蔡兴文译，教育科学出版社1983年版，第361页。

② 习近平：《习近平著作选读》第2卷，人民出版社2023年版，第203、202页。

然而，目前劳动教育在大学不仅在认识上离习近平总书记的要求差距很大，在实践层面更加令人担忧，并没有像学科课程一样的理论与实践的刚性体系。有学者认为，我国大学的劳动教育存在着三种畸变：把劳动教育等同于一种能学习；把劳动当作一种惩罚；把劳动教育异化为一种娱乐方式。因此，必须要呼吁劳动价值观的回归。① 遗憾的是，这种情况至今还没有得到根本改变。落实大学立德树人根本任务，亟待补齐劳动教育规划这块短板。

（1）统筹好劳动教育实践基地建设

劳动本身具有实践属性，进行劳动教育需要具有相对稳定的实践基地。苏霍姆林斯基认为，既然劳动教育是培养学生和谐全面发展之必须，就应当有一定的物质基础。以他所主持的帕夫雷什中学为例，该校就建有劳动工作间、车间、专用室、实验室等，可以通过常设的集体劳动以培养学生的劳动德性。我国高校大都建在城市，基本没有剩余资源再单独建设劳动基地。因而，这需要高校主管部门、各级人民政府从大学立德树人根本任务和建设教育强国的高度出发予以重视。依据不同类型高校的性质，合理统筹建好相应的足够的劳动教育实践基地。

（2）开发好劳动教育常规课程设置

劳动包括体力劳动和脑力劳动，这里的劳动教育主要指前者，包括简单的服务性劳动，诸如家政劳动、公益性劳动等，以及复杂的探索性劳动，诸如生产劳动、艺术性劳动、军事劳动等。新时代大学劳动教育课程设置的主要任务是围绕立德树人根本任务，从大学生的知、情、意、行几个层次，根据不同专业人才培养的需要明确课程科目，细化课程目标，进入人才培养方案的常规课程系列。对于具体的课程设置，应从专业的宏观课程体系以及不同课程的目标设计、内容规定、结构样态、教学方式和课程评价等全面思考。一般而言，专业人才培养方案的课程结构样态分为显性课程和隐性课程两个部分，大学劳动教育在内容上具有知识探索性和真实劳动实践性的

---

① 何蕊：《劳动教育的核心是培养劳动价值观——访北京师范大学公民与道德教育研究中心主任檀传宝教授》，《中国德育》2017 年第 5 期。

特征。显性课程系课堂劳动教育的主渠道，可作为素质教育的必修或选修课开设，亦可设置劳动专题讲座，以讲授和实践相结合，旨在加强马克思主义劳动观教育。显性劳动教育可分为常规的知识性课程，诸如劳动伦理、劳动关系、劳动法律、劳动安全卫生等；还可专门从专业的实践层面设置显性课程，包括探究式、综合性、项目化的劳动实践活动，诸如科学研究课程、实训课程以及田野调查等。隐性课程亦是劳动教育不可忽视的形式，需要以劳动教育课程为目标精心设计。譬如可定期或不定期地组织公益性劳动活动，包括志愿者、"三支一扶"等，或是校园内的像绿化、安保、卫生维护等勤工俭学项目，以形成无声的校园课程文化，潜移默化地影响学生。

第四章 马克思主义人学观及其对新时代立德树人之启示

一、立德树人的生成逻辑

（一）马克思主义人学、人才学与立德树人

马克思主义于 19 世纪 40 年代自欧洲诞生以来，跨越多个国家地域，影响了整个世界，其人学思想的擘画长卷也循序展开，且渐成体系。马克思主义人学受到了欧洲传统人本主义哲学思想的影响，但内涵更加丰富，更具进步性和现实性，并将其实现人类自由全面发展的希望更多地放在了人的实际行动上。尽管马克思专门论述人才问题的著述不多，但在《1844 年经济学哲学手稿》《德意志意识形态》《资本论》和《神圣家族》等作品中却蕴含着丰富而深邃的人学及其人才思想。弄清楚马克思恩格斯的人学内涵对于揭示马克思主义人才观意义重大，尤其是学校和社会立德树人工作的根本遵循。

1. 马克思主义人学内涵

所谓人学，就是以人这一特殊社会存在物为研究对象，探讨其生存和发展的最一般规律的科学。[①] 人学并非马克思主义的原创，它拥有长期的发展历史。按照历史进程大致可以分为古代自然主义人学、中世纪神秘主义人学、文艺复兴人学、近代唯物主义人学以及德国古典时期理性主义和人本主

---

① 张奎良：《马克思人的本质概念的演绎程序》，《马克思主义研究》2014 年第 11 期。

义人学 5 个阶段。马克思主义不仅吸收了以往人学的一切优点，并超越了以往哲学的局限性，在人的本质、人的价值以及人的发展等问题探讨上作出了自己独特的贡献。

2. 马克思主义人学发展的历史背景

在马克思主义人学之前，人类已经开始有了一个漫长的发展时期。一是古代自然主义的人学思想。在久远的古代，由于生产力水平与认识能力的限制，人们对人本身的认识水平还很低，主要以一种自然主义的态度去看待人的问题。如中国道家的"道法自然"、西方亚里士多德的"人是理性的动物"等。古人对人的探索还是初步的与直观的，很多结论都带有经验的与猜测的性质，还远未从对自然的依赖关系中摆脱出来。二是中世纪神秘主义的人学思想。在漫长的中世纪，由于封建制度与教会专权的密切配合，神成了人的主宰。官方神学极力宣扬神的权威，否定人的尊严、自由与价值，将人世间的一切都归结于神的意志。在这种条件下，人学成为神学的奴婢。三是文艺复兴时期人文主义的人学思想。这一时期人文主义冲破了神学的束缚，人学有了大幅度的进步，它唤醒了人的理性，解放了人们的思想，确立了人在宇宙中的主体地位，从整体上揭示了人的全面性。并对人作了全方位的思考与研究，确立了人学的新视野，实现了对古希腊人学与中世纪人学的双重超越。但它也并未完全摆脱宗教神学的束缚，因而只是一个新的起点。四是近代唯物主义的人学理论。近代由于自然科学的发展，不少思想家开始从这一方向实现了人学的发展，如培根的"知识就是力量"，拉美利特的"人就是机器"等。它进一步批判了宗教神学关于上帝创造人和世界的谬误，奠定了唯物主义人学理论的基础。但是把人性归结于人的自然属性，无疑又有其形而上学的一面。五是德国古典哲学时期理性主义与人本主义的人学理论。自康德到黑格尔的德国古典哲学家们站在理性主义的立场上来理解人。他们反对将人的本性归结为自然属性，强调人是理性的能动的存在物。但是黑格尔的唯心主义哲学体系中，真正能动地创造一切的是"绝对精神"，对人是否定的。费尔巴哈反对黑格尔关于人的抽象理解，主张回到感性的人本主义，并认为人是"自觉的自然本质"，是理性和肉体的统一体。他也探讨了人的社会性，认为人与人必须"共存"。但是，他理解的社会性实际上仍然是自然关系，最终没能迈出走向科学的人学理论的关键一步。①

3. 马克思人学对以往人学的超越

（1）重塑了人学的理论基础

马克思主义哲学立足于实践唯物主义对以往的人学进行了辩证性的批判。对于自然主义人文思想，它肯定了其表现出来的人文精神，但批判了该理论的英雄观；对于文艺复兴的人文思想，它肯定了其表现出来的变革精神，但批判了其在意识形态领域表现出来的资产阶级要求；对于近代唯物主义人学，它肯定了其对人的需要与利益的强调，但批判了其形而上学的一面；对于德国古典哲学理性主义的人学理论与费尔巴哈人本主义人学，它肯定了其表现出来的对人的主体性的强调和发展以及对人的感性与自然的强调，但批判了其对人的主体性的抽象理解以及对人本质自然性的理解。总的说来，实践唯物主义在研究人的时候，不仅克服了唯心主义对人理解的局限性，而且超越了形而上学对人的理解，创立了新的人学。

（2）颠覆人学中的传统范式

马克思主义哲学以前，有哲学讲过人是精神的存在（黑格尔哲学），也有人讲过人是物质的存在（费尔巴哈哲学），唯独没有人讲过人是实践的存在。马克思主义人学产生后，人不再被看成这样一种现成的存在，反而是一个不断发展的存在，哲学家需要在人的不断发展中，尤其是在实践中去理解。马克思强调，人并不是以直观的方式面对自然，而是通过社会实践活动与自然发生关系。不仅是人，马克思甚至直接颠覆了过去对"物质"（价值）的理解，将物质从过去哲学家理解的可感知的有形实体，扩展成为人的实践活动以及人在实践活动中形成的社会关系，亦即无产者和劳动者才是最有价值的。至此，马克思完成了人学传统范式的彻底转换。②

---

① 萧焜焘：《从黑格尔、费尔巴哈到马克思》，商务印书馆 2018 年版，第 3—13 页。

② 李士坤：《马克思主义哲学对人学的十大突破》，《北大马克思主义研究》2013 年总第 3 辑。

（3）扩展了人学的理论功能

传统人学基本上是基于英雄史观，服务的是一部分人尤其是占优势地位的统治精英。马克思主义人学则不同，劳动的观点是马克思主义人学首要的和基本的观点。它将关注点放在劳动阶层，尤其是最广大的劳动群众之上，运用了唯物史观科学地回答了历史发展的动力、历史发展的方向等问题，为无产阶级和人民群众提供了认识自身、发展自身与解放自身的科学的理论武器。

4.马克思主义人学的基本内容

正如前面所论述的，马克思主义人学是在批判性地吸收以往一切人学的基础上发展起来的，并实现了人学的变革。它的基本内容同样非常丰富，学者们对此论述颇多，鉴于本书的主题和篇幅，这里主要论述其基本内容：马克思主义对人的本质、人的价值以及对人的发展的理论。

（1）对人的本质的论述

马克思主义人学以"现实的个人"作为逻辑起点，主张"我们的出发点是从事实际活动的人"[1]，其关于人的论述都是围绕这一基点展开的。重视以实践活动为基础的人的主体性是马克思主义人学的一个显著特征。人的主体性是人在创造自己历史的活动中所表现出来的能动性、创造性和自主性。能动性是人的主体性最基本的内涵，创造性的实质是对现实的超越，自主性是人的主体性的最高层次。关于人的主体性，马克思历来主张"人始终是主体"，重视以实践活动为基础的人的主体性是马克思的"新唯物主义"区别于旧唯物主义的显著特征。[2] 在马克思看来，人的属性是多元的。首先，人是实践存在物。劳动（生产）是人实践活动最基础和最基本的形式，在这种自由自觉的实践活动中，客体和主体都在发生着积极的变化。其次，人的本质还在于人的社会属性，"人的本质不是单个人所固有的抽象物，在其现实

---

① 《马克思恩格斯文集》第1卷，人民出版社2009年版，第525页。

② 宋德勇、路日亮：《马克思主义人学视域中"现实的个人"刍议》，《江汉论坛》2010年第11期。

性上，它是一切社会关系的总和"①。最后，人是一种对象性存在物。实践是一种对象性的活动，应该"把人的活动本身理解为对象性的活动"②，所以说人是实践存在物，也就是说人是一种对象性存在物。人作为主体包含着丰富的本质力量，但是这些本质力量是以潜在的方式存在着。潜在的本质力量需要一个对象化的过程，才能获得公开的展示，人正是通过这一现实的对象化过程和相应的结果来确证自己的主体地位和反观自己的主体力量。

（2）对人的价值的论述

人的价值，就是人对人的意义，是人与人之间的社会关系。在马克思的哲学中，人是分为个人、集体、社会等不同形式的。人的价值形式主要有：个人对社会的价值、社会对个人的价值、自我价值。三种形式的价值在原则上是统一的，对于个人来说，只有对社会有所贡献，个人才能有所享受；对于社会来说，只有重视个人的需要，才能强调个人对社会的贡献。人们的劳动、生产必须结成一定社会关系才能进行，完全脱离群体孤独的个人根本无法从事劳动或其他实践活动。而人们之间的社会关系也总是为了从事生产或其他实践，脱离了实践和生活的需要就失去了发生关系的必要。现实的客观存在的人，都要彼此结成一定的社会关系，不断地从事生产劳动和其他实践活动，才能生存和发展。实践性和社会性是构成人的本质不可或缺的两个要素。只讲生产劳动、实践，或者只讲社会关系，都只有片面的真理性，都没有抓住马克思在人的本质观上超越前人的关键。只有把实践性和社会性这两个要素辩证地结合起来，才能把握现实的人的真正本质，这是马克思人的本质观的精华。

3. 对人的发展的论述

人的发展问题则是马克思主义人学理论的落脚点，它追求的根本价值目标是人的自由而全面发展。"人的发展"是马克思一生始终关注的一个重要问题。③ 在《资本论》中明确宣称，共产主义是以"每个人的全面而自由

---

① 《马克思恩格斯文集》第 1 卷，人民出版社 2009 年版，第 501 页。
② 《马克思恩格斯文集》第 1 卷，人民出版社 2009 年版，第 503 页。
③ 《马克思恩格斯文集》第 1 卷，人民出版社 2009 年版，第 182—197 页。

的发展为基本原则的社会形式"①。马克思还指出，人的存在是自然存在、社会存在和精神存在的统一，人的发展就是在社会实践基础上人的自然素质、社会素质和心理素质的发展，就是在人的各种素质综合作用的基础上人的个性发展。人的个性发展除人的某一种素质改善和提高外，主要表现在：一是人的独特性发展，没有差异就没有个性。正如马克思批判"粗陋的共产主义"时说："这种共产主义——由于它到处否定人的个性——只不过是私有财产的彻底表现"②。二是人的自主性的发展。人的个性的发展一个很重要的方面就是人的自主性的发展，或者说只有自主的人才可能是真正的有个性的人。

（二）人才观作为马克思主义人学的一部分

1. 马克思主义人才观概说

从人的本质看，因为"劳动是人的类特性"，这种"群体劳动"的"类特性"即成为马克思主义人才观的基本要素；从人的价值看，与"物的价值"大相径庭，它是更多更充分地体现在社会关系中，人既是目的也是手段，它亦是马克思主义人才观的另一基本要素；再从人的发展理念看，自由而全面发展是人的大方向，但人的发展过程在马克思眼里不仅仅满足于人的才能不断得到全面发展，而是在此基础上得到更高层次的发展，从而实现每个人的"双重价值"理想。基于以上三方面因素，作为马克思主义人学的独特的人才观是：符合人的本质，有利于自我价值和社会价值的创造，朝着自身自由而全面发展的理想努力奋斗，这样的劳动主体就是人才。马克思的人才观是基于人性层面的揭示，人才的劳动是合目的性与合规律性的统一。它并没有忽略和排斥任何个人，人才的影响大小与每个人的劳动效果以及所处时代的历史演变实际密切相关。

2. 人的"全面发展"的提出及其意义

马克思主义人学视域下的人才观，其核心即在深入理解和把握关于人

---

① 《马克思恩格斯全集》第23卷，人民出版社1972年版，第649页。
② 《马克思恩格斯文集》第1卷，人民出版社2009年版，第183—184页。

的"全面发展"的思想。从现有史料看，欧文在《人类思想和实践中的革命》中，曾为了目前一代和未来各代的幸福，明确提出要通过教育"培养智、德、体全面发展的、有理性的男男女女"①。马克思充分肯定了欧文关于人的全面发展主张；同时又指出，欧文认为只要通过教育"培养智、德、体全面发展"的人就可以铲除剥削压迫、人类美好的世界就会自然而然地到来是一种空想。马克思主义认为，人的全面发展"只有在共同体中，个人才能获得全面发展其才能的手段"②；或者说外部世界对个人才能的实际发展所起的推动作用能为个人本身所驾驭③。而这一结果，就必须消灭剥削，消灭私有制，建立起全新的公有的社会制度。马克思在《资本论》中还明确宣称，共产主义就是以"每个人的全面而自由的发展为基本原则的社会形式"。事实上，实现人的全面发展这个终极目标，由于生产力、生产资料所有制以及人类文明发展方式的限定，在马克思主义看来，人的全面发展总是有限和无限的统一，切不能因在实现总目标中的不够充分全面而影响当下努力。所以，马克思称古希腊为人类"发展得最完美的"时代④；恩格斯赞美"文艺复兴"是在思维能力、热情和性格方面，在多才多艺和学识渊博方面的巨人的时代⑤。可以认为，马克思主义人的全面发展同实现共产主义理想相结合，人的体力和智力、能力和志趣、道德精神和审美情感等全面发展本就是一个不断渐进的过程。即使在社会主义阶段，同样仍未摆脱社会分工强加于人的片面性⑥，但毕竟可逐步实现个人价值小尺度和社会价值大尺度的统一，马克思主义关于人的全面发展学说同样具有现实意义。综合来看，人的全面发展虽然不是马克思主义产生后提出的新问题，但只有马克思主义创造者对人的全面发展第一次作出了全面科学的解释。

---

① ［英］欧文：《欧文选集》第 2 卷，柯象峰等译，商务印书馆 1981 年版，第 133 页。
② 《马克思恩格斯文集》第 1 卷，人民出版社 2009 年版，第 571 页。
③ 《马克思恩格斯文集》第 7 卷，人民出版社 2009 年版，第 928—929 页。
④ 《马克思恩格斯文集》第 8 卷，人民出版社 2009 年版，第 36 页。
⑤ 《马克思恩格斯文集》第 9 卷，人民出版社 2009 年版，第 409 页。
⑥ 《马克思恩格斯文集》第 1 卷，人民出版社 2009 年版，第 537 页。

3. 马克思主义人才观的哲学内涵

马克思主义人才观作为马克思主义哲学的一部分，是对人才问题的深刻思考和阐述。马克思主义人才观强调了人才的社会属性、历史作用、全面发展和社会作用，为我们认识和培养人才提供了重要的理论指导。全面阐述其理论内涵、实践价值和现实意义，对于我们深入理解和开展人才工作具有重要的指导意义。

马克思主义人才观的核心思想包括以下几个方面：第一，人才的社会属性。马克思主义认为，人才是社会的产物，人的才能和潜力是在特定社会环境中培养和发展起来的。人才的形成与社会生产力、生产关系和社会制度等因素密切相关。人才不是与生俱来的，而是通过社会实践和教育培养而得到发展和提高的。第二，人才的历史作用。马克思主义认为，人才在社会历史的发展中发挥着重要作用。人才的思想、创新和实践推动了社会的变革和进步。人类社会的发展离不开杰出的思想家、科学家、艺术家、政治家等各个领域的人才的贡献。人才是推动社会发展的重要力量和源泉。第三，人才的全面发展。马克思主义倡导人才的全面发展，包括自由选择和废除私有制是其前提；"全面"是指人的体力和智力、能力和志趣、道德精神和审美情趣等多方面的发展；人的全面发展观点是同实现共产主义的理想结合在一起的；全面发展是人的权利和需求，亦是社会进步和需要。① 第四，人才的社会作用。马克思主义认为，人才是推动社会发展的重要力量和生产要素。人才的创新能力、专业知识和技能对于推动科学技术进步、经济发展和社会进步具有重要意义。社会应该创造有利于人才发展和发挥作用的制度环境，充分发挥人才在各个领域的作用，推动社会的繁荣和进步。第五，人才培养和使用。马克思主义主张注重人才的培养和使用，为人才提供广阔的发展空间和机会。人才的培养应该注重实践教育、全面素质的培养，培养人才要与实际工作相结合，注重理论与实践的结合。人才的使用应该根据其专长和潜

---

① 傅资云：《人的全面发展在马克思主义教育学说中的地位》，《湖南师范学院学报》（社会科学版）1983 年增刊。

力，充分发挥其才能。

4.马克思主义人才观的实践价值及其影响

马克思主义人才观不仅具有重要的理论内涵，还具有深远的实践价值。一方面，促进人的全面发展。马克思主义人才观提倡人的全面发展，注重培养人的智力和体力，关注个性的解放和精神层面的发展。这为人们实现自身的全面发展提供了理论依据和指导。在实际工作中，我们要通过教育、培训等手段，为人才提供全面的成长和发展机会，使人们在各个方面得到充分发展。另一方面，激发人才的创造力。马克思主义人才观认为，人才是社会创造力的重要源泉。只有充分发挥人才的创造力，才能推动社会的进步和发展。马克思主义人才观通过注重实践、培养人的创新意识和能力，为人才的创造力发挥提供了基础。除此之外，还可以有效推动社会主义建设。马克思主义人才观的实践价值体现在对社会主义建设的推动上。社会主义建设需要大量的优秀人才，而马克思主义人才观为我们在社会主义建设中培养和发展人才提供了科学的指导和方法。只有通过人才的全面发展和充分发挥，才能推动社会主义事业的进步和发展。

马克思主义人才观对当前我国深入实施新时代人才强国战略和实施创新驱动发展战略具有重要的现实意义。第一，优化人才培养体系。马克思主义人才观要求注重人才的全面发展，提倡实践成才。在实践中，我们要优化人才培养体系，加强综合素质教育，培养具有创新精神和实践能力的人才。同时，要加强与产业、科技的结合，提供多样化的培养模式和机会，推动人才培养与社会需求的对接。[①] 第二，推动科技创新和经济发展。马克思主义人才观强调人才的创造力和创新能力，这对于推动科技创新和经济发展至关重要。在当前创新驱动发展的时代背景下，我们要注重培养和引进高层次的科技人才，提供良好的创新创业环境，激发人才的创新潜能，推动科技创新和经济发展的良性循环。第三，加强人才管理和激励机制建设。马克思

---

① 雷雅婷、郑元景：《马克思主义人才观对高校人才培养的启示》，《福建教育学院学报》2019年第1期。

主义人才观强调党管人才，这对于保证人才工作的科学性和有效性具有重要意义。在实践中，我们要加强人才管理和激励机制建设，营造公平公正的竞争环境，激发人才的积极性和创造力。同时，要建立健全人才评价体系，注重人才的实绩和贡献，推动人才的合理流动和良性竞争。第四，构建人才合理流动机制。马克思主义人才观强调人才在实践中的成长和发展，要求注重人才的合理流动。在当前社会变革和经济发展的过程中，我们要构建人才合理流动机制，鼓励人才在不同领域、不同地区间流动，充分发挥其才能。同时，要避免人才过度流失，为人才提供良好的发展环境和待遇，吸引人才回归和留下。第五，营造良好的人才发展环境。马克思主义人才观强调人才发展环境的重要性。在实践中，我们要营造良好的人才发展环境，包括教育、就业、生活等方面的条件。要加强教育改革，提供优质的教育资源，让每个人都有平等的发展机会。同时，要改善人才的生活和工作环境，提供良好的福利待遇，使人才的发展得到充分的保障。

综上所述，马克思主义人才观作为马克思主义理论的重要组成部分，具有深刻的理论内涵、重要的实践价值和现实意义。在当前推进人才强国战略和实施创新驱动发展战略的过程中，我们要深入贯彻落实马克思主义人才观，优化人才培养体系，推动科技创新和经济发展，加强人才管理和激励机制建设，构建人才合理流动机制，营造良好的人才发展环境，以实际行动推动我国人才事业的发展和国家的繁荣。

（三）马克思主义人学对学校树人工作的启示

作为社会主义的中国，当下人才培养正处于马克思主义人才观"全面发展"终极目标的上升时期。遵照马克思主义的人学思想，它对我们树人工作的启示是多方面的。

1. 以高质量党建引领高校立德树人

党的二十大报告提出，"育人的根本在于立德。全面贯彻党的教育方针，落实立德树人根本任务，培养德智体美劳全面发展的社会主义建设者和接班人"①。坚持党对高校的全面领导是新时代中国特色社会主义教育事业发展的根本保证，立德树人是发展中国特色社会主义教育事业的根本任务，学校要以高质量的党建引领高校立德树人。

（1）要加强学校党委的核心引领作用

要充分发挥学校党委纵览全局协调各方的领导核心作用，正确地把握高校育人的目标、任务和具体举措，通过明确的方向引领和目标任务，形成党建引领、组织推动、齐抓共管的育人新格局。

（2）要练好基层党建"内功"

通过指导基层党组织因地制宜、系统谋划，抓好基本制度规范落实，教育引导党员常态化参加组织教育实践、接受党性锤炼、提高政治能力，同时通过科学安排党日活动，量化党员政治学习、遵章守纪、参与活动、表率示范等评议标准，真正把党员模范作用发挥出来。

2. 以高品质课程拓宽学校育人新途径

习近平总书记指出："'大思政课'我们要善用之，一定要跟现实结合起来。"②为贯彻落实习近平总书记重要指示精神和党中央决策部署，教育部等部门印发《全面推进"大思政课"建设的工作方案》，强调充分调动全社会力量和资源，推动思政小课堂与社会大课堂相结合。

（1）坚持课堂教学为第一课堂

首先我们要充分发挥思政课程的关键作用，用习近平新时代中国特色社会主义思想铸魂育人，引领同学们厚植爱国主义情怀，增强对马克思主义的信仰、对中国特色社会主义的信念和对中华民族伟大复兴的信心。同时要加强课程思政建设，充分挖掘课程中的思政元素，对同学们在进行专业能力提升的同时也能进行思想的洗礼。

（2）开展好实践课程第二课堂

习近平总书记反复强调要把马克思主义和中国的实际相结合，和中国

---

① 习近平：《习近平著作选读》第 1 卷，人民出版社 2023 年版，第 28 页。
② 习近平：《"大思政课"我们要善用之》，《人民日报》2021 年 3 月 7 日。

优秀传统文化相结合，那实践课程必不可少，通过实地调研考察的方式让同学们深深扎根中国大地了解本土文化，可以有效地提升育人效果。比如常德附近的陈能宽故居、王新法教学基地等都能让同学们通过本土优秀文化了解到这片土地上发生的感人故事。

（3）利用好网络课程第三课堂

信息化教学是高校教学发展的重要方向，它可以有效地扩展学生学习的空间。高校针对不同课程要采用线上线下相结合，引导同学们积极地运用网络资源进行课程的扩展学习，同时在重大事件节点要快速主动出击，利用新媒体抓住热度，引导同学们去辨别问题、分析问题和解决问题。

3. 以高水平教师队伍夯实高校育人基础

2022年4月25日习近平总书记在中国人民大学同师生代表座谈时谈道："对教师来说，想把学生培养成什么样的人，自己首先就应该成为什么样的人。培养社会主义建设者和接班人，迫切需要我们的教师既精通专业知识、做好'经师'，又涵养德行、成为'人师'，努力做精于'传道授业解惑'的'经师'和'人师'的统一者。"[①]

（1）加强师德师风教育

党的十八大以来，习近平总书记多次对加强师德师风建设作出重要指示批示，党的二十大报告也提出："加强师德师风建设，培养高素质教师队伍"[②]。为此，一是加强职前师德师风培训，把师德师风教育作为新老师培训的关键组成部分，通过讲座和实践活动的方式让新进教师深刻地感受到师德师风建设的重要性。二是强化职后师德师风培养，要做好高校师德师风教育常态化机制，通过开学第一课、党课、主题教育等形式打造多样化师德师风教育。三是通过打造学校师德师风教育品牌，如了进一步发挥先进典型示范引领作用湖南文理学院打造的师德师风宣讲团，为全校教师讲好师德师风故事，传递师德师风力量，创新师德师风教育形式，创亮师德师风建设

---

① 习近平：《坚持党的领导传承红色基因扎根中国大地　走出一条建设中国特色世界一流大学新路》，《人民日报》2022年4月26日。

② 习近平：《习近平著作选读》第1卷，人民出版社2023年版，第28页。

品牌。

（2）加强专业能力建设

一是以"教师发展中心"为平台，建立系统的教师专业能力培养体系。通过不同类型的讲座、研讨、培训、座谈等方式，为教师的教学技能、科研水平、社会服务能力的发展与改进提供有效的指导和帮助。二是采用因材施教的方式对教师进行差异化培养和管理。面对不同类型教师成长发展的需求可以更好地创新培养的方式，让不同类型的教师可以各得其所，提高培训的时效性，还可通过"师徒结对"的方式为教师专业能力的提升提供个性化的辅导。

4. 以高水平家校社合作促进学生全面发展

党的二十大报告明确提出：健全学校、家庭、社会育人机制，加强家庭家教、家风建设。从国家发展战略的高度，强调了家庭和家庭教育的重要性，以及家校社协同育人的必要性。

（1）加强家庭教育

习近平总书记在多个场合反复强调："我们都要重视家庭建设，注重家庭、注重家教、注重家风。"① 家庭是人生的第一个课堂，父母是孩子的第一任老师，有什么样的家教，就有什么样的人，家风是社会风气的重要组成部分。家长要主动营造良好的家庭氛围，以身作则地帮助学生树立正确的人生观、世界观和价值观，家校合作才能真正为学生的健康成长提供和谐的环境。

（2）加强社会合作

马克思在谈到人的本质时说道："人的本质不是单个人所固有的抽象物，在其现实性上，它是一切社会关系的总和。"② 一个人的言行会有意无意地影响着身边的人，甚至会影响我们的社会，同时社会所展现出来的价值观也深刻地影响着每一个人。所以高校在育人的过程中一定要利用好社会资源，要发挥好社会资源的助推作用。尤其要利用学生身边的人和身边的事去宣扬

---

① 习近平：《在 2015 年春节团拜会上的讲话》，《人民日报》2015 年 2 月 18 日。

② 《马克思恩格斯文集》第 1 卷，人民出版社 2009 年版，第 501 页。

正确的社会价值，积极传播主旋律和正能量，为学生发展提供良好的社会环境。

（3）营造良好的网络环境

习近平总书记在谈到社会主义文化建设时反复强调互联网的重要性以及领导干部要善用网络："网民来自老百姓，老百姓上了网，民意也就上了网。群众在哪儿，我们的领导干部就要到哪儿去。"[1] 因此高校立德树人一定要加强网络阵地的建设，运用微信公众号、抖音、微博、哔哩哔哩等网络平台，用学生喜闻乐见的方式进行宣传，去传递正能量、发扬主旋律，讲好中国故事，传播好中国声音。但更为重要的是要引导学生如何科学运用网络资源、如何辨别网络上纷繁复杂的信息和一些鱼龙混杂的错误观点。

（四）新时代立德树人的提出

教育是国之大计，党之大计。当今世界正处于百年未有之大变局，我国在这个大发展、大变革、大调整的关键时期，通过教育抓好后继有人的问题尤为关键。党的十八大报告明确指出，"把立德树人作为教育的根本任务"[2]，这为新时代教育发展和人才培养指明了方向。

1. 理论逻辑

新时代立德树人具有鲜明的与时俱进的理论品格，充分体现出传承与发展的强大活力。

马克思主义人学理论为新时代立德树人的提出提供理论依据。实现人自由而全面的发展是马克思主义人学理论的最终目标与价值追寻。立德树人，其实质离不开特定社会的阶级属性和政治属性，从根本上来说，是一种以人为主体的社会实践活动。习近平总书记在关于立德树人的重要论述中，以人为主体，反复强调要突出学生的主体地位，尊重学生的特点及发展规律，积极引导学生符合社会主义核心价值观的发展方向，为逐步实现学生德

---

① 习近平：《习近平著作选读》第 1 卷，人民出版社 2023 年版，第 472 页。

② 《十八大以来重要文献选编》上，中央文献出版社 2014 年版，第 27 页。

智体美劳全面发展的社会主义建设者和接班人创造了有利条件。这些重要论述都是从马克思主义人学理论中发展而来。

中国共产党领导人的德育思想为新时代立德树人的提出提供了重要支撑。中国共产党自成立以来，高度重视人才培养的工作，特别是把德育放在突出位置。在不同的历史时期，中国共产党围绕德育这个核心工作主题，从不同维度不同方面展开了系列阐述，立德树人的教育思想从初创逐步走向成熟。毛泽东同志指出，要有坚定正确的政治方向，大力推进政治教育，特别是共产主义远大理想信念的教育。邓小平同志也强调，要加强对青年人的理想教育。习近平立德树人的重要论述既与历代中国共产党人的德育思想一脉相承，又体现了独特的创新性。如，提出的"四为"方针对高校的办学目标和价值取向作出了明确的界定和要求，明确了立德树人是高校"立身之本"和"中心环节"等。①

中华优秀传统德育文化为新时代立德树人的提出提供了文化底蕴。中华优秀传统文化是中华民族的根基与血脉，"重教崇德""明德慎罚""内圣外王""尚贤尚同"等中华传统文化充分体现了古代先贤们所追求的立德树人的教育要求。这些传统文化中蕴含了以德修身、以德化人、以德治国的教育目标，为当前德育思想的实现提供了大量理论资源。但同时我们应看到，这些传统文化中不仅包含了优秀的基因，还夹杂着糟粕的内容。因此，应批判性地继承传统文化中的德育思想，在基于我国现实发展的时代要求上，对中华优秀传统文化中蕴含的德育文化进行创造性转化与创新性发展。

2. 历史逻辑

回顾中国共产党的百年历史，从新民主主义革命时期到中国特色社会主义新时代，立德树人始终被我们党摆在教育的突出位置。具体而言，中国共产党百年立德树人的历史进程大致分为四个阶段。

第一阶段，新民主主义革命时期，革命性和政治性成了这一时期立德

①　余双好、王军：《中国共产党百年征程中对思想政治教育的探索与创新》，《福建师范大学学报》（哲学社会科学版）2021 年第 6 期。

树人的中心任务。近代中国在"救亡图存"的道路上，历经了大革命、土地革命、抗日战争和解放战争。在这一时期，中华民族尖锐的社会矛盾和激烈的反帝反封建斗争，要求必须培养青少年的革命斗争精神和爱国主义情怀，让广大青年成为具有共产主义远大理想的无产阶级革命者。革命性和政治性成了这一时期立德树人的中心任务。在教育的具体过程中，主要是利用报刊、宣传手册、标语、夜校、识字班等方式，对马克思主义理论进行解读。并结合中国革命的现实状况，宣传党的政策、主张和政治纲领，培养了新民主主义革命人才。

第二阶段，社会主义革命和建设时期，培养"有共产主义远大理想"和"有社会主义觉悟的有文化的劳动者"，成了立德树人的重要内容。新中国的成立使中华民族发生了根本性的变化，推进社会主义革命和建设成了当时的主要任务。培养"有共产主义远大理想"和"有社会主义觉悟的有文化的劳动者"，成了立德树人的重要内容。1951年，全国中等教育会议提出要使青年一代在智育、德育、体育、美育各方面获得全面发展。1957年，毛泽东明确指出，"我们的教育方针，应该使受教育者在德育、智育、体育几方面都得到发展"[①]。这一时期，通过讨论、说服、批评与自我批评等方法，强化青少年的爱国主义和社会主义情怀，培养了社会主义革命和建设人才。

第三阶段，改革开放和社会主义现代化建设新时期，培养为社会主义现代化建设服务的"四有"新人和德、智、体、美、劳全面发展的社会主义建设者和接班人，成了立德树人的重要内容。随着十一届三中全会的召开，中国共产党重新确立了以经济建设为中心的工作任务。培养为社会主义现代化建设服务的"四有"新人和德、智、体、美、劳全面发展的社会主义建设者和接班人，成了立德树人的重要内容。1994年，《中共中央关于进一步加强和改进学校德育工作的若干意见》指出，通过教育系统培养学生的"五爱"（爱祖国、爱人民、爱劳动、爱科学、爱社会主义）情感、文明的行为习惯、良好的道德品质和科学的价值观念。在改革开放持续深入推进的过

---

① 《毛泽东文集》第7卷，人民出版社1999年版，第226页。

程中，发挥学校的主阵地作用，在尊重人成长成才的客观规律基础上，科学地、系统地进行道德教育和意识形态教育，培养了社会主义现代化建设人才。

第四阶段，中国特色社会主义新时代，教育要落实好"立德树人"这个根本任务。党的十八大以来，国内国际的形势更加复杂多变，在我国社会主义现代化强国建设的新征程上，中华民族要想实现民族复兴的伟大重任，必须解决好"培养什么人、怎样培养人、为谁培养人"的根本问题。对此，习近平总书记在全国教育大会上明确指出，"培养什么人，是教育的首要问题。……我们的教育绝不能培养社会主义破坏者和掘墓人……教育的失败是一种根本性失败"①。党的二十大报告指出，"育人的根本在于立德"。"弘扬以伟大建党精神为源头的中国共产党人精神谱系，用好红色资源，深入开展社会主义核心价值观宣传教育，深化爱国主义、集体主义、社会主义教育，着力培养担当民族复兴大任的时代新人。"② 在教育的过程中，加强社会、学校和家庭的协同育人机制建设，形成良好的各方联动育人机制。

3. 现实逻辑

习近平总书记立德树人的重要论述是基于国内国外深刻的现实状况，把握新时代人民群众对教育的新期待，总结当前我国教育工作的新特征，紧抓中国特色社会主义实践的新要求，不断丰富与发展。

（1）中华民族伟大复兴战略目标实现的新使命

2021 年 7 月 1 日，习近平总书记提到，"今天，我们比历史上任何时期都更接近、更有信心和能力实现中华民族伟大复兴的目标，同时必须准备付出更为艰巨、更为艰苦的努力。"③ 实现中华民族伟大复兴是几代中华儿女的共同追求。当今世界，经济全球化、世界多极化进一步加强，国际形势更加复杂，要想在激烈的国际竞争中立于不败之地，必须解决好人才培养问题。中华民族伟大复兴战略目标的实现，需要一代又一代青年接力前行。习近平

---

① 习近平：《习近平著作选读》第 2 卷，人民出版社 2023 年版，第 195 页。

② 习近平：《习近平著作选读》第 1 卷，人民出版社 2023 年版，第 28、36 页。

③ 习近平：《习近平谈治国理政》第 4 卷，外文出版社 2022 年版，第 12 页。

总书记指出教育的根本任务是"立德树人",这为中华民族伟大复兴人才的培养指明了方向。

（2）新时代人民群众对我国教育提出的新要求

改革开放 40 多年来，我国的教育事业发生了翻天覆地的变化，为全球文明进步培养了大批高素质人才。但同时，我国进入中国特色社会主义新时代这一新的历史方位，人民群众对我国的教育要求和期待越来越高。坚持以人民为中心发展教育，落实好立德树人的根本任务，加快建设高质量教育体系，办好人民满意的教育成为新的发展目标。

（3）当前高校思想政治教育工作面临的新挑战

自中国共产党成立以来，十分重视思想政治教育工作的建设。新中国成立以来，在党的教育方针指导下，我国德育工作成果丰硕、效果显著提升。但随着改革开放的持续深入推进，社会形势愈加复杂多变。受市场经济的冲击和科技革命的影响，高校大学生成了各类错误思潮的重点侵蚀对象，部分大学生理想信念不坚定，道德行为失范，个人主义、功利主义倾向明显等问题日趋凸显。特别是融媒体时代的到来，加大了高校思想政治教育工作的难度。新时代立德树人的要求为我国当前高校思想政治教育提供了重要指导意义，对我国教育事业的发展和进步有着巨大的促进作用。

二、立德树人的目标、方法与价值

立德树人是新时代贯彻党的教育方针的本质要求，落实立德树人这一根本任务，必须明确"立什么德""树什么人""如何立德树人"，必须厘清立德树人的时代内涵与实施路径，将立德树人落地生根。

"培养什么人、怎样培养人、为谁培养人"回答的正是立德树人的目标、方法与价值问题。习近平总书记多次强调指出，"培养什么人、怎样培养人、为谁培养人是教育的根本问题。育人的根本在于立德"[1]。这一论断既

---

① 习近平：《习近平著作选读》第 1 卷，人民出版社 2023 年版，第 28 页。

彰显了习近平总书记作为马克思主义政治家、思想家、战略家对教育根本问题的科学把握，体现了教育工作逻辑上的环环相扣和衔接递进，更是强调立德树人的目标、方法与价值。凸显了"教育是国之大计、党之大计"的战略地位，进一步阐明了立德树人作为教育强国根本任务、在实现中华民族伟大复兴战略全局中的重大意义。

（一）培养什么人

"培养什么人"是教育的首要问题，也是我国高等教育的根本问题之一。本质上回答的是我国高等教育的目的问题，只有目的明确，高等教育才能高质量发展。习近平总书记在党的二十大报告中强调："全面贯彻党的教育方针，落实立德树人根本任务，培养德智体美劳全面发展的社会主义建设者和接班人。"① 习近平总书记站在国家发展、民族复兴的高度为我国教育工作规定了整体的目标导向。"德智体美劳全面发展"的教育要求是伴随着时代变迁不断丰富完善的，从最初的"德智体全面发展"再到"德智体美全面发展"，在新时代又将劳动教育纳入其中，体现出我们国家教育工作是不断调整的，它与党和国家事业的发展、人民群众对美好生活的向往相匹配。"社会主义建设者和接班人"的定位则是由我国社会主义的国家性质决定的："每个国家都是按照自己的政治要求来培养人的，世界一流大学都是在服务自己国家发展中成长起来的。我国社会主义教育就是要培养社会主义建设者和接班人。"②

习近平总书记在清华大学考察谈到大学专业人才培养时进一步指出："广大青年要肩负历史使命，坚定前进信心，立大志、明大德、成大才、担大任，努力成为堪当民族复兴重任的时代新人，让青春在为祖国、为民族、为人民、为人类的不懈奋斗中绽放绚丽之花。"③ 培养有大志、大德、大才、大任的时代新人，正是当今大学人才培养中不懈追寻的具体目标。

① 习近平：《习近平著作选读》第 1 卷，人民出版社 2023 年版，第 28 页。
② 习近平：《在北京大学师生座谈会上的讲话》，《人民日报》2018 年 5 月 3 日。
③ 习近平：《论教育》，中央文献出版社 2024 年版，第 209 页。

1. 培养立大志之人

青年有大志，方能成大事。纵观历史，但凡成就一番伟业之人，必先确立远大志向。志不立，天下无可成之事。青年人志向坚定，胸中自会激荡起强大的精神力量，自觉将党的事业、国家与人民的需要作为自己毕生的追求，激励其奋发向前，用实际行动为党分忧、报国安民。习近平总书记在庆祝中国共产党成立一百周年大会上还曾明确提出："新时代的中国青年要以实现中华民族伟大复兴为己任，增强做中国人的志气、骨气、底气。"① 将志气、骨气、底气作为整体要求勉励青年，使青年人在学习奋斗的过程中旗帜鲜明、步伐坚定，成就自我、造福人民。

理想指引青春航向，信念决定事业成败。成长于新时代的中国青年，拥有更加光明的发展前景，但由于涉世经验不足，很容易在多种社会思潮的影响下，思想意志发生动摇，迫切需要用理想信念之光来照亮前行之路。习近平总书记在十八届中央政治局第一次集体学习时的讲话中，将理想信念比作共产党人精神上的"钙"，理想信念的缺乏或不坚定，就会导致精神上"缺钙"而得"软骨病"。对于青年人而言亦是如此，"教育就是要培养中国特色社会主义事业的建设者和接班人，而不是旁观者和反对派"②。青年学生要积极参与到祖国的建设中来，就必须树立共产主义远大理想，坚定中国特色社会主义共同理想，坚定听党话、跟党走的政治信念，方能在是非对错面前保持清醒的判断力和定力，树立正确的目标并为之奋斗。为此，大学应当做好思想政治教育工作，做好思想上的引领，帮助广大青年在现代化强国的建设中确立正确的人生目标，使其成为为社会主义事业奋斗终生的可用之才。

2. 培养明大德之人

习近平总书记曾在北京大学师生座谈会上勉励青年："养大德者方可成大业"；同时还指出："国无德不兴，人无德不立"。③ 青年若没有良好的德性，

---

① 习近平：《习近平谈治国理政》第 4 卷，外文出版社 2022 年版，第 14 页。

② 《习近平会见清华大学经济管理学院顾问委员会海外委员和中方企业家委员》，《人民日报》2017 年 10 月 31 日。

③ 习近平：《习近平谈治国理政》第 1 卷，外文出版社 2018 年版，第 173、168 页。

即便拥有旷世之才也难以将才智用于恰当之处，相反还会招致祸患。因此，党的二十大报告又再次强调："育人的根本在于立德"①。我们党在各个历史时期都将"德育"放在人才培养的关键位置。新时代背景下，党的教育方针更加突出立德，建设教育强国也提出了立德的根本要求。大学应当始终坚持落实立德树人根本任务，"加强和改进未成年人思想道德建设，推动明大德、守公德、严私德，提高人民道德水准和文明素养"②，能够成长为德才兼备的高素质人才。

显然，"明大德"是相对于"公德""私德"而提出的。结合习近平总书记多次讲话思想，"明大德"者主要包括以下几个方面。

（1）明"共产主义理想和中国梦"之德

亦即首先要铸牢理想信念，自觉做共产主义远大理想和中华民族伟大复兴中国梦的坚定信仰者和忠实实践者。习近平总书记 2016 年 12 月在全国高校思想政治工作会议上指出，要引导学生"不断树立为共产主义远大理想和中国特色社会主义共同理想而奋斗的信念和信心……勇做走在时代前列的奋进者、开拓者"③；而中国梦又是我们建设社会主义强国、最终实现共产主义理想的必要步骤，正如习近平总书记所强调："实现中华民族伟大复兴是一项光荣而艰巨的事业，需要一代又一代中国人共同为之努力。"④ 中国梦视野宽广，内涵丰富，它必然是大学德育文化的政治方向与价值取向。

（2）明"社会主义核心价值观"之德

加强大学生社会主义核心价值观教育系新时代大学立德树人面临的一项新任务、新使命。习近平总书记在党的十九大报告中指出："要以培养担当民族复兴大任的时代新人为着眼点，强化教育引导、实践养成、制度保障，发挥社会主义核心价值观对国民教育、精神文明创建、精神文化产品创作生产传播的引领作用，把社会主义核心价值观融入社会发展各方面，转化

---

①　习近平：《习近平著作选读》第 1 卷，人民出版社 2023 年版，第 28 页。
②　习近平：《习近平著作选读》第 1 卷，人民出版社 2023 年版，第 37 页。
③　习近平：《习近平谈治国理政》第 2 卷，外文出版社 2017 年版，第 378 页。
④　习近平：《习近平谈治国理政》第 1 卷，外文出版社 2018 年版，第 36 页。

为人们的情感认同和行为习惯。"① 习近平总书记甚至还突出强调："核心价值观，其实就是一种德，既是个人的德，也是一种大德，就是国家的德、社会的德。"② 作为社会主义中国之大学生，必然当率先践履。

（3）明"中华优秀传统文化"之美德

儒家思想历来是中华传统文化之主流。在立德树人方面，其"成人"教育倡导"个人、社会、文化"三位一体论的教育目标，以及"成人""君子""圣人"等理想人格的塑造已成为中国文化精神的内核与重要的优秀的民族基因。这在本书第一章、第二章已有涉及。亦正是基于以上因素，习近平总书记在多个场合均不忘强调，"中华优秀传统文化是我们在世界文化激荡中站稳脚跟的根基"③。他在2018年9月全国教育大会上明确要求大家，"要深入挖掘和阐发中华优秀传统文化中讲仁爱、重民本、守诚信、崇正义、尚和合、求大同的时代价值，转化为学生价值观教育的丰富营养"④。

总体来看，"明大德"者就是作为个体的公民对于国家兴盛、民族强健的一种紧密的情感维系与倾向，并以国家和人民的要求来规范自己的道德行为，在大是大非面前能保持定力，成为有"大爱大德大情怀"之人。

3. 培养成大才之人

"国家发展靠人才，民族振兴靠人才。"⑤ 但究竟要培养什么样的人，这是每一所大学均得慎重对待的。实践是检验大学人才培养质量的唯一标准。如果大学培养出来的人才能够得到最广大人民群众的认可，能够推动社会进步，那么这样的人才就是正向的、积极的；相反，如果培养出来的人不能得到人民群众满意，就业率持续走低，即说明在人才培养上一定是闭门造车，基本未做好顶层设计。少数大学甚至过于重视人才的工具理性，培养的学生

---

① 习近平：《习近平著作选读》第 2 卷，人民出版社 2023 年版，第 35 页。
② 习近平：《习近平谈治国理政》第 1 卷，外文出版社 2018 年版，第 168 页。
③ 习近平：《习近平谈治国理政》第 1 卷，外文出版社 2018 年版，第 164 页。
④ 习近平：《习近平著作选读》第 2 卷，人民出版社 2023 年版，第 199 页。
⑤ 习近平：《深入实施新时代人才强国战略　加快建设世界重要人才中心和创新高地》，《求是》2021 年第 24 期。

虽有本事，但本事越大其负面影响可能更大。这值得反省。

立德树人作为大学根本任务的提出，它对培养什么样的人实际已有内涵规定。然而，人们对"立德"与"树人"这两个概念的关系并非不证自明。以往它们长期在不同领域被分别使用，但很可能使用时对各自优先性的侧重不同而导致实践上的片面性。简而言之，"立德树人"亦可视为大学人才观的一个哲学理念。一方面，立德树人本就是一个整体，是对立德与树人有机关系的理论自觉；或者说，它系"立树人之德"和"树有德之人"的辩证统一。另一方面，立德树人更是对过去实体化思维与工具化倾向的新时代超越，不再囿于专业人才培养"立德目"或"树某一类人"上大费心机，重在根据社会需求培养自由、自主和全面发展的人。当然，我们具体亦可从"德才并重"和"内圣外王"两个方面来阐释所谓"大才之人"。

（1）"德才并重"，培养具有较高综合素质的人

强调以德立人者，立德可以塑造一个"好人"，但也要防止成为一个有德无才者；而重智轻德，树人亦可让人有其专业特长，但最后却成为反面人物的并不少见。因此，习近平总书记特别告诫："当代中国青年要……自觉按照党和人民的要求锤炼自己、提高自己，做到志存高远、德才并重、情理兼修、勇于开拓，在火热的青春中放飞人生梦想，在拼搏的青春中成就事业华章。"[①] 当然，"德才并重"，其"德"与"才"相互依存的辩证关系不能模糊。要切实"做到以树人为核心，以立德为根本"[②]。强调立德树人的首要标准，并非是对立才树人理念的否定，务必要从整体辩证的角度去把握。尤其是在全球科技经济快速发展的当下，对大学生综合素质的要求越来越高，立德树人理念在大学人才培养中的重要意义将愈加凸显。

（2）"内圣外王"，培养具有较强创新型的人

"内圣外王"作为儒家学派"培养什么人"的核心理念，与当下"立德树人"在内涵上虽有差别，但在学理上却是相通的。依据《论语·宪问》等

---

① 《习近平致全国青联十二届全委会和全国学联二十六大的贺信》，《人民日报》2015 年 7 月 25 日。

② 习近平：《在北京大学师生座谈会上的讲话》，《人民日报》2018 年 5 月 3 日。

儒家经典，"内圣"亦即内修圣人之德；"外王"亦即"知行合一"，外强社会事功。"内圣外王，止于至善"，正是儒家的君子人格形象。抛开"内圣外王"的具体所指，从重德性、理性和强事功、实践看，实际亦为立德树人的基本理路。以上比较论说不外突出两点：一是"内圣外王"作为优秀传统文化的普遍性值得借鉴；二是"立德树人"的提出具有深厚的中国文化根底。在"内圣外王"元哲学指导下依据时代不同而赋予新的要求，亦为君子之明智。譬如，知识经济时代人才培养应注重综合素质及其创新性训练亦为"外王"者应有之义。习近平指出："创新是民族进步的灵魂……也是中华民族最深沉的民族禀赋。……青年是社会上最富活力、最具创造性的群体，理应走在创新创造前列。"①

（二）怎样培养人

怎样培养人？这是教育的第二个逻辑起点。习近平总书记在全国高校思想政治工作会议上指出，要坚持把立德树人作为中心环节，把思想政治工作贯穿教育教学全过程，实现全程育人、全方位育人，努力开创我国高等教育事业发展新局面。"怎样培养人"的主体是人，对象也是人，出发点和落脚点都是人。因此，只有坚持以"人"为逻辑起点和核心要素，始终将"立德树人"作为根本任务，以"为党育人、为国育才"为根本目标，牢固树立全员、全程、全方位的育人格局，积极探索实践"三全育人"创新路径，方能化解目前存在的育人主体、育人过程、育人方位问题。

1. 全员育人：促进育人主体向多元协同

全员既包括学生，也包括教工；既包括在职，也包括离退休；既包括专职，也包括兼职；既包括国内师生，也涉及留学生和境外引进教师。

（1）领导干部加强统筹

习近平总书记强调，建设教育强国以及学校思想政治教育"要坚持和加强党对教育工作的全面领导，不断完善党委统一领导、党政齐抓共管、部

---

① 《十八大以来重要文献选编》（上），中央文献出版社2014年版，第279页。

门各负其责的教育领导体制"①。一方面，要求校级领导干部做好育人的顶层设计，建立健全相关规章制度，变"软指标"为"硬约束"，纳入高校整体工作计划中；同时，校领导要带头推动育人精准化，积极通过以开座谈会、下宿舍走访等形式，关心学生的思想状况，走在大学育人的工作前线。另一方面，针对育人各环节的复杂程序，规定各部门的工作职责，使各部门明晰权责、合理分工、提高效率。院系领导干部应结合本院实际，将育人工作与本单位本部门的专业特点、学生的思想动态相结合，制定指向明确、针对性强的育人方案，全力打造具有特色的育人品牌。

（2）辅导员队伍精准引导

辅导员具有复杂角色定位，承担教育教学和日常管理双重职能。辅导员是大学生最亲近、最信赖的老师，是学生在校内的第一联络人，陪伴大学生学习、生活全过程。可以说，辅导员是最了解大学生思想行为状况的人之一，也是推动大学育人必不可少的骨干力量。然而，在现实中，高校辅导员常常因为接管班级众多、日常琐事繁多等问题，无法平衡教育与管理责任，导致工作重心逐渐向行政事务倾斜，忽略自己肩负的立德树人使命。事实上，辅导员的育人任务和管理工作并不矛盾，二者应处于一个"你中有我，我中有你"的共生状态。坚持在育人中做好管理，在管理中融入育人，才是辅导员队伍应尽的职责使命。

（3）教师队伍联合发力

2019 年 3 月 18 日，习近平总书记在学校思想政治理论课教师座谈会上强调："办好思想政治理论课关键在教师，关键在发挥教师的积极性、主动性、创造性。"②结合习近平总书记在全国思品课教师座谈会上的讲话精神，新华社记者吴晶、胡浩总结如下：第一，"政治要强，要让有信仰的人讲信仰"。对教育缺乏理想信仰的教师，是很难做好教育的。第二，"情怀要深"。要热爱教育、热爱学生、尊重学生成长规律，做大学生的知心人、热心人、

---

① 习近平：《扎实推动教育强国建设》，《求是》2023 年第 18 期。
② 习近平：《习近平谈治国理政》第 3 卷，外文出版社 2020 年版，第 330 页。

引路人。第三，"思维要新"。要用新思想统领新时代教育，不断更新自己的教育观念，紧跟时代、紧随民族复兴，解放思想，大胆创新。第四，"视野要广"。往往教师有什么样的教育视野，就有什么样的教育前景，教师要站在振兴民族复兴伟业的角度，胸怀天下，放眼未来。第五，"自律要严"。教师要严于律己，才能以身作则，才能堪为师范。由于大学存在、教师存在的一切都是教育本身，教师的自律品格就是最好的身教资源。第六，"人格要正"。教师人格是塑造学生品格的关键要素，教师人格闪光，闪光的人格就会育人。①

（4）各职能部门全面渗透

《高校思想政治工作质量提升工程实施纲要》提出了"十大育人体系"，规定高校各部门的育人任务、内容，强调将价值引领延伸到办学治校的各领域。各职能部门不仅肩负着管理、服务的职能，也同样从属于育人工作队伍，是思想政治教育精准化建设中不容小觑的有生力量。不仅可以在日常工作中以其严谨认真的工作作风、为学生着想的服务意识感染大学生的一言一行，同时还可以依据岗位职责，开展特色的育人活动。例如：图书管理部门可以定期了解大学生的阅读偏好，及时更新大学生所需资料，并通过上架优质书籍，举办相关阅读活动，引导大学生好读书、读好书；医疗保障部门要追踪大学生的就诊记录，聚焦大型传染病、流行病，宣传普及大学生所关心的公共卫生知识和急救知识；安保部门要分析大学生受骗心理、犯罪心理，通过典型案例，开展安全教育和法制教育，确保大学生人身和财产安全。当然，在明确各部门自身育人职责的同时，还要畅通沟通渠道，破除部门工作壁垒，推动各部门共建共商共治，形成共振效应。

2. 全过程育人：促进育人过程向两端延伸

全过程强调育人工作的时空轨迹，从新生进校到毕业的整个过程，学校工作各领域、教育教学各环节、人才培养各方面都要贯穿育人工作。

---

① 吴晶、胡浩：《一堂特殊而难忘的思政课——习近平总书记主持召开学校思想政治理论课教师座谈会侧记》，《经济日报》2019 年 3 月 19 日。

（1）入学阶段精准领航

习近平总书记指出，"这就像穿衣服扣扣子一样，如果第一粒扣子扣错了，剩余的扣子都会扣错。人生的扣子从一开始就要扣好"[①]。入学阶段是大学生开启高校生活的第一步，也是大学生思想政治教育的第一粒"扣子"。要系好这一粒扣子，就必须精准领航大学生的世界观、人生观、价值观，为开启健康的大学生活奠定基础。这一阶段的学生，面临高中生向大学生身份转变的境况，往往会出现自律意识不足、难以适应大学生活等问题。这需要在入学前以新生群、家长群为平台，通过发放调查问卷，组织线上谈话、线上家访等方式对新生相关情况进行初步摸底，了解学生基本情况，以便后续开展教育。入学后，可通过开学典礼、专业介绍会、校史馆参观、新老生见面会、社团纳新等活动，开展主题丰富、形式多样的入学教育。不仅能够使新生熟悉校园、建立归属感，还可以促进他们形成正确的价值观，使他们明确自身任务与责任，引领其科学规划大学生涯的目标。

（2）在学阶段精准施教

在学阶段主要指大学生在校学习的时段。众所周知，不同年级大学生的特点、需求往往有差异。要遵循学生认知规律设计教学内容，体现不同学段特点，实行递进式教育：大一阶段要抓好理想信念教育，帮助学生树立远大理想和奋斗目标，坚定大学生成才报国的决心，使他们明晰前进方向，找到发展的着力点；大二阶段要完善学生知识体系，努力学习马克思主义立场观点方法，掌握科学文化知识和专业技能，提高人文素养，为后续实践锻炼打下坚实基础；大三阶段要指引学生参与实践锻炼，组织学生走出课堂，通过专业实训、见习、实习等活动，促进学生将所学的理论知识贯彻于实践，巩固所学知识，锻炼专业技能，为大四阶段学习做足准备；大四阶段要做好升学和就业指导，邀请行业专家开展自主择业教育、创新创业教育、专业技能培训，培养大学生正确的劳动价值观，提高大学生劳动技能水平。

---

① 习近平：《习近平著作选读》第 1 卷，人民出版社 2023 年版，第 243 页。

（3）假期阶段精准把控

进入假期后，大学生主观上处于放松状态，客观上与在校期间相比会接触更多的人和事，环境相对复杂。大学生一年的假期累计有三月有余，然现实中假期的育人工作，往往缺乏相应的重视，且组织性、规范性、针对性也存在不足。倘若假期没有准确把控大学生的思想行为动态，对大学生实行"放养"，会导致思想政治教育中断。假期阶段的精准思想政治教育，一方面可以保持思想政治教育持续性和完整性，填补思想政治教育"空窗期"；另一方面可以避免大学生假期生活的盲目性与无规律性，帮助他们合理利用业余时间，实现自我提升。将寒暑假期社会实践纳入各专业培养计划，合理规划实践内容、实践周期、实践考核，必要时也可以由院系统一组织社会实践，使假期社会实践不再流于形式。

（4）毕业后阶段精准跟踪

大学生毕业离校并不意味着完全与学校脱离关系，相反，大学要与毕业生建立紧密联系。一方面，学校对学生思想行为的引导应做到久久为功，贯穿学生终身。大学对毕业生的持续关注与指导，符合立德树人的根本要求，是培育全面发展的社会主义建设者和接班人的应有之义。另一方面，毕业生的发展状况可为高校调整人才培养方案提供依据。如毕业学生在单位出现思想教育问题，高校应及时反思该生在校阶段的教育流程，以问题为导向寻找纰漏并积极改进。亦可通过建立毕业生信息库、建立校友交流合作平台等，加强对毕业生的精准跟踪，确保育人工作不中断、可持续。

3. 全方位育人：促进育人方位向全面渗透

（1）要抓好思政课程和课程思政建设

2020 年教育部发布《高等学校课程思政建设指导纲要》，说明思想政治教育并非只是思政教师的责任，专业课教师也担有培养大学生思想品德的义务，是思想政治教育精准化不可缺少的关键力量。但是，部分专业课教师在教学实际中课程思政建设意识不足，仅教授专业知识，不重视对大学生价值观的塑造；另一部分专业课教师则是缺乏课程思政建设能力，使得专业教育和思政教育呈现"两张皮"。思政课程与课程思政相结合，既是一个理念，也是一项举措。如何推动思政课程与课程思政建设走深走实，需要在理念认同，统筹结合，并行齐抓，深度耦合，扎实推进。

（2）要充分利用第二课堂育人

大学应着力探索提升第二课堂育人的有效路径，更好地承担起培养担当民族复兴大任的时代新人使命。要自觉把第二课堂建设放在贯彻党的教育方针的总要求下来思考，放在落实立德树人根本任务的全局工作中去把握，始终保持第二课堂建设的航向不跑偏、内涵不空洞。要努力以第二课堂建设规划的制定来融合学校中心工作，以规划的实施来落实服务大局的重点任务，着力打造学科科研育人平台和人本管理育人平台，以融入科研创新和强化科学管理为学校发展汇聚青春智慧、作出积极贡献。要把第二课堂建设的内容与学生发展的合理需求进行统筹谋划，着力打造咨询服务育人平台、组织历练育人平台和网络社区育人平台，针对需求侧的多元诉求优化供给侧的多元服务。①

（3）要注重以文化人、以文育人

高校文化育人是一项全面而又复杂的系统工程，需从落实立德树人根本任务和为谁培养人的高度上来认识文化育人的重要性。面对新时代高等教育的新任务、新要求，必须更加注重发挥高校文化育人的功能和作用，积极探索文化育人的有效途径。要坚持党对一切工作的领导，协调各方的领导核心作用，准确把握文化育人规律，制订文化育人专项发展规划；要充分发挥第一课堂学术创新文化育人的主渠道作用，注重发掘各类课程的思想政治教育元素，提高文化育人品位；要紧紧围绕立德树人根本任务，主动设计主题鲜明、形式多样而又深受学生喜爱的文化活动，积极引导学生树立和践行社会主义核心价值观。②

（4）要不断优化创新创业育人模式

党的十八大提出实施创新驱动发展战略，党的十九大进一步强调"更

---

① 宋丹、崔强、陆凯：《提升高校第二课堂育人实效的路径探析》，《思想教育研究》2018 年第 5 期。

② 程刚：《新时代高校文化育人途径探析》，《思想理论教育导刊》2018 年第 10 期。

加注重创新驱动"，党的二十大重申"加快实施创新驱动发展战略"。高校作为培养创新创业型人才的摇篮，应大力开展创新创业教育，引导学生立足创新积极创业，创造更多的经济增长点。构建创新创业教育协同育人机制，是大学基于政府政策，结合行业、企业力量，创新办学机制、全面提高人才培养质量的重要举措。要建设双向阵地平台，打造人才发展共同体，构筑科教融合、求同存异的新型产学研人才发展共同体。要掌握意识形态的话语权和领导权，让学生摒弃唯利主义、唯己主义，在理想信念、道德观念和价值理念上能与党和国家统一起来，完善学生创新创业人格的塑造。①

（5）要做好宣传媒体线上引导

首先，大学要完善自身的门户网站、微博官方号等平台，设立思想政治教育专栏，将马克思列宁主义、毛泽东思想与中国特色社会主义理论体系等相关内容，制成以学术推文、短视频、微电影、动漫为形式的优质推送，充分契合大学生多元需求。大学还可与"学习强国"、中国知网等平台建立合作，转发高质量学术论文、新闻时评等，使信息来源更加丰富多彩。构筑网络防火墙防止不良信息侵害学生。其次，大学要健全网络思政运行系统，建立数据采集、数据分析、信息供给、智能评价、反馈调节、协同共享系统，定期维护，共同促进思想政治教育精准化。最后，要合理解决技术伦理问题。尊重大学生的个人隐私，运用网络进行信息采集和动态追踪都应征得本人同意，坚持适度原则。还要避免技术附魅，既要利用网络提高教育准度，又要结合生活提升教育温度，将人文关怀与技术赋能有机结合，实现人机交互与人际互动并驾齐驱，才是大学育人的正确之道。

（三）为谁培养人

"为谁培养人"是教育的核心议题。一般来看，"为谁培养人"具有微观和宏观两个层面的内涵。从微观看，是为家庭培养优秀后代，亦即中国人根深蒂固的光宗耀祖思想；从宏观看，是为党和国家培养合格的建设者和接班

---

① 滕智源：《新时代高校创新创业实践育人模式的构建》，《教育与职业》2018年第4期。

人。这两者实际紧密联系，并不矛盾。正如习近平总书记所说："中国梦是国家的、民族的，也是每一个中国人的。国家好、民族好，大家才会好。"①党的二十大报告强调："坚持为党育人、为国育才，全面提高人才自主培养质量，着力造就拔尖创新人才，聚天下英才而用之。"②为人民服务系中国共产党的基本宗旨，故而"为党育人、为国育才"亦即"为谁培养人"一般内涵的集中反映。"为党育人、为国育才"的提出有何理论依据？其"育人""育才"有何具体目标？这是本节要回答的重点。

1. 为谁培养人系由中国共产党党性决定

中国共产党系由马克思主义思想武装起来的、以实现共产主义为最高理想的无产阶级政党。自建党以来对教育地位的确定以及在"为谁培养人"的回答中，无不以马克思主义理论及其方法论的实践与创新贯彻始终。马克思主义指出："一切划时代的体系的真正的内容都是由于产生这些体系的那个时期的需要而形成起来的。"③譬如，从中国共产党早期教育实践看，即是立足于马克思主义对教育整体育人功能的实践以及对"养成健全公民"④教育理想的追求；1958 年 9 月中共中央、国务院《关于教育工作的指示》明确宣布"教育为无产阶级政治服务"⑤，注重为中华民族需从旧中国觉醒的目的培养人，开展了轰轰烈烈的全党全民普及教育、扫除文盲运动。可以认为，正是中国共产党在马克思主义历史唯物主义的指导下，在探索实践教育地位与"为谁培养人"问题时即是依据"经济基础决定上层建筑"的马克思主义经典理论，较好实现了各个时期"为谁培养人"问题。新时代中国共产党之所以将立德树人作为大学根本任务，这关乎党的事业后继有人，关乎国家前途命运。习近平总书记指出，"教育是国之大计，党之大计"⑥。随着

① 习近平：《习近平谈治国理政》第 1 卷，外文出版社 2018 年版，第 49 页。

② 习近平：《习近平著作选读》第 1 卷，人民出版社 2023 年版，第 28 页。

③ 《马克思恩格斯全集》第 3 卷，人民出版社 1960 年版，第 544 页。

④ 李良明：《恽代英思想研究》，人民出版社 2011 年版，第 427 页。

⑤ 何东昌主编：《中华人民共和国重要教育文献（1949—1975）》，海南出版社 1998 年版，第 859 页。

⑥ 习近平：《习近平著作选读》第 1 卷，人民出版社 2023 年版，第 28 页。

这一重要论断的提出，立德树人自然成为"为党育人、为国育才"的应有之义。

2."为人民服务"系我党学校育人工作的一贯宗旨

2019年3月18日，习近平总书记在主持召开学校思想政治理论课教师座谈会上强调："新时代贯彻党的教育方针，要坚持马克思主义指导地位……坚持教育为人民服务、为中国共产党治国理政服务、为巩固和发展中国特色社会主义制度服务、为改革开放和社会主义现代化建设服务，扎根中国大地办教育。"①将为人民服务摆在"四个服务"首位，亦即我党初心使命充分而一贯的体现。1921年8月毛泽东等创建湖南自修大学是为了改革社会，用马克思主义思想武装人民；随着新中国成立，"为中华民族站起来培养人"即成为教育的根本使命，教育成为"革命总战线中的一条必要和重要的战线"②；随着党的十一届三中全会"拨乱反正"，邓小平不仅提出"科学技术是第一生产力"的重要论断，还要优先发展教育，认为"不抓科学、教育，四个现代化就没有希望，就成为一句空话"③，决心要为中华民族富起来培养人；进入新时代，习近平总书记更将"更好的教育"置于"人民对美好生活的向往，就是我们的奋斗目标"④的十个方面期盼的首位。回顾我党百年来的教育发展史，党性和人民性自始至终一致。当然，党对教育地位的认识和实践具有一定的时代性，在"为谁培养人"的问题上表现出一个不断丰富和发展的过程。党的十八大以来，尤其是随着"四个服务"的提出，"为谁培养人"便逐渐从以往"育人为本、德育为先"的教育本体育人价值，开始转向事关党和国家大局的价值。至此，"为谁培养人"的微观、宏观含义合二为一，其内涵和外延得到了不断丰富和发展。

3.为党育人、为国育才

"为党育人、为国育才"的提出系党中央2019年6月开始在全党开展

---

① 习近平：《习近平谈治国理政》第3卷，外文出版社2020年版，第328页。

② 《毛泽东选集》第2卷，人民出版社1991年版，第708页。

③ 《邓小平文选》第2卷，人民出版社1993年版，第68页。

④ 习近平：《习近平著作选读》第1卷，人民出版社2023年版，第60页。

"不忘初心、牢记使命"主题教育，各地大学党组织通过认真学习和交流所取得的成果。西南大学、复旦大学、中国农业大学等高校党委主要负责人或署名记者均以"为党育人、为国育才"为话题在《光明日报》等媒介发表了他们这一成果的主要经验。

（1）"为党育人、为国育才"的内涵与创新

"为党育人"者，概言之，意指我国是中国共产党领导的社会主义国家，要"落实立德树人根本任务"，为中国共产党长期执政"培养德智体美劳全面发展的社会主义建设者和接班人"[1]；"为国育才"者，概言之，意指国家间竞争亦是人才的竞争，需要"大批德才兼备的高素质人才"，包含"努力培养造就更多大师、战略科学家、一流科技领军人才和创新团队、青年科技人才……"[2] 比较这两个概念，其侧重点不同，但其核心意指却相同。不同者，前者重点体现党对教育全面领导的坚定立场和目标指向；后者突出强调要培养更多的高素质专业人才以满足国家发展和竞争之需。相同者，"育人""育才"均属人才的范畴，而且"德智体美劳全面发展""德才兼备的高素质人才"亦属"落实立德树人根本任务"的共同要求。

当然，在大学人才培养的实践中，亦没有哪一所是分别从"为党育人"和"为国育才"来谋划实施。现如此鲜明地突出这两个略有不同的概念，其创新意义表现在：一是与资本主义国家大学不同，进一步强化了社会主义国家大学"立德树人"的价值取向；二是与西方自20世纪后期以来兴起的所谓新自由主义大学人才培养模式改革（实际仍以盈利为目的）形成对比，凸显了社会主义大学马克思主义及其人才学的坚定践履。

（2）如何践行落实"为党育人、为国育才"

基于"为党育人""为国育才"，其"立德树人"根本任务相同，而人才培养的基本目标均在培养高素质的社会主义国家的建设者和专门人才。因而，"为党育人""为国育才"的人才培养总体走向就如同"思政课程""课

---

[1]　习近平：《习近平著作选读》第1卷，人民出版社2023年版，第28页。

[2]　习近平：《习近平著作选读》第1卷，人民出版社2023年版，第30页。

程思政"一样，完全可同向同行。为落实大学办学的根本任务，以下强调两点。首先，要笃行价值引领取向。党的十八大以来，"我们对高等教育的需要比以往任何时候都更加迫切，对科学知识和卓越人才的渴求比以往任何时候都更加强烈"①。习近平总书记指出："古今中外，每个国家都是按照自己的政治要求来培养人的"②，"我们的教育绝不能培养社会主义破坏者和掘墓人"③。我们一定要笃行党的教育方针价值取向不偏航。其次，要夯实"十大育人体系"。教育部印发《高校思想政治工作质量提升工程实施纲要》，首次提出要"充分发挥课程、科研、实践、文化、网络、心理、管理、服务、资助、组织等方面工作的育人功能，挖掘育人要素，完善育人机制，优化评价激励，强化实施保障，切实构建'十大'育人体系"④。这实际上是"三全育人"的一个具体的责任框架，亦是打通"为党育人、为国育才"最后一公里的一把杀手锏。

三、新时代大学立德树人教育研究

（一）立德树人是对教育规律的深刻掌握

"立德树人"是一项教育领域里马克思主义理论中国化的创新成果，从根本上回答了培养人的标准、方式与目的。它是对教育外部规律与内部规律的系统理解与深刻掌握，是对教育目标、过程与方法的合理与科学协同，旨在为民族复兴大业培养德智体美劳全面发展的社会主义建设者与接班人。

1. 从目的论视域，深刻掌握人的和谐发展规律

人的和谐发展简而言之就是人与自然、与社会、与自我和谐发展。马

① 习近平：《习近平谈治国理政》第 2 卷，外文出版社 2017 年版，第 376 页。

② 习近平：《在北京大学师生座谈会上的讲话》，《人民日报》2018 年 5 月 3 日。

③ 习近平：《习近平著作选读》第 2 卷，人民出版社 2023 年版，第 195 页。

④ 《教育部关于印发〈高等学校课程思政建设指导纲要〉的通知》[EB/OL]．(2020-05-28)
[2023-11-28]．http://www.gov.cn/zhengce/2020-06/06/content-5517606.htm。

克思主义的"两个和解"思想为人的和谐发展提供理论依据，"两个和解""即人类与自然的和解以及人类本身的和解"。① 和解是消弭对抗矛盾、优化存在状态后的一种和谐状态。"同自然的和解"就是尊重自然规律，与自然和谐共生；"人类本身的和解"就是人与社会、人与自我的和解。人与社会和解是人与社会规则、社会关系和解，促成人的社会性；人与自我和解则是在精神上、认知上、需求上的和解，促成人的个性。因为德是人的品质，立什么样的德，就树怎样的人，所以，"立德"的规约与张力决定树什么样的人。"立德"的规约发展人的社会性，"立德"的张力发展人的个性，"立德"对"树人"的规约与张力满足社会对人的共同要求与人对自己的独特发展需求，有机统一人的社会化与个性化，塑造与社会、与自我和谐的人。

（1）"立德"的社会性形成规约，"树"与社会和谐的"人"

德是"当时社会经济状况的产物"，具有社会性、阶级性，人们"一切以往的道德论归根到底都是当时的社会经济状况的产物。而社会直到现在是在阶级对立中运动的，所以道德始终是阶级的道德。"② 阶级性形成德的内在规定，使德成为维护阶级统治的意识形态，渗透到政治、经济、文化、道德与法律等社会关系中去规约人的行为，表现为社会性。人是"一切社会关系的总和"③，社会性是其本质，立德就是内化处理各层社会关系的准则与规范，培养适应社会所需要的品质，学会与社会和谐，发展人的社会性。社会主义核心价值观为"立德"提供了价值准则与行为尺度，"其实就是一种德，既是个人的德，也是一种大德，就是国家的德、社会的德。"④ 继承并丰富了中华传统修身、齐家、治国的基本思想，从个人、社会、国家三个层面明确"立德"的方向与内容：严诚信、友善之私德，守文明、守法之公德，明爱党、爱国之大德。个人修身养性，以人与人之间的相处原则规范自己的行

---

① 《马克思恩格斯文集》第 1 卷，人民出版社 2009 年版，第 63 页。

② 《马克思恩格斯文集》第 9 卷，人民出版社 2009 年版，第 99—100 页。

③ 《马克思恩格斯文集》第 1 卷，人民出版社 2009 年版，第 501 页。

④ 习近平：《习近平谈治国理政》第 1 卷，外文出版社 2018 年版，第 168 页。

为，修养羞恶、恻隐、辞让、是非"四心"与人共情共理，推己及人，与人和谐；遵纪守法，遵守社会秩序，维护与谋求公共利益，将个人理想与中国梦统一，与社会和谐。"立德"三重维度的培养与践行，是个体如何通过推己及人获得社会性的过程，与社会和谐，凝心聚力，共创和谐社会。

（2）"立德"的时代性形成张力，"树"与自我和谐的"人"

德作为一种引领社会和谐的意识形态，当社会政治经济发生变化产生新的时代需求时，就要与时俱进地塑造新的适应时代发展的德，以充分发挥促进社会和谐发展的功能，"立德"的时代性形成张力，要求丰富"立德"的内容与形式。新时代要实现中国梦，习近平总书记在十二届全国人大一次会议闭幕会上强调实现中国梦必须弘扬中国精神，以改革创新为核心的时代精神是其重要内容，时代要求把培养改革创新精神纳入"立德"内容。培养这种精神离不开人的个性化。不同于社会化"求同"，个性化不是对社会的适应，而是对社会的改革与创新，是"求异"。人的个体差异性、独特性既是个体化的出发点，也是其终点，个体差异性源自于各不相同的遗传、生活环境、受到的教育、参与的实践、兴趣与需要等，尊重这些个体差异，方能唤醒其生命自觉，发挥其独特性和创造性，自主能动地提升自己，不被动地被同质化为社会工具。尊重个体差异的个性化，人与自己的天赋、历史、兴趣、需求和解，"树"与自我和谐的"人"。

（3）"立德"在"守正"中"创新"，"树"全面和谐发展的人

"立德"的阶级属性规定道德培养的社会主义内涵，时代需求丰富道德培养的改革创新外延，内涵的守与外延的变形成矛盾，"守正创新"作为处理这一矛盾的行为原则，使"立德"有机统一了社会化与个性化。社会主义核心价值观教育是"立德树人"的核心内容与德育引领，是社会主义共同价值追求与中国时代精神的有机统一，培育与践行社会主义价值观，"树"与社会、与自我全面和谐发展的人。

2. 从过程论视域，深刻掌握人的全面发展规律

"立德"是培养人德行，是德育活动；"树人"是培养人成人成才，树德智体美劳全面发展的人，是"五育并举"的过程。"树人"里含有"立德"，

强调并前置"立德"，是对"德育为先"的人才发展规律的深刻掌握，体现党和国家对人的道德发展与全面发展的辩证关系的深刻认识，发挥德性成长对全面发展的促进作用，凸显出"立德"的基础和保障性地位。"立德"要始终贯穿于整个"树人"的教育活动过程，为"树人"过程提供驱动力与牵引力，引导"树人"的方向。

（1）以"立德"建立价值坐标，驱动全面发展"树人"过程

"立德"首先是世界观、人生观与价值观塑造，本质上是建立社会主义价值观坐标。首先，"三观"塑造，就是建立价值观坐标。人生观是一个人对世界以及人与世界关系的根本看法与观点，人生观是一个人对人生目的、过程和意义的根本看法与态度，价值观是对客观事物（包括人）的价值及价值大小的根本观点和评价标准。价值观是世界观与人生观作用于人的行为的必要中介，引导人从寻求真知的知识论哲学转向为寻求意义的价值哲学，从"世界是什么""人生是什么"倾向聚焦于"为什么要认识世界""为什么要过这样的人生"的问题，直指世界、人生的意义与价值。价值观建立了人与人之间认识活动的意义关系，吸引人更深入认识世界与人生，世界观、人生观才能更好地指导人的行动。其次，"立德"塑造"三观"，是建立社会主义价值观坐标。系统全方位地学习马克思主义及其中国化理论是"立德树人"的核心内容，通过掌握其立场、观点与方法，建立正确的三观；新时代，社会主义核心价值观教育是"立德树人"的基本内容，"立德"过程就是建立社会主义价值观坐标的过程。

"立德"为人的全面发展提供价值驱动力，促进保障"树人"过程。"立德"建立的社会主义价值观坐标，引导人对意义的追寻，在思考"五育"如何使人通过获取知识与提升能力从而满足个体对物质生活的需求之上，思考并追求知识与能力对人的更高更远的意义与价值，满足人的精神成长与精神生活的需求，坚定其理想信念、价值理念和道德观念，产生强烈的社会责任感和神圣的使命感，并转化为情感动力，参与并支持整个"树人"过程。因而，德育作为"五育并举"的动力产生系统，促进与保障人的全面发展过程。

（2）以"立德"建立任务坐标，引领全面发展"树人"结果

"立德树人"前置"立德"，强调教育这一根本任务的首要任务是促进人的德性成长，培养有"大德"的人是教育的最高目标，这一任务目标规范引领"树人"的最终结果。"五育并举"全面发展人，传授知识、培育心智与技能的智育，增强体质、平衡发展机体的体育，提高审美与人文素养的美育，形成正确的劳动观念与习惯、掌握劳动知识与技能的劳育，必须在德行养成的目标规范引领下展开。[1] 从中外古今的学校人才培养经验看，这种引领是必需的。如果缺乏正确的道德进行规范引导，那种纯粹的技能技术的提高可能还会提高摧毁人类的能力。二战中"纳粹"的美学式精英教育就造就了一批又一批的战争机器，给人类带来深重的灾难。"立德"为全面发展的人建立任务坐标，"树人"以"立德"为先，立德统帅"树人"全过程。

3.从方法论视域，深刻掌握人的科学发展规律

"立德树人"作为教育的根本任务，从学生角度是一个"他者"视角，是"他立他树"。然而，"立德树人"作为一种社会性发展，是大脑神经元接受后天刺激后实现的功能性联结，是通过个体与外界环境相互作用自主建构。"他立他树"必须以"自立自树"为基础、为目的。[2] 强调"立德"与"树人"互动，在微观上通过深度学习，在宏观上通过实践养成，促进"他立他树"与"自立自树"的统一。

（1）微观上通过深度学习实现"自立自树""他立他树"统一

"立德"与"树人"微观上的互动是指具体的教育活动中的道德教育与学科知识学习的互动。在"立德树人"视域下，知识分为"直通"德育的知识与"曲通"德育的知识，前者是思政学科知识，后者是其他学科知识，它虽不是直接的道德和伦理规范，但能促进人更好地理解道德概念、产生道德情感、实践道德行为。目前因课堂时间有限、课堂目标对学科知识分点细

---

[1]　薛玉梅、高晓玲：《系统论视角下德智体美劳五育整体性的思考》，《系统科学学报》2023年第3期。

[2]　宋玮：《论立德树人的三重主体：基于相互性视角的反思》，《思想理论教育》2022年第11期。

化，难以开展深度学习。深度学习不是学科知识的内容深度，而是学生学习的参与深度。[1] 学科知识往往是抽象化系统化的知识，与"日常生活中的真实情况"融合不紧，与学生的现实生活及其经验的关涉度不高，学生缺乏学习的动机，参与深度不够，只有转化为学生的"需要和目标的有机组成部分"才能被吸收。[2] 这种转化通过教师的情境设计与学生结合自己经验的思考，掌握学科知识的意义与价值，服务道德成长。教与学统一的深度学习达成了"自立自树"与"他立他树"的统一。

（2）宏观上通过实践养成实现"他立他树""自立自树"统一

"立德"与"树人"宏观上的互动是指科学世界与生活世界的互动。生活世界是我们生活于其中的现实的、具体的、丰富的世界，科学世界是对生活世界的抽象化、理论化、形式化，教育中往往表现为书本世界。"立德树人"本质上是提高社会共同生活的能力，生活既是其素材，也是其途径。习近平总书记强调思想政治教育要"强化教育引导、实践养成、制度保障"[3]。"立德树人"要强化科学理论灌输与生活实践养成，强调两个世界的协同，既是对生活本质的回归，也是对知性教育隔绝生活世界的检讨与超越。两个世界互动，贯通形而下的生活世界，形而上的科学世界才能充满现实的生命活力，关照学生的兴趣与需要，激发其主动性，科学理论的引导避免"硬灌输"；贯通形而上的科学世界，形而下的生活世界才能充满理论的理性光辉，关照社会与学科的发展需求，现实生活的实践养成避免"表象化"。通过实践养成，互动两个世界，实现"他立他树"与"自立自树"的统一。

（二）立德树人当下困境

作为新时代人才培养的核心理念，立德树人已经深入人心。作为教育的根本任务、中心环节与基本途径，充分的理论诠释已经解决了"要不要"

---

[1]　周彬：《论指向立德树人的教学论建构》，《湖南师范大学教育科学学报》2019 年第 3 期。

[2]　[美] 约翰·杜威：《学校与社会·明日之学校》，赵祥麟等译，人民教育出版社 2004 年版，第 72 页。

[3]　习近平：《习近平谈治国理政》第 3 卷，外文出版社 2020 年版，第 33 页。

的问题；"怎么做"亦已完成顶层设计。习近平总书记在 2018 年全国教育大会上强调："健全立德树人落实机制，扭转不科学的教育评价导向。"① 其后，中共中央、国务院印发了若干覆盖全学段的"立德树人"相关文件，立德树人已进入落实阶段深水区，但在实际的教育体制机制改革过程中，仍面临内外重重困境。

1. 外在困境

作为一系列深化教育改革的举措，落实立德树人必然要面对时代的多重考验。经济全球化裹挟西方敌对势力文化，不断通过各种形式向中国渗透；经济社会转型升级助长价值诉求多元，不断升腾各种物质欲望；信息网络改变传播格局，小众文化影响力扩大，主流价值传播力减弱。

（1）全球化裹挟西方文化渗透，干扰价值塑造

经济全球化带动政治、文化、人才的国家间互动与交流，推动世界经济的共同发展是硬币的一面，而另一面则是裹挟强势文化向弱势文化的渗透，并且操控弱势文化。西方发达国家全面掌握全球化的主导权，当然也"掌握着文化输出的主动权"，处于弱势的发展中国家只能被动地接受"文化价值观和意识形态"的渗透。② 日益强大的中国"日益走近世界舞台中央"③，一直是西方发达国家进行意识形态渗透的重点，企图通过"和平演变"解构社会主义模式。西方敌对势力利用他们的宣传优势，一方面在世界范围内大肆宣扬"中国威胁论"，抹黑中国；另一方面通过经济全球化制造文化趋同假象，妄图从根底撼动中华民族文化认同。向我国兜售所谓的"普世价值"、西式民主、资本主义价值观，以此冲击中华优秀传统文化形成的民族思想根基，削弱我们的马克思主义信仰和中国特色社会主义制度认同。

（2）社会转型驱动多元思想滋长，稀释主体共识

经济社会转型升级深刻影响着社会思想观念更迭，对社会与个人产生的负面影响干扰立德树人凝心聚力。首先，立德树人社会环境复杂化，负面

① 习近平：《习近平谈治国理政》第 3 卷，外文出版社 2020 年版，第 348 页。
② 毕红梅：《全球化视野中的思想政治教育》，中国社会科学出版社 2006 年版，第 120 页。
③ 习近平：《习近平谈治国理政》第 3 卷，外文出版社 2020 年版，第 9 页。

影响增大。"经济理性"成为社会生活中一些人判断利弊、选择行为的价值准则，追求以最小的投入换取最大回报。物质至上、个人主义、功利主义和享乐主义不同程度存在。重利轻义，重个人利益轻社会责任，整个社会风气不淳，价值观教育外部环境消极影响增大。其次，立德树人个体意识鲜明化，共识达成难度大。从"封闭"的"同质的单一性"社会向"开放"的"异质的多样性"社会转型①，思想观念、价值取向随之多元且快速更迭，多元多变的社会思想格局与追求个性独立独特的个体加大了立德树人形成价值共识的难度。

（3）信息网络改变传播格局秩序，紊乱传播生态

数字技术飞速发展，卷起信息智慧化浪潮，但随着人们数字化生存方式与媒介格局的改变，紊乱了有序的传播生态。一方面，数字化平行生存方式相应产生扁平化信息传播方式，"去中心化"开始消解主导话语权威。个体与组织都能利用自媒体制作与发布信息，享受平行的话语发布权；网络跨时空、多维度的信息传播，数字居民可以不再被动接受信息，而是享受平行的话语选择权。平行话语权使网络信息纷繁复杂、良莠不齐。另一方面，数字化虚拟生存方式相应产生小众化文化结群方式，"趣缘性"消解主流意识形态的传播。虚拟社区因价值观念与兴趣爱好趋同结群而成，形成小众文化并逐渐扩大影响，深受人们尤其是青年的欢迎。同样，小众文化也存在参差不齐现象，并进入主流文化领域，减弱了主流意识形态的传播。

2. 内在困境

立德树人是一项系统的教育改革，其内部生态环境的挑战或许更为严峻。近三年教育部网站公布部分高校巡视反馈意见，集中落在立德树人的体制机制建设上。② 显然，只有深度融合各项机制才能真正达到"三全"的要求。如果对原有各类机制改革只是局部调整、简单叠加，或碎片化的项目建设，其结果必然不容乐观。

---

① 叶南客：《边际人——大过渡时代的转型人格》，上海人民出版社1996年版，第2页。
② 黄娟：《新时代高校立德树人落实机制研究》，陕西师范大学博士学位论文，2023年，第58页。

（1）立德树人培养目标引领不力

立德树人以培养时代新人为目标。有理想、有本领、有担当，能够担当民族复兴大业是时代新人的核心要求。然这一目标多"写在案头""挂在嘴上"。譬如在教书育人过程中，教师、学生以及行政管理人员往往热衷于提升学生专业能力，为他们积累发展资本与资源，同时亦期待提高培养单位的绩效，一定程度上忽视了从培养德才兼备的时代新人对中国未来的重要价值上去进行管理和评价。"教育成为为社会生产知识与人力资本的工厂……人成为商品，在凸显其经济价值与技术价值的同时，也遮蔽了作为人而具有的独特的社会与文化价值，是单维度的'经济人'与'技术人'，本质上是工具人。"[①] 工具人中实际不少都是政治信仰缺失，信念淡漠之辈；推崇个人主义"精致利己主义者"有之，甚至背弃国家利益的人亦有之。

（2）立德树人主体能力匹配不高

"人才培养一定是育人与育才相统一的过程。"[②] 受教育功利化倾向影响，教师育德能力发展不足且整体提升缓慢，短期内也难以匹配立德树人需要的"德才并育"宗旨。首先，教育功利化倾向压制教师提升自身育德能力的积极性与主动性。重智轻德，只做教书匠，不做"燃灯者"。把"立德"与"树人"割裂，"立德"任务实际空场。其次，育德能力的高标准与相应培养体制机制不对称制约了教师育德能力的提升。党和国家要求新时代大学生要有丰富的、跨学科的综合性知识储备；要有高超的育人能力，能遵循"三因""三律"，解决实际困惑，培养真正的时代精英。但是，目前育德育人能力的培训平台却十分匮乏，系统思考不足，培训内容不深，对教师育德实践能力的提升有限。

（3）立德树人实践协同有序不足

由于历史与现实的原因，当下立德树人仍然很难做到优化整合资源，凝聚育人合力，做到协调主体实施整体性育人。首先，学校是教育专门化的

---

① 胡超霞：《从教书匠到燃灯者："中国现当代文学"课程思政研究与实践》，复旦大学出版社 2023 年版，第 46 页。

② 教育部课题组：《深入学习习近平关于教育的重要论述》，人民出版社 2019 年版，第 49 页。

产物，教育的产生，尤其是以班级授课制为基本特征的近代学校的产生，将教育从社会与家庭生活中独立出来，却淡化了社会与家庭的教育职责。其次，学校作为一种组织形态，其教学、管理、服务等各领域的职责几乎趋于程式化，而教书育人这副重担又均压在教师肩上，使得"三全"育人有序安排欠缺。最后，思想政治教育的专业化发展推动了思想政治教育教师专职化，课程思政、"三全"育人的落实暂时还难以摆脱历史的影响，只好在各司其职上各自增加"育德"职责，这种简单的相加尚不能"一体化"。这种专门化、专职化、专业化形成的壁垒，如果没有科学的整体改进，思想政治教育很可能依然还是育人"孤岛"。

（4）立德树人效能评价平衡不够

在落实立德树人过程中，由于评价机制不健全、不完善，导致效能评价平衡性不够。其内在原因是：育德效果潜隐且延迟，准确及时的评价难。一方面，道德品质发生改变有自身的周期性规律，实现预期效果要经过一定的培养环节，即便如期产生德育效果，但其潜在性也决定评价很难完整准确；另一方面，育德效果的个性化、质性化，加上立德树人并非一人一课一部门之功，是不同领域、部门和环节育人主体的协同，标准量性评价难。其外在原因是：立德树人的效能评价目前重量化、重结果、重领导、重专家评价，轻质性、轻过程、轻教师、轻学生、轻社会评价，平衡性不足，不能运用多种多元多主体评价以平衡诸种评价的优劣。没有运用质性评价来平衡育德量化评价，没有运用过程性评价来平衡育德终结性评价，没有运用多主体评价来平衡育德主责性评价，导致立德树人责任系统各主体的认同感、获得感、归属感不强。

（三）马克思主义在立德树人中的总策略

立德树人是马克思主义中国化、时代化在教育领域里的一项创新成果，是中国共产党依据马克思主义基本原理，结合中国具体实际与中华优秀传统文化，不断丰富与发展马克思主义关于人的全面发展理论而形成的有中国特色的社会主义教育理论。马克思主义关于人的全面发展理论是立德树人的理论依据，人的全面发展亦是立德树人的价值追求，实施全面教育以促进人的自由而全面发展即是马克思主义在立德树人中的总策略。

1. 马克思主义关于人的全面发展的要义

在《1857—1858 年经济学手稿》中，马克思将人的发展分为"人的依赖""物的依赖"与"自由个性"三个阶段。原始社会、奴隶社会与封建社会，社会生产力水平低，人只有通过血缘或地缘结成共同体相互依赖才能生存；资本主义社会，生产力水平有较大进步，普遍的物质交换关系形成，人的能力物化为商品，人的社会交往关系以物为中介，而人的独立性的建立不得不以物为依赖；社会主义社会乃至共产主义社会，生产不断高度发展，生产资料共有不断形成普遍的、平等的、自由的社会交往关系。"自由个性"发展有了这一社会财富为基础，每个人都能"在劳动、社会关系和个体素质"等方面逐步获得全面、自由而充分发展。[1] 人自我完善的内在追求与社会发展的外在要求最终实现统一。

（1）人的全面发展的起点是"现实的个人"

"认识你自己"一经苏格拉底提出，历史上对其思索和追问从不曾停歇。人是什么？哲学家们莫衷一是。普罗泰戈拉说"人是万物的尺度"，而费尔巴哈却说"人是人的最高尺度"；亚里士多德说"人是政治动物"，而富兰克林却说"人是制造工具的动物"；拉美特利说"人是机器"，而康德却说"人是目的"；爱尔维修说"人是环境的产物"，而萨特却说"存在先于本质"……从马克思主义视角看，这些论断的共性是对人的本质的揭示停留在外部特征或者感性经验层次，视人为脱离具体现实的"抽象的人"。马克思主义基于历史唯物主义，主张实践是全部社会生活的本质，人是处于由社会生活（实践）产生的社会关系（生产劳动、社会分工协作、交换关系）中的"现实的人"。"现实的人"揭示出人的本质不在于其自然属性，而在于其社会性，"是一切社会关系的总和"。[2] 特定社会具体的、复杂的生产方式决定

---

[1] 袁贵仁：《马克思主义人学理论研究》，北京师范大学出版社 2012 年版，第 270 页。

[2] 《马克思恩格斯文集》第 1 卷，人民出版社 2009 年版，第 501 页。

的社会关系是"现实的个人"的本质规定性，社会条件是人的全面发展的起点，以此才能促进人的社会性发展并统帅人的全面发展。

（2）人的全面发展的前提是人的需要和能力的全面发展

需要既是人的实践活动出发点与目的，也是人维持实践活动的动力；能力既是实现需要的条件，也是实现需要的手段。需要的全面发展是人的自由发展；能力的全面发展是人的智力、体力和潜力等的全面发展。全面发展是人的发展能满足各种不同的劳动需求、适应职能交替变换的劳动情境的劳动能力。共产主义社会，"任何人都没有特殊的活动范围，而是都可以在任何部门内发展"①。活动范围不设限表明活动的形式与内容的可选择性、非单一性与完整性，丰富且全面的实践活动必然要求全面发展的人的需要和能力，以满足各种不同劳动需求、适应职能交替变换的劳动情境。由此可见，全面发展人的需要与能力是实现全面发展的前提。

（3）人的全面发展本质是人的社会关系的全面发展

人是社会关系的产物。《资本论》指出："不管个人在主观上怎样超脱各种关系，他在社会意义上总是这些关系的产物。"② 因而，社会关系的发展状态决定人的发展程度。在"人的依赖"发展阶段，生产力水平低下，人的实践活动范围狭窄，人的社会关系受限于地域与血缘；在"物的依赖"发展阶段，人的实践活动商品化，人的社会关系受限于社会分工。这两个阶段，人的社会关系的限制性决定了人的限制性发展。我们知道，人的社会关系是在人的实践活动中形成的人与人之间的关系，换句话说，人在实践活动的展开中形成人的社会关系。劳动创造人，人的实践活动发展人，共产主义社会生产资料公有使生产者联合起来，全面占有且共同控制的社会关系，形成了全面的社会关系。社会主义以实现共产主义为远大目标，人的实践范围不断走向不设限且完整，人的全面发展与人的社会关系的全面发展在通过人的实践活动全面发展中得到统一。

---

① 《马克思恩格斯文集》第 1 卷，人民出版社 2009 年版，第 537 页。
② 《马克思恩格斯文集》第 5 卷，人民出版社 2009 年版，第 10 页。

2. 马克思主义在立德树人中的行动逻辑

新时代是经济社会转型升级时代，如果"经济理性"成为社会生活中人们判断利弊、选择行为的价值判断准则，它必将引导人的片面发展。新时代是"两个大局"的时代，中华民族伟大复兴战略全局与世界百年未有之大变局需要培养有理想、有本领、有担当的德才兼备的人才。马克思主义关于人的全面发展思想既是对全面发展的内在规定，也是对立德树人工作的行动指引。

（1）基于"现实的个人"，以"立德"统帅全面发展

人作为"现实的人"，社会性是人的本质，社会性的发展必然统帅人的全面发展。"德"是处理个人、社会与国家关系的准则与规范。"立德"就是育德，就是发展个体的社会性，成为不脱离社会场域、社会生活的"道德人"；"树人"就是育人，就是促进个体德智体美劳全面发展，使其既能满足社会发展、又能满足自我完善的需要。

马克思主义关于"现实的人"的建构，不仅为立德树人提供理论基石，还为立德树人提供路径指引。其一，德育的引领意义。马克思、恩格斯在《共产党宣言》中说，人类要实现共产主义就必须使人的素质得到全面发展。这就指明无产阶级政党德育工作的目标和任务。他们又指出："理论一经掌握群众，也会变成物质力量。"[1] 这一论断即为我们正确认识德育的地位和作用提供理论指南。恩格斯还对道德的产生及属性作出科学阐述："一切以往的道德论归根到底都是当时的社会经济状况的产物"[2]；"道德始终是阶级的道德"[3]。因而，马克思曾以事实深刻揭露工人后代在精神上的摧残："通过制砖工场这座炼狱，儿童在道德上没有不极端堕落的……他们在各种卑劣、猥亵、无耻的习惯中野蛮无知地长大。"[4] 其二，按照美的规律深化。亦即尊重德育对象的主体性，遵循德育规律，丰富德育内容，创新德育方法。马克思在《1844年经济学哲学手稿》中指出："动物只是按照它所属的那个种的

---

[1] 《马克思恩格斯文集》第 1 卷，人民出版社 2009 年版，第 11 页。
[2] 《马克思恩格斯文集》第 9 卷，人民出版社 2009 年版，第 99 页。
[3] 《马克思恩格斯文集》第 9 卷，人民出版社 2009 年版，第 100 页。
[4] 《马克思恩格斯文集》第 5 卷，人民出版社 2009 年版，第 534 页。

尺度和需要来构造，而人却懂得按照任何一个种的尺度来进行生产，并且懂得处处都把固有的尺度运用于对象；因此，人也按照美的规律来构造。"①"美的规律"亦即体现为人类的实践活动应既合目的性又合规律性。"合规律性"者，指在生产中要遵循事物"种的尺度"和事物的内在规律；"合目的性"者，指在生产中要实现主体内在的意愿和道德目的。如果人的生产既"合规律性"又"合目的性"，那么，人的生产就不仅按照美的规律彰显了人的主体地位，又能满足按照美的规律认识世界、改造世界的内在需要。可以认为，立德树人亦即对马克思主义"美的规律"所发展而来的实践美学。

（2）结合社会活动实践，全面发展人的需要和能力

马克思主义认为，生产劳动（社会生活实践）是造就全面发展的人的唯一方法。这是从批判大工业生产时代机器代替手工、简化劳动职能、操控劳动者造成人的片面发展中找到的方法。社会活动实践是人的生命活动，不同于其他动物与其生命活动直接同一。人的生命活动是有意识的，即人把"自己的生命活动本身变成自己意志的和自己意识的对象"，故为"自由的活动"。② 然而，资本主义使劳动产品与生产者对立，生产产品越多，生产者能够消费的越少；创造价值越多，生产者越没有价值、越低贱。这种异化劳动将人的自由的生命活动还原为与动物一样，仅仅是维持个体生存的手段。其需要和能力发展被压抑，人被异化为片面发展的工具。

立德树人要克服人的片面发展，就要结合社会活动实践，全面发展人的需要和能力。其一，立德树人要在社会活动实践中增强其人际交往能力，不断完善其全面发展。人在处理与自我、与社会、与国家的关系中，搭建并完善现实社会关系，改造外部世界、改造自我，完成生命的生产与再生产，具备正确的自我意识，发展为合格的社会主体。同时，社会关系规则的内化，个体基于规则形成社会共同体，凝心聚力；社会生活实践是全景的现实生活，全面发展人的道德、体魄、知识与技能。其二，立德树人要充分尊重

① 《马克思恩格斯文集》第 1 卷，人民出版社 2009 年版，第 163 页。

② 《马克思恩格斯文集》第 1 卷，人民出版社 2009 年版，第 162 页。

教育主体的兴趣与需要，激发其实践性和创造性。教师是"塑造学生品格、品行、品味的'大先生'"①，以使激发其主体性，充分发挥其引领作用；学生是立德树人的对象主体，要遵循学生成长规律，以亲近的教学资源、参与式的教学方法增强其成就感，激发学生在实践中发展其能力。

（3）坚持党的全面领导，全面占有发展人的社会关系

在马克思主义看来，人的全面发展本质上是社会关系的全面发展。社会关系在社会生活实践中形成，全面发展社会关系就是全面展开社会生活实践，全面展开社会生活实践就能促进人的全面发展。在阶级社会里的社会关系是有阶级性的。习近平总书记关于人才工作的重要论述的出发点和落脚点均为人，与马克思主义人学关于人的本质在逻辑基础上具有高度的一致性，甚至还升华了马克思主义人学的人的本质论。同时，中国共产党是占据社会绝大多数的无产阶级的代表，坚持党的领导，充分发挥中国特色社会主义制度的最大优势，保障生产资料公有制性质，无产阶级就能真正全面占有人的社会关系。

立德树人与人的全面发展，就要坚持党的全面领导。其一，坚持党的全面领导，掌舵立德树人的社会主义方向。立社会主义之德，即以共产主义为远大理想，以共同体每一个成员都能自由而全面发展为终极目标，树全面发展的社会主义建设者与接班人；其二，坚持党的全面领导，保障立德树人占有全面的社会关系。"全面领导"是全领域、全方位、全过程领导。在立德树人实践中，党中央集中统一领导，各方齐抓共管。全员、全过程、全领域、全方位参与，在实践中所有的人联合起来，社会关系成为共同的关系，共同占有享有，必能为立德树人实践全面铺开做好过程保障。

---

① 唐铮：《把思想政治工作贯穿教育教学全过程》，《人民日报》2023 年 7 月 13 日。

第五章　新时代立德树人之例谈

一、思政课程与课程思政

（一）思想政治教育的创新与发展

中国特色社会主义进入新时代，我党把思想政治教育上升到治国理政的国家战略地位，成为党全面领导推进国家治理现代化的重要方式。在以习近平同志为核心的党中央的擘画、指挥与推动下，思想政治教育在理念、目标、内涵与路径上都取得了全方位多角度的创新与发展，开创了宏观上整体推进、微观上融入全员参与、全程管理、全方位协同、全场域深入、全媒体支撑的"大思政"格局。

1. 创新思想政治教育理念

经济全球化浪潮催生政治与文化全球化、同质化的错觉，淡化意识形态教育；现代工具理性催生思想政治教育学科知识取向，一方面与实践严重脱离，另一方面以知识为中心，偏离了培养"人"的根本。新时代呼唤思想政治教育在"守正"中"创新"理念。

（1）坚持党全面领导思想政治教育，牢握意识形态话语权

经济全球化带动国家间交流互动日益频繁，不同意识形态的相互交锋潜流涌动。"中国共产党领导是中国特色社会主义最本质的特征，是中国特色社会主义制度的最大优势。"① 思想政治教育要充分发挥这一制度优势才能

① 习近平：《习近平谈治国理政》第 3 卷，外文出版社 2020 年版，第 181 页。

在意识形态斗争中牢牢掌握话语权。"全面领导"是政治上统领、思想上铸魂、组织上保障的全面协同：政治上为思想政治教育掌舵，掌控"培养什么样的人""如何培养人""为谁培养人"的社会主义方向；思想上为思想政治教育掌握主导权，坚持以习近平新时代中国特色社会主义思想为指导；组织上为思想政治教育组建队伍，动员各方力量齐抓共管。①

（2）遵循"三势""三因"，将思想政治讲深讲透讲活

新时代，核心素养取向取代了知识取向，知识只有转化为学习者内在的有结构的经验才能形成核心素养。思想政治教育本质上即讲道理，要将外在的抽象道理（知识）转化为学习者的正确的价值观与关键品格，就要与学习者的已有经验联系，理论渗透实践，能将道理讲深、讲透、讲活，促进学习者内在学习经验的形成，建构核心素养。习近平总书记提出的"三势""三因"新理念为讲深讲透讲活提供了基本的准则。"三势"即"因势而谋、应势而动、顺势而为"②，就是思想政治教育顺应新时代潮流与发展趋势；"三因"即"因事而化、因时而进、因势而新"。③ "事"是学习者关切的"新大事"，"时"是时代发展的"新时局"，"势"是世界与中国变革的"新常态"，顺着生动的事实阐发深刻的道理，与时俱进创新理论，顺应变革更新方法，理论向学习者的生活、社会与世界渗透，思想政治教育有深度、有活力、有针对性。

（3）遵循"三律""三全"，回归思想政治教育的人本目标

新时代，人们的主体性不断觉醒，思想政治教育要"以人为本"。2016年习近平总书记提出"三律"新理念，即"遵循思想政治工作规律，遵循教书育人规律，遵循学生成长规律"④。2018年教育部在《关于开展"三全育人"综合改革试点工作的通知》中提出的"三全"理念，即"全员育人、全

---

① 黄蓉生：《新时代高校思想政治教育创新发展的根本取向》，《思想理论教育导刊》2023年第3期。

② 习近平：《习近平谈治国理政》第1卷，外文出版社2018年版，第153页。

③ 习近平：《习近平谈治国理政》第2卷，外文出版社2017年版，第378页。

④ 习近平：《习近平谈治国理政》第2卷，外文出版社2017年版，第378页。

程育人、全方位育人"。"三律""三全"为以发展人为目的的思想政治教育提供基本行动准则，"三律""三全"遵循促进人的思想政治素养的养成与发展的规律、育才与育人相结合的规律、人的发展的规律，将人置于思政教育中心，从多重维度提升人的思政素养。

2. 升级思想政治教育目标

新时代是历史上最接近实现中华民族伟大复兴目标的时代，为适应时代要求，党的十九大明确提出培养能够"担当民族复兴大任的时代新人"，思想政治教育要增强这一时代使命感。什么样的人才能称为时代新人、才能担当民族复兴大任呢？习近平总书记以"青年一代有理想、有本领、有担当，国家就有前途，民族就有希望"①间接回答了这一问题。有理想、有本领、有担当简称"三有"，是德智体美劳全面发展的社会主义建设者和接班人在新时代的画像，是新时代思想政治教育的目标。

"三有"高度概括了"担当民族复兴大任的时代新人"应具备的核心素养。有理想，理想信念决定青年走向哪儿、能走多久与多远。一方面，思想政治教育要帮助时代新人树立三层理想境界：共产主义远大理想、中国特色社会主义共同理想与个人理想；另一方面要帮助时代新人正确认识三者的关系，以远大理想、共同理想激荡个人理想，将个人理想融入国家富强、民族复兴与人民幸福的共同理想与远大理想中；有本领，除全面掌握德智体美劳"五育"领域的知识和技能外，还有养成好习惯，例如学习、运动、生活等习惯。培养好态度，例如乐学勤思、敢于质疑、热爱劳动、向善尚美等。形成好品格，例如创新精神、自理自立、积极的心理品质、团队精神等；有担当，担当自我的生活与发展，担当社会的责任与义务，担当自然与环境的保护，担当国家的尊严与发展，担当世界的共同进步。

新时代，国际国内时空语境变迁，青年综合素质提升，"立德树人"的任务也要与时俱进。"三有"是"又红又专""四有""德才兼备"的4.0版本："有理想"在"红"与"德"的内涵上拓展，丰赡了理想信念、思想观念；

---

① 习近平：《习近平谈治国理政》第3卷，外文出版社2020年版，第54页。

"有本领"既强调扎实理论知识的掌握，也强调丰富实践经验的增长，更强调理论与实际联系、知识与实践融通，还强调支持掌握知识与技能的情感态度品质的提高；"有担当"发展了"有纪律"，赋予"时代新人"发展在思想观念、政治素养与道德品质上多重规定性，全面培养私德、公德与大德，主动担负自我发展、民族复兴、国家富强、世界和平的使命。

3. 扩充思想政治教育内容

新时代要求思想政治教育传播马克思主义中国化、时代化的最新理论成果，伴随日益增强的学科化进程，思想政治教育构建出了一个多维扩充、交互耦合而又协调支撑内容矩阵。发展马克思主义、创新中华传统文化、借鉴世界优秀文明成果，扩充思想政治教育理论与文化资源。

习近平新时代中国特色社会主义思想是马克思主义中国化时代化的成果，是思想政治教育的基本性内容。它系统阐明了应坚持和发展什么样的以及怎样坚持和发展中国特色社会主义这两个新时代重大课题，是中国特色社会主义共同理想的新时代表达，也是共产主义的时代构想。它建构了一个顺应时代的、完备的、涵盖社会生活各个领域的科学理论体系，供给侧结构性改革、民族复兴的中国梦、文化自信、社会主义核心价值观、生态文明建设、人类命运共同体等理论从经济、政治、文化、社会、外交等多重维度交互耦合而又协调支撑。要"全面系统掌握这一思想的基本观点、科学体系，把握好这一思想的世界观、方法论……自觉用新时代中国特色社会主义思想指导各项工作"①。

中华优秀传统文化的创新转化成果诠释其何以维系并复兴中华民族，是思想政治教育的重要内容。它们是中华优秀传统文化时代价值的发现，中华优秀传统文化历时五千年，积淀民族基因，传递着中国人的思维方式和价值取向，是民族的来路，也是民族复兴文化自信的底气。依据新时代中国所处时空环境的要求，以马克思主义为指导，对中华优秀传统文化进行新的选

---

① 习近平：《在学习贯彻习近平新时代中国特色社会主义思想主题教育工作会议上的讲话（2023 年 4 月 3 日）》，《求是》2023 年第 9 期。

择、诠释而形成的创新与转化成果，其基本内涵是马克思主义与中华优秀传统文化相融合的中国化、时代化。

世界优秀文明成果拓展国际视野与全球眼光，是思想政治教育的发展性内容。一方面，当前我国正处于"日益走近世界舞台中央、不断为人类作出更大贡献的时代"[①]，有世界担当的时代新人要了解世界，在世界地图里找到自己，把握自我。思想政治教育要帮助时代新人胸有世界格局，找到从自我走向国家、从国家走向世界的路。另一方面，合理汲取人类优秀文明成果，博采众长、集思广益。

4. 协同思想政治教育路径

新时代国家治理现代化、新媒体广泛运用、新教育主体关系确立、思想政治教育学科发展等为思想政治教育路径的拓展与协同提供了理论与技术支撑，渠道、载体、方法齐头创新。

思想政治教育系统化促进方法协同。恩格斯指出"自然界""人类历史"以及人的"精神活动"都是由"种种联系和相互作用无穷无尽地交织起来的"[②]，思想政治教育是一项系统工程，其要素协同发力，才能最大限度地发挥它的功能。以基于系统理论建构的方法论为指导，思想政治教育具体方法之间相互作用、综合发展，互动教与学的方法、互补隐性与显性教育方法、同构个人自主与社会教化方法、整合虚拟与现实教育方法。以课程思政方法体系为例，为将思想政治教育的价值观塑造融入专业教育的知识传授与能力培养中，各有侧重发掘专业课程中"道""理""术"中蕴藏的思政元素，文科类以"孪生式"明道导情、理科类以"思辨回锅式"发展思维与促进知行合一、工科类以"滴灌式"以文化人，体现人文方法与科学方法的综合化，从知情意行全面培养思政素养。

思想政治教育生活化促进渠道协同。思想政治教育是人的社会化实践活动，生活世界构成了这一活动过程的空间，统整的生活世界对思想政治教

---

① 习近平：《习近平谈治国理政》第 3 卷，外文出版社 2020 年版，第 9 页。
② 《马克思恩格斯文集》第 9 卷，人民出版社 2001 年版，第 23 页。

育全面敞开，协同并拓展了教育渠道。首先拓展主渠道，思政课程与课程思政协同。通过挖掘专业知识在人的社会化过程中的作用，打破思想政治教育与专业教育之间的"孤岛效应"，使各门课程与思政课程同向协同育人。其次拓展主场域，思政小课堂与社会大课堂协同。通过"大思政"建设，开门办思政课，理论充分关注、吸收、运用和回应生活实践；[1] 教学实践与社会实践、志愿活动等结合，知识灌输与主观体验相融、抽象道理与具体生活联系。拓展思想政治教育领域、充盈教育资源，汇聚教育合力。

思想政治教育全媒化促进载体协同。数字技术飞速发展与教育理念变革，带动思想政治教育进入"全媒体"时代，融合"多媒体""自媒体"与"融媒体"的优势，与传统媒介协同，"面对面""键对键"跨界整合思想政治教育载体。打造互联网品牌项目、推出新媒体产品、建立共享互动平台，推动"思想政治工作网、易班网和中国大学生在线全国共建"，"遴选出 200个重点建设高校思政类公众号"[2]，实现线上线下无缝衔接。打造智能化数据库、设置云端实践场[3]，精准分析学习者的思想和行为特征，实现教学目的、实施与评价的精准、高效与科学。[4] 虚拟与现实、传统与现代、技术与社会之间的载体跨界融合，实现了精准思政和智慧思政。

（二）课程思政主旨：价值、渗透、协同和评价

1. 课程思政及其发端

"课程思政"确立了一种理念，创新了一种方法。它从马克思主义"现实的人"理论、从教育是培养人的社会实践本质、从立德树人根本任务以及

---

[1] 雷洪峰、靳斯琪：《核心要义、育人理路、实践进路："大思政课"基本问题探析》，《思想教育研究》2023 年第 7 期。

[2] 丁雅诵、闫伊乔：《高校思想政治工作成效显著——为中国梦矢志奋斗的青春力量》，《人民日报》2022 年 1 月 9 日。

[3] 崔建西、白显良：《智能思政：思想政治教育创新发展的新形态》，《思想理论教育》2021年第 10 期。

[4] 万光侠、焦立涛：《人工智能赋能思想政治教育双重向度》，《思想教育研究》2023 年第 5 期。

国家发展战略高度出发，确立了"思政寓于课程，课程承载思政"的新的育人理念。通过充分发挥全部课程的育人功能，整合教学系统内外环境的所有因素，包括教学主体（师生、社会、家庭）；媒介与载体（专业与思政的各种媒介载体）；以及课程思政的组织与实施（人才培养的价值引领、课程内容的思政渗透、课程思政的多元协同和课程评价的创新修正）等，形成了一整套全新的育人机制和方法。

习近平总书记在 2016 年 12 月 7 日全国高校思想政治工作会议上谈到高校要发挥课堂教学主渠道作用、做好思想政治工作时强调："各门课都要守好一段渠、种好责任田，使各类课程与思想政治理论课同向同行，形成协同效应。"① 上海市随后颁布《上海高校课程思政教育教学体系建设专项计划》，推进"课程思政"改革，首次提出"课程思政"概念。2017 年 6 月，全国高校"课程思政"现场推进会在上海召开，会议高度肯定了上海经验。当年 9 月，中共中央办公厅与国务院办公厅印发《关于深化教育体制机制改革的意见》，要求充分发掘"各门课程中的德育内涵"，"注重学科德育，课程思政"。② 随着"课程思政"第一次进入中央文件，并作为落实"立德树人"的战略举措，很快在全国高校形成"三全育人"新格局。

2. 人才培养的价值引领

进入 21 世纪以来，世界科学技术继续快速发展，大学专业人才培养普遍存在忽视其求善、求美的一面，甚至错误认为注重美、善价值的渗透就将会偏离专业求"真"的向度。"课程思政"正是党和国家为了改变以上状况所推出的重要举措。基于这一逻辑，"课程思政"的顺利实施，首先就得毫不含糊地亮明并坚守自己的价值导向。中国的主流意识形态是马克思主义，高等教育承担着人才培养培根铸魂的重大职责使命，其价值引领必然以马克思主义及其人学思想所决定。"事实上，在西方，知识和学校从来都不是价值中立的，高等教育和新闻传播体制被视为'现代意识形态建设和传播最重

① 习近平：《习近平谈治国理政》第 2 卷，外文出版社 2017 年版，第 378 页。
② 《中共中央办公厅　国务院办公厅印发〈关于深化教育体制机制改革的意见〉》，http：//www.gov.cn/xininwen/2017-09/24/content-5227267.htm，2023 年 9 月 8 日。

要的机制'。"① 从根本上说，马克思主义作为立德树人的价值统领不仅仅系由国家性质所决定，也是时代进步的必然要求，更是人才培养的现实需要。当然，对立德树人的价值观还需从内、外"两种功能"认真把握，以确保其引领方向的正确。其内在功能亦称价值理性，它是在专业人才培养活动这一过程中得以体现的。在这个过程中立德与树人总是辩证统一、不可分割，亦为教育目的性之基本表征。人类教育活动的最终目的，即为育人和育才的现实载体，古今中外莫不如此。其外在功能亦称工具理性，它是在专业人才培养实践过程中所表现出来的对象主体在实践上的有用性，或者说亦系立德树人作为教育根本任务在专业教学活动中的方式、方法和内容上的规定性。立德树人要求教师必须遵照"为党育人，为国育才"思想，履行自身职责，在教学中采取合适行动，确保"求真"与"求善""求美"的统一，确保专业人才培养课程教学"两种功能"的充分实现。

3. 课程内容的思政渗透

顾名思义，课程思政系依托学科专业教学来开展的。"渗透"既表明思想政治教育和专业课程教学的交融关系，亦体现出思想政治教育在方式方法上须因势利导、顺势而为，自然而然地融入学科专业教学中去。显然，其内容的融入系核心。它扭转了自20世纪初期以来盛行的课程开发目标模式带来的课程"知识性"与"教育性"分割局面。其目标模式倾向于技术化、操作化的课程教学，关注传承"预设的、可量化的"客观知识的达成度问题，而理想品质等非智力因素因难以量化、难以进行目标分类往往被排除在课程目标研制之外，价值理性因素被无视。课程思政不是"硬思政"，"知识性"与"教育性"在内容上的渗透本就是专业课堂教学的应然状态。从学理上看，文科重"道"，理科尚"理"，工科强"术"。文科专业"道"的教学就是"传道"，理科专业"理"的教学利于思辨与传"道"，工科专业"术"的教学是应用技术，"工"以"理"为基础，而且还有工程文化伦理。据此，我们提出文科类专业课程思政以"孪生式"突出明道重情、同向同行，理科

---

① 钟新文：《青年懂中国，才能接好棒》，《人民日报》2014 年 9 月 6 日。

类以"思辨回锅式"促进知行合一、德才兼备，工科类以"滴灌式"思政采取持续滋润、以文化人。这种以学科知识教学为载体的课程思政，就好比思政教育是盐，学科知识教学是主菜，价值理性和工具理性必然交相辉映；又好比如花在春、如盐在水，我们再也不会为德育和智育"两张皮"而困扰了。

4.课程思政的多元与共

课程思政的理论基础之一是系统论，遵循思想政治教育规律、教书育人规律、学生成长规律，需要从纵向、横向两个方面做好多元与共，从而构建"上下协同""三全协同"的新格局。

（1）"上下协同"

"上下协同"系指纵向上需要国家、高校以及社会各阶层的通力联合。国家层面，一方面应在相关法律框架内，基于高校教师身份公务性与专业性并存的特点，给予教师取得较高的政治待遇和工资待遇提供方便；另一方面国家对教师行为进行规范又是政府的义务，要明确高校教师不同身份下的行为标准，使全社会对以上有清晰认识并达成一致。高校层面，需要构建足够好的体制机制，引领教师自觉完成立德树人根本任务。注重发挥基层党组织和学术组织作用，将立德树人的行动堡垒落实到基层；同时注重发挥教师对立德树人价值引领者的塑造，不断推出有影响的好典型。最后，社会各界层面属于社会环境，只要各界形成协同支持共识，亦能促进教师立德树人角色的完全转型。这需要政府加大力度，让社会场域中的所有个体都能认识到立德树人的重要性。这个过程虽然不短，但要坚持。

（2）"三全协同"

"三全协同"系指通常而言的全课程、全过程和全员协同，包括每届学生在校内的所有教学组织，亦包括校外见习、实习、实训等实践基地组织的教学活动等。第一，全课程协同。系指校内外各类性质的课程组织在知识、能力、价值上的协同。大而言之，首先是学科专业课程与思想政治理论课程同向同行；其次是学科专业课程之间的协同，各门课程要围绕专业立德树人培养目标统筹布局，发挥各自内涵与特色。第二，全过程协同。系指每届学生在校内外的整个教学过程所有环节的协同。既有课堂教学的组织设计、教学实施、教学评价的协同；也有课前、课中与课后的协同，比如课前预习环节、课后实践及其评价环节等均不能忽视。同时，从课程类型上又有第一课堂、第二课堂和第三课堂（网络）之分，三类课堂各有分工，相互支撑，需要同等看待。第三，全员协同。系指校内外专业教学体系中的每一个教职员工（含合同制人员）的互联、互通、互动，打破角色壁垒，确保全员广泛参与，形成育人合力；提高专业人才培养尤其是思政课程和课程思政的实效，最大限度地发挥立德树人功能。

5. 课程评价的创新修正

课程系大学教学管理的最小单元，亦是人才培养质量的重要保证。如前所述，中国大学专业人才培养系以马克思主义为指导思想，因而对课程的评价就当更加突出其"两种功能"的发挥与成效。然而，我们以往对大学教师的教学评价，或由学生以投票方式评选"最受欢迎的好老师"，但却基本不涉及其价值理性；或倾向于教师教学的可量化指标，习惯于用商业思维来运作，诸如教改课题的层次、核刊论文的数量、成果转化的经济与服务效益等，不仅与立德树人关涉度低，亦与课程的"两种功能"关联不大。只有向这种习惯做法开刀，课程思政的"多元与共"局面才不会落空。因此，创新修正课程评价办法时不我待。

课程评价的创新修正主要可从两方面着手。

首先，从课程管理机制上予以鼎新。其一，学校党委应遵照《纲要》精神要求各级党组织承担课程建设与评价的主体责任。学校党委统一领导、党政齐抓共管、教务部门牵头抓总、相关部门联动、院系党组织落实推进课程思政及其课程建设的新格局。[①] 重在切实完善学校党组织狠抓课程思政评建的责任机制。其二，启动课程建设及其思政工作的单项评奖。将课程建设及思政亮点纳入"双一流"建设监测与成效评价、本科教学工作合格（审核）评估、专业认证、大学教学绩效考核等评价，并加大对课程思政优秀成

---

① 《教育部关于印发〈高等学校课程思政建设指导纲要〉的通知》[EB/OL]．（2020-05-28）[2021-10-28]，http：//www.gov.cn/zhengce/zhengceku/2020-06/06/content-5517606.htm。

果的支持力度。其三，按照国家新一轮本科教学审核评估实施方案的"五个度"落实课程建设标准（这里专指第二类审核评估高校）。一看"达成度"，主要是课程教学的"两种功能"及其人才培养目标的达成，突出探索学生成长的增值评价；二看"适应度"，指本科生生源和就业质量及其职业发展情况；三看"保障度"，除教师队伍的数量、结构要求外，还要突出师德师风作为教师第一标准、生均思政和党务工作经费≧60元（含生均网络思政经费），以及教师潜心教书育人的举措和成效等；四看"有效度"，主要看课程发挥"两种功能"的成效与持续改进、提升情况，以及近5年优秀毕业生10个典型案例与培养经验；五看"满意度"，亦即学生、教师和用人单位对立德树人的满意情况。①

其次，从课程评价方式方法上予以改进。总体而言，课程思政既然是一项针对当下"重智轻德"教学流弊的改革，就得切实改变课程建设目标，使其全面覆盖知识、能力与价值三个维度，不能如先前只有知识与能力两个维度。课程建设与思政评价应全面科学地反映这一目标的达成状况，必须在以上三个维度尤其是价值维度评价上狠下功夫，要注重对学生情感态度价值观产生的变化进行评价。要建立轨迹化、立体化、开放化的课程建设与思政评价体系。其注重改进的方式方法有三：其一，评价主体的改进。要改变过去的教师单一主体，注意实行自评、互评和他评相结合，自评和互评系他评（含课程教师）基础。学生自评主要放在自我发展的纵向对比上，可采用"学生专业课程习得记录册"的方式来进行，让他者能见证学生的成长。同学互评，系指教师通过合适主题活动或课程学习作品展示等，让学生互帮互评，发扬成绩，补其短板。其二，评价方式方法的改进。过去以课程考试考核的终结性评价定优劣并不科学，应注重引入形成性评价再综合判断。例如利用各类线上教学平台，智慧树、雨课堂等，记录学生实现预定发展目标的进展。教师亦可对学生平常课程学习的方法、技能水平和价值认同等作出评

---

① 《教育部关于印发〈普通高等学校本科教育教学审核评估实施方案（2021—2025年）〉的通知》（2021-02-03）[2023-09-08]，http://www.moe.gov.cn/srcsite/A11/s7057/202102/t20210205_512709.html。

价。其三，评价重点的改进。基于立德与树人的关系，课程评价自然应以育人的成效为重点。明确每门课程中的课程思政标准要求和成效评价的基本内容，以开放评价为思路，以学生成长为核心，不断提高学生的道德品质和综合素质，科学设计并增强情感态度和价值观维度，目的在让学生成为德才兼备、全面发展的人才。将以上"三个改进"嵌入新工科、新医科、新农科、新文科专业人才培养评价体系，全面实施和推进。

二、文科类专业："孪生式"课程思政

（一）"孪生式"课程思政逻辑与实施

1．"孪生式"课程思政的概念、逻辑与瓶颈

一所两万人以下的一般综合普通本科高校，课程总门数多者约 1500 门，很有必要依据不同学科专业的学理实施相对不同的课程思政。"孪生式"课程思政是文科类专业"立德树人"的优势。通俗而言，学科可分为文、理、工三大类。按研究对象不同，又可分为社会科学、自然科学、应用科学（工程科学）和思维科学。文科以人与人类社会为研究对象，目的均在使人掌握认识和改造世界的一定专业知识与技能，从而让人生活得更加幸福；同样，课程思政的目的亦在更好地让人认识自己与社会，把控好认识和改造世界的正确方向，确保幸福达成。这当然是所有专业实施课程思政的共同逻辑。教育部颁发《高等学校课程思政建设指导纲要》指出："要紧紧抓住教师队伍'主力军'、课程建设'主战场'、课堂教学'主渠道'，让所有高校、所有教师、所有课程都承担好育人责任。"[①] 教师、课程和课堂是课程育人"三要素"，其"三主"论断凸显了它的主要着力点。在"新文科"理念指导下，文科专业理应回应国家学科发展、文化建设和人才培养战略，在统一专业知

---

① 《教育部关于印发〈高等学校课程思政建设指导纲要〉的通知》[EB/OL]．（2020-05-28）[2023-11-28]．http://www.gov.cn/zhengce/zhengceku/2020-06/06/content-5517606.htm。

识的科学性和课程思政的价值性方面，究竟应遵循怎样的行为逻辑为国家培养全面发展的合格人才，任务艰巨。

（1）"孪生式"课程思政释义

我们提出"孪生式"课程思政这个理念，实际是从湖南文理学院、三峡大学2019年"双万计划"国家级首批一流专业建设点立项前后就已开始。为落实"立德树人"根本任务，不同专业课程思政如何做到"同向同行"，实际上就是要寻找到"课程"和"思政"之间的学理连接点。近些年，课程思政"贴标签"等毛病不少，尤其在理工专业似乎困难和问题更大。理科属于科学或自然科学范畴，而我国近代以前并没有"科学"这个概念，其"科学"发展在我国从古至今本就是曲折的，富有歧义的。因而，课程思政首先就必须得理顺不同专业的这个学理，否则即难以体现其亲和力、针对性。为解决这个问题，这就是文科"孪生式"课程思政提出的基本初衷。

所谓"孪生式"课程思政，系有别于理工专业课程思政的一个比喻称谓，意指授教主体专业教学与思政育人两者向接受客体在同一时间和同一场域所展开的课程活动。其"立德树人"在教学内容和教学过程上的一致性和浸润性，正是文科课程思政的显著特点。即如汉语言文学专业"大学写作"课程，古有"文以载道""诗以言志"之说，此亦系该门课程的核心知识，而如何"言志""载道"与如何做人两者在教学目标价值上翕然，可谓课程思政"盐溶于水"的典范。即使在其他经管、教法等大文科专业课程，亦无不偏重如何成功利用社会治理的理论与实践开展教学，其课程内涵亦与思政育人目标不悖，即在如何使人类不断进步。"课程"与"思政"不仅同向同行，且均在课堂。好似母体诞生出鲜活可喜的"双胞胎"，这便是"孪生式"课程思政的根本肌理。其知识科学性和思政价值性的这种高度自然相互浸润的依存之方略，实质上不过是对文科课程思政的一种深度掌握。

（2）开展专业课程思政的学理

比较而言，文科本就是研究人文社会的科学，与思想政治教育同属大文科，均偏重于"道"，系开展"孪生式"课程思政的有利前提；理科系研究自然的科学，偏重于"理"，与文科在学理上有偏差，而有"理"则利于传"道"；工科系研究应用技术和工艺的科学，偏重于"术"，与文科学理相差更远，好在"工"以"理"为基础，且在工程文化伦理上又与"文"相关。正是课程思政在文、理、工三大学科门类中的学理联系不同，亦即为我们探寻文科专业类具有一定特色的课程思政提供基本依据。"孪生式"课程思政亦是基于文科专业课程与思政育人学理的紧密相关性，从而更容易"在教育理念层面实现科学精神与人文精神相统一、在教育方法层面实现知识讲授与价值认同相统一、在教育目标方面实现个人发展与祖国命运相统一的育人效果"①。理顺文、理、工学科专业课程思政以上学理，对增强所有专业课程教师开展课程思政的自觉性和能动性十分必要。

（3）"孪生式"课程思政之挑战

"孪生式"课程思政虽以其"传道授业解惑"目标的一致性基本能消减专业科学性和育人价值性相互之间的排异，然文科专业的科学性毕竟是其基本面。在传道一致以及科学性和价值性"双重属性"背景下，"孪生式"课程思政往往易于产生价值表达的泛化，进而还会稀释真正现场重点价值的融入。同时，由于学科分立而导致的多元化，个性化价值表达之间的区隔或冲突，对教者整体价值塑造的设计也会带来严峻挑战。如何突破这个瓶颈，很有必要明确以下策略，并通过深入的课程思政实践予以落实。

一者，课程思政如何从专业学理紧扣人才培养教学与管理目标的确定，使之成为广大教师自觉的教学行为，整体构建专业课程思政知识网络，这既是一个难点，更是一个突破点，务必强化这种引导。二者，主动以"新文科"理念为指引，按照"孪生式"理念关注每门课程的知识体系及其思政育人"课程链"，修订专业人才培养方案则是不能避免的当然前提。三者，强化文科专业课程思政的浸润性及其意境打造，面向具体知识单元点，包含从新近重大事件中发掘课程思政材料，厘清历史叙事意脉，注重从面上明晰不同价值在不同情境中的关联，从而建立起体系化的"点线面"思政育人架构

---

① 高宁、张梦：《对"课程思政"建设若干理论问题的"课程论"分析》，《中国大学教学》2018年第10期。

与"意境"育人内容库。四者，突出三大学科"传道""强理""讲术"的不同，坚持文科"孪生式"课程思政的亲近性、引领性、实用性和创新性，思政育人不仅要以专业知识传授为基础，还要主动面对现实，回应现实中的难点和热点，提高其课程思政的实效性。

2."孪生式"课程思政的渊源与拓展

"以人为本"是当下全球最为热门的话题之一。早在春秋战国时期，《管子·霸言》即有"夫霸王之所始也，以人为本"观点，此乃全球文明最早实现从"王道""神本"到"人本"的明确转向。亦正是这个"以人为本"元哲理迸发之时代，还不断催生出诸子学说的极大繁荣，尤其在人本教育方面，更是诞生了"三立"——"立德""立功""立言"（《左传·襄公二十四年》）和"三树"——"树谷""树木""树人"（《管子·权修》）的崭新理念。不难看出，上古"立德""树人"与当下课程思政一脉相承。

从历史源头看，早期并没有细分专业，学校第一任务就是培养具有大真、大诚、大智的贤人君子。如今课程思政和学科知识传授亦能对应古之大学"在明明德，在亲民，在止于至善"这"三纲领"（《礼记·大学》）宗旨与传承，无不体现"格物""致知"与"止于至善"的密切关联，其"立德""树人"方面的经验特别丰富。随着社会发展和科技进步，专业教学门类与比重明显增加，难免给专业课程思政带来冲突。然而，这对文科类专业却要好得多。比如说，"民族器乐演奏"专业课与思政育人不仅在内容上相融，在最终目标上也一致。虽然两者的学理性与价值性有所不同，但通过对渗透进作品背后的深刻审美内涵的体会，其育人导向显然相通。

孔子作为我国有史以来的第一位教师，他的伟大即在于努力为国家培养更多的具有理想人格的"君子"，并探索出君子目标之规格及其培养路径。子曰，"君子道者三"，即"知者不惑，仁者不忧，勇者不惧"（《宪问第十四》），亦即所谓君子"知""仁""勇""三达德"。"君子"者，核心为"仁德"，系情感态度；"知德"利于"道"，系知识理智；"勇德"为"仁"与"知"之实现，系修德结果。孔子时代，学校就是要集中培养"三达德"之人。故《论语·述而》云："子以四教：文、行、忠、信。""文"指文史典籍，"行、忠、信"均属于"德行"。由此可见，人的品德端正主要即可从优秀的艺文史书习得。《礼记·王制》云：周代太学"春秋教以《礼》、《乐》，冬夏教以《诗》、《书》。"又孔子曰："入其国，其教可知也。其为人也温柔敦厚，《诗》教也"（《礼记·经解》）。实际上，"诗教"传统还可上溯至上古。《尚书·尧典》载："夔！命汝典乐，教胄子，直而温，宽而栗……"舜帝让夔以"典乐""教胄子"，即包含"诗教""乐教"。同时，以史为鉴，可以知得失、正衣冠，中国自古亦无不重视。可以认为，自先秦以来，中国教育总是将"立德"摆在人才培养的重要位置，进而借诗书礼乐以立人之德者，无不为历代统治者进行社会教化和学校教书育人之大道。

　　直至中国共产党诞生前后，"为谁培养人"的问题就一直为李大钊、毛泽东等早期共产党人所高度关注。突出强调"中国文化应有自己的形式，这就是民族形式。民族的形式，新民主主义的内容——这就是我们今天的新文化。"① 新中国成立后，毛泽东主席于1957年2月在最高国务会议上的报告中首次明确提出："我们的教育方针，应该使受教育者在德育、智育、体育几方面都得到发展，成为有社会主义觉悟的有文化的劳动者。"② 亦即奠定了我党我国社会主义建设时期学校教育方针的基本意含。此后，在1978年重新修订的《中华人民共和国宪法》第十三条中得到进一步明确。由此可见，课程思政在新中国高等教育历史上一直存在，只是没有一个专门的名称。1980年教育部颁发《改进和加强高等学校马克思主义课的试行办法》（〔80〕教政字010号），高校开始独立设置思想政治理论课并进入一个新阶段。新时代的当下，"课程思政"作为一个专有名词更成为高校落实"立德树人"根本任务的一个新抓手。

　　"孪生式"课程思政之拓展有三。

　　首先，系呼应新时代新要求。习近平总书记指出："十八大召开至今已经十年……中国特色社会主义进入新时代"。"新时代"对于高校的新方位就

---

① 《毛泽东选集》第2卷，人民出版社1991年版，第707页。
② 《毛泽东文集》第7卷，人民出版社1999年版，第226页。

是"落实立德树人根本任务"①。《教育部关于印发〈高等学校课程思政建设指导纲要〉的通知》还曾突出强调："要根据不同学科专业的特色和优势，深入研究不同专业的育人目标，深度挖掘提炼专业知识体系中所蕴含的思想价值和精神内涵。"②从我国改革开放初期普遍在大学明确部署开设思政课程开始，到2017年9月中共中央、国务院印发《关于深化教育体制机制改革的意见》，明确提出学校"思政课程"与"课程思政"同行，其本身即是落实"立德树人"新战略的新举措。这样，深入推进课程思政，从文科专业学理优势开展创新研究即显非常重要。

其次，系立足于古之"立德""树人"经验的新发展。我国不仅在全球最早提出"立德""树人"思想，同时，我国传统文化一向注重"传道"与"授业"、"教书"与"育人"的辩证统一，强调融价值塑造和知识传授于一体。"孪生式"课程思政的倡导，正是立足新时代与以往理论与实践的新思考，它较好地揭示出文科专业教学"科学性"与"价值性"在内容上相互渗透的应然状态。从终极目标看，两者均在立德树人，其传道目的的一致性便是绾合"课程"与"思政"的金线。而且，从不同学科专业的不同学理探讨课程思政的新思路，其本身就是从思政课程到课程思政的应有之义。当然，2017年9月以来，各高校专业课程思政的确取得了不少新经验，但较普遍存在为思政而思政的问题，或者苦于专业课程思政元素的寻找和融入，基本还没有从"重道""强理""讲术"上研究自身的课程思政特色。作为文科"孪生式"课程思政，尽管已经提出，但毕竟只是开始，相信其价值将不断在人们的教学和实践中得到广泛认同与彰显。

再次，系实现"新文科"改革的重要推手。2020年11月由教育部相关部门指导发布《新文科建设宣言》，其"新文科"核心即在突出价值引领，

---

① 习近平：《高举中国特色社会主义伟大旗帜为全面建设社会主义现代化国家而团结奋斗——在中国共产党第二十次全国代表大会上的报告（2022年10月16日）》，《习近平著作选读》第1卷，人民出版社2023年版，第4、28页。

② 《教育部关于印发〈高等学校课程思政建设指导纲要〉的通知》[EB/OL] .（2020-05-28）[2023-11-28] . http：//www.gov.cn/zhengce/zhengceku/2020-06/06/content-5517606.htm。

做好产教融合。2021 年 4 月，习近平总书记在清华大学考察时强调要"推进新工科、新医科、新农科、新文科建设"①，"新文科"并非简单的学科知识重组，而是重在创造，重在出思想，重在人本前提下对国家意识、人类意识及其幸福价值的弘扬，或可简称"三重"。亦即"四新"并非各吹各号，必然是在中国式现代化背景下遵照"新文科"价值引领所共同演奏的一台气势磅礴的交响曲。课程思政虽比"新文科"提出稍早，但在全面推进"新文科"背景下，我们再倡导"孪生式"课程思政，亦正是基于"新文科"突出价值的弘扬，目的无非是为了更好地在文科课程教学中落实"三重"。何况文科包含文史哲、经管法和教艺八大学科门类，沟壑分明，课程思政难免出现单打独斗，甚至盲目创新，"孪生式"便为"新文科"课程教学改革规定了路径。

有学者提出文科专业课程思政第一要务即在对各自知识领域、知识单元的价值元素的一致性、逻辑性、依赖性、互惠性等进行重新审视，构建起新的"知识—价值"图谱，为提升知识体系的科学性和思政融入的有效性打好基础。② 自然，这亦正是深入探索"孪生式"课程思政的必然要求。在此基础上，依据课程思政"三要素"努力形塑"思想创新 + 课程教学 + 产教融合"的"新文科"建设模式。一方面，教师是主导，通过学科融合创新学术思想，借助中华传统文化引领人文精神；另一方面，课程是主场，按照新要求建构完善的教材体系、课程体系、评价体系，全力彰显专业人才培养成效；最后，课堂是"渠道"，产教融合就是撬动课堂革命的杠杆，实施情景式、项目化、实务实操教学等培养方式的改革，为党和国家培养更多的德智体美劳全面发展的合格人才。

3. "孪生式"课程思政目标与进路

（1）目标的确定及其落实

党的二十大明确提出："从现在起，中国共产党的中心任务就是团结带

---

① 习近平：《论教育》，中央文献出版社 2024 年版，第 212 页。

② 杨国栋、马晓雪：《新文科视域下课程思政与知识传授融合的基本逻辑与实现路径》，《高校教育管理》2022 年第 5 期。

领全国各族人民全面建成社会主义现代化强国、实现第二个百年奋斗目标，以中国式现代化全面推进中华民族伟大复兴。"① 显然，国家发展的现代化，首先有赖于人的现代化。这即为"新文科"建设关于人的培养聚焦"现代化"关键词指明了方向。人文学科要充分挖掘围绕人的价值和意义的思政重点，肩负文化引领，不断弘扬社会主义先进文化；社会学科的课程思政尤其应凸显人在中国式现代化——新发展理念、新发展阶段、新发展格局中所取得的一批批重大创新成果。

为培养新时代德智体美劳全面发展的社会主义建设者和接班人，必须科学把控专业人才培养课程思政三个层级的目标内涵。一级目标责任主体在学校，要落实立德树人根本任务，"尽管经济社会发展赋予高校不少使命和功能，但高校的根本还是培养人才"②；二级目标责任主体是教学院，要按照"新文科"理念科学设置和厘清专业课程体系与课程思政体系的关联性，通过构建专业"知识—价值"图谱库确保每门课程思政价值点的科学分布；三级目标责任主体是教研室以及专任教师，教研室要共同研究"新文科"理念与"孪生式"课程思政同向同行等问题，最终亦为"最重要的是课程的思想政治方向，完全而且只能由教学人员来决定"③。

毋庸置疑，课程思政专业教师是主导，是直接责任人。课程思政实施几年来，专业教师对结合课程开展育人的责任意识虽已普遍提高，优秀典型亦不断涌现，但整体效果还不够理想。基于"孪生式"课程思政核心理念，关于目标确定与落实有两个问题比较突出，亟待改进：一是忽视专业课程思政学理，对"思政元素"较为集中盲目地浅层发掘与融入研究令人担忧（包括理工专业课程思政，此处不议）。以篇名关键词"思政元素"搜"知网"，仅2023年一年含"思政元素"的标题论文就达1322篇。有学者甚至认为，课程思政的突破就在"通过案例、话题等方式将思政内容自然嵌入该课程知识

---

① 习近平：《习近平著作选读》第1卷，人民出版社2023年版，第18页。
② 习近平：《论教育》，中央文献出版社2024年版，第137页。
③ 列宁：《列宁全集》第45卷，人民出版社1990年版，第249页。

体系⋯⋯这是传播学课程思政建设的关键"①。事实上，每门课程在专业人才培养中均只是个局部，"案例"等思政元素更只是一个点，而课程思政的效果必然依赖专业学理"课程链"的整体设计与实施。万不可本末倒置，见树不见林。二是对文科课程思政的"双重属性"缺乏深入理解，广大教师课程思政尚未能紧扣所在学科学理分类施策，更谈不上"孪生式"课程思政。有些说法甚至颇有误导。譬如，基于当下大力推进课程思政，不少人对外语专业注重培养学生听说读写能力的传统教学模式提出批评，有认为"这种'单行道'式的外语教学"，将是"极大地忽略了对学生政治素质和文化自信的培养⋯⋯从而导致跨文化交际中自我文化与他者文化的严重失衡"，以及"对异国文化的盲目憧憬"②。这是明确地将文科专业教学的科学性和价值性对立起来，所谓影响学生文化自信的培养云云，它与外语专业的传统教学方式方法亦显然不能构成因果。反过来，通过《哈姆莱特》《简·爱》《浮士德》等这些外国文学名著的听说读写，它对丰富学生纯正的人文精神，培养学生自强不息和精进不懈的人生态度则非常有益。切不能违背"孪生式"课程思政的本质，教师作为课程思政的执行者，其自身基本的专业素质和水平自不待言。

（2）"孪生式"课程思政与人才培养方案"课程链"

课程思政作为一种教学改革新思路，这几年通过自上而下部署，全体教师积极响应，"新文科"背景下的"专业知识树"渐成体系，课程思政库亦极大丰富。然而，修读一门专业涉及几十门课程，"孪生式"课程思政，譬如在思政重点内容的安排上假定各自为政，势必造成思政育人内容上的不平衡，甚至还难免出现重叠或空白。更何况人才培养质量从来都是立足于专业的，它必须有赖于专业人才培养方案中所有课程相辅相成、共同发力。尤其是随着"新文科"的发展，课程间的区隔将更为加大，弄不好还会出现割裂。所以，"孪生式"课程思政在战略部署上加强科学精神与人文精神在教学理念上的协同，知识讲授与价值认同在教学方法上的统一，很有必要借助

---

① 高焕静：《思政元素融入传播学课程内容初探》，《传播与版权》2023 年第 21 期。

② 傅琪、付天海：《高校外语专业课程思政改革研究》，《黑龙江教育》（高教研究与评估）2021 年第 11 期。

OBE（Outcome-based Education，"结果导向"）理念，对专业所有课程围绕人才培养目标结果进行梳理，建立科学合理的专业人才培养方案"课程链"，进而实现从"'孪生式'课程思政"→"课程链"→"专业思政"逐层递进的自下而上的理想发展态势。

第一，"孪生式""课程链"。它是以文科专业人才培养目标为主导的具有"孪生式"相关序列或逻辑关系的一系列课程的链式组合。序列化和逻辑性系"课程链"的特征。前者指专业课程在教学上具有"先修""后续"之别；后者指专业课程设置在课程思政链式前提下具有横向逻辑的相关性。可以认为，专业人才培养质量如何，首先还得看专业人才培养及其"孪生式"课程思政的"课程链"方案是否科学有效。长期以来，大学教学"以学问为中心"，课程设置亦比较看重"序列化"。有位大学者说过，如果大学没有为专业人才培养开出具有序列化的课程，本科教学就必然很糟糕。[①] 不过，仅仅关注大学专业"课程链"的序列化还远远不够。早在 19 世纪后期，怀特海在谈到课程设置时就曾提醒："真正重要的顺序，是教育应该采用的涉及质量的顺序"[②]。这个"质量的顺序"，当然少不了"孪生式"课程思政同向同行的相关课程。

第二，对"课程"与"思政"关系的认识。毫无疑问，对大学专业人才培养课程建构的深入思考与实施将更利于拉近"孪生式""课程"与"思政"的亲密关系，减少课程思政的盲目性。随着课程思政"课程链"的建设，明确各门文科专业人才培养方案课程之间在重点思政内容上存在的因果逻辑和结构联系，不仅能实现专业课程价值引领维度的精准定位与有效衔接，还有利于促进第一、第二、第三课堂的有机融合，满足学生多元化、多样性、多层次的学习需求，提升学生综合素质和人才培养质量。[③]

---

① ［美］德里克·博克：《美国高等教育》，乔佳义译，北京师范学院出版社 1991 年版，第 34 页。

② 怀特海、徐汝舟译：《教育的目的》，生活·读书·新知三联书店 2002 年版，第 52 页。

③ 赵璧、王欣：《外语类专业课程思政"课程链"建设：理据与路径》，《外语电化教学》 2021 年第 4 期。

第三，专业人才培养方案与"课程链"。"课程链"不同于人们常说的"课程群"，后者多侧重于逻辑性，"课程链"则是兼有学科发展序列和人才培养目的导向的链式组合。亦正因为"课程链"理念的科学性，在20世纪后期即被国际工程教育专业认证《华盛顿协议》高度认同并得到创新发展。专业认证的基本理念是"学生中心、结果导向、持续改进"。认证核心亦在课程，亦即专业课程链式组合及其"持续改进"是否满足"学生中心""结果导向"为评价关键。因此，课程评价必须以课程实施效果与毕业要求的吻合度和有效度为准绳。依据"OBE"，具体还要看专业人才培养课程体系是否覆盖毕业要求且支撑有力？课程实施支撑毕业要求指标点的任务矩阵是否合理？每项毕业要求是否有关联度高的支撑课程？以上专业认证的宏观理路，对课程思政颇有启示。事实上，将课程思政与专业认证尤其是师范专业认证同步思考，其成效必然倍增。当下正推行的师范专业认证，其专业人才培养总体毕业要求是"一践行三学会"（践行师德，学会教学，学会育人，学会发展）。"课程链"设置与实施就得必须支撑毕业要求的8个指标点（即师德规范、教育情怀；学科素养、教学能力；班级指导、综合育人；学会反思、沟通合作）。在这里，由于师范专业属于文科，或文理兼容，所以师范专业认证与课程思政之目标亦完全一致。其明晰的"孪生式"知识与价值导向，即为大学文科教学改革指明方向，包括依据"OBE"理念，统筹"孪生式"课程思政，制订或修订新的文科专业人才培养方案则是当务之急。

（3）"孪生式"课程思政的意境打造

文科类专业课程均不能离开"意""境"二字，文学艺术专业不用说，即便法学、教育学、经济学等这些社会科学专业亦无不如此，只是各有侧重而已。"意境"，本系指文艺作品通过以形象描写表现出来的一种感染人的境界。这里所谓"意境"，是指课堂教学通过一定的事实和场境叙述而自然地让学生产生出对人生及其社会形成感悟的情景状态。即如一堂好的历史课，"现场历史"的场境创设亦必不可少。要努力让教学重新回到历史现场，从而引发学生与历史人物通过情感上的浸润性而产生共鸣。

浸润性不仅是文科类课程思政的优势，更是所有课程教学所期待的一种意境。浸润性本为医学术语，这里借以喻指"孪生式"课程思政强烈的情感渗透性。列宁说：人的意识或"概念（二人）是实现自身的冲动，是在客观世界中通过自身给自己提供客观性并实现（完成）自身的冲动。"① 表明人的情感与认知不可须臾分离，文科课程思政必须从情感浸润的层面来展开。情感浸润伴随价值判断的审美直觉，亦即康德所说"美是一对象的含目的性的形式"②。事实上，自然美、生活美、语言美、文学美、社会美等，审美在人文专业的所有课程中无处不在。审美直觉及其道德教育与文科专业认知恰在这相互交流的浸润中得以提升。道德直觉来自主体的顿悟，顿悟又来源于人对现实生活或审美对象的深度情感浸润而非其他。正如法国现象学家梅洛·庞蒂强调自身对世界的体验时所说："身体是在世界上存在的媒介物，拥有一个身体，对于一个生物来说就是介入一个确定的环境，参与某些计划和继续置身其中"；进而"通过体验对体验的相互作用显现意义"。③ 所以，"孪生式"课程思政均需要让学生多参与一种浸润体验式的修习，使其感悟是在恰当的情感态度与恰当的价值理想维度下自觉完成。

对于一堂文学艺术专业课来讲，课程思政更加依赖"浸润＋感悟"，创设浸润性"现场情景"是其核心。要注意突出对文艺经典意境的生动再现，努力实现道德"唤醒"与"共情"。创设现场情景浸润的途径不少，包括静心阅读、专心视听、动情讲授、入戏表演等。譬如"静心阅读"文艺经典，每个人均可适时尽力让自己通过阅读回到现场浸润、感悟。被称之为"明文第一人"的归有光，其《项脊轩志》几乎都认为是表达对自己祖母、母亲和妻子深切怀念的巅峰之作。然而，细细品味其人其事其境，感觉却并非只是对伦理亲情的思恋，从头至尾的平实记叙常常是用语双关。文章一开头："项脊轩，旧南阁子……百年老屋。"据《归氏世谱》悉，作者九世祖归道隆成就过功名，并曾居于昆山项脊泾，今以"项脊"命名其书斋，显然有以此励志之意。再写自己读书轩中，祖母一日说："吾儿，久不见若影，何竟日

① 《列宁全集》第 55 卷，人民出版社 1990 年版，第 182 页。
② ［德］康德：《判断力批判》上卷，宗白华译，商务印书馆 1964 年版，第 74 页。
③ ［法］梅洛·庞蒂：《知觉现象学》，姜志辉译，商务印书馆 2001 年版，第 40 页。

默默在此，大类女郎也?""吾家读书久不效，儿之成，则可待乎!"祖母后又手持"象笏"至，说"此吾祖太常公宣德间执此以朝，他日汝当用之!"寥寥数语，将长辈劝勉晚辈成才的激励层层托出。文章最后一句："庭有枇杷树，吾妻死之年所手植也，今已亭亭如盖矣。"既有对其妻因病早逝的感怀，更有对自己人生当时平庸的自励和自警。据《明史》卷287载，归有光59岁终举进士，授浙江长兴知县，为政清廉；62岁调任顺德府通判；64岁迁南京太仆寺丞。一个真实奋斗者形象令人尊敬，在这样的阅读体验中很难没有一点信念追求的悟道。

(4)"孪生式"课程思政特色培育

"孪生式"课程思政的实施，与其他学科专业相比有共同性的一面，亦有自身特色打造的必然。课程是专业特色生成的基础，亦是我们对思政育人的最新认识。尽管文科课程思政有其自身的肌理特征，但毕竟教师更倾心于专业课程的科学系统，这个态度的转变尤为重要。譬如"外国文学"，不能单纯停留在诸如"新小说派""荒诞派文学"等这些艺术流派的审美上，要从比较视野、文化自信以及核心价值等方面进行分析，注重中国特色社会主义思想理论的传播。同时，专业人才培养方案如何贯彻"新文科"理念，如何统筹构建专业"知识—价值"图谱库，专业课程知识网络如何与课程思政价值导向支撑点协同，进而如何改进并制订教师教学的评价制度，以确保课程思政的无缝对接等，这些均为"孪生式"课程思政深入开展的基础性准备。

"孪生式"课程思政可以从以下"四性"角度加强特色培育。

① 注重发挥"孪生式"课程思政的亲近性

与理、工科不同，文科重"道"，又与思想政治教育同属大文科。之所谓"孪生式"课程思政，正在于专业教学与思政育人特有的学术话语具有一种天然的亲近性。或者说，文科课程思政可以从专业整体出发进行政治意识、共同理想、"四个自信"等的教学设计。因此，"新文科"课程思政建设需要通过推动学术话语创新，在价值与知识之间寻找更深层次的共同语言。

② 自觉强化文科课程思政的价值引领性

从世界历史发展看，文科始终担负着人类与社会发展的哲学元认知职能。我们赞同"新文科不仅引发各学科内涵式发展，更是一种引领学科发展方向的方法论。……新文科充分体现了中国特色、中国风格、中国气派，是对习近平加快构建中国特色哲学社会科学号召的及时回应"①。人文社会科学的课程思政理应站在坚持和发展中国特色社会主义、实现中华民族伟大复兴的高度，主动履行培养学生政治意识、人文素养、文化自信的独特使命。而且，大学所有专业的公共基础和通识类课程，文科约占85%以上，其价值塑造、引领的范围广泛，责任重大。

③ 努力体现专业知识与价值表达的实用性

随着"新文科"视野的拓宽，更加方便贯穿古今、跨越东西，在兼顾价值与事实、意义和方法的过程中赋予文科教学更强的现实功能。争取以全方位地拓展深化作为价值表达和知识传播的"孪生"鲜活的"话语"与"事实"的同构方式。积极改变单一的教学场景，打通课内课外，以更加灵活多变、贴近现实生活实践的形式不断创新课程思政的方法与空间，凸显立德树人教学实效。

④ 主动成就课程思政方式和教学的创新性

文科类传统专业相对封闭，随着新时代知识生产越来越技术化，数字人文、智慧黑板、远程教学和慕课等已成趋势。"'互联网＋'让教育从闭塞走向开放。大家都能创造知识、共享知识，教师和学生的角色及其关系发生了深刻变化。"② 过去是纸质文献，现在是数字人文，不仅大大突破了以往文科格局，人才培养的德性要求亦将倒逼提高。加强专业以及文、理、工学科间的融合、创新，吸纳新的信息工具、教学技术，旨在推动社会快速发展，体现中国特色并在世界上加大发声。这一方面是"新文科"及其课程思政功能与范式发展自我创新的需要，更是我们文科人服务国家战略的新要求、新使命。

---

① 邓心强：《新文科视野下中文学科的困境与变革》，《上海交通大学学报》(哲学社会科学版) 2022 年第 3 期。

② 魏饴：《"新师范"建设的价值取向与担当》，《湖南社会科学》2021 年第 1 期。

（二）汉语言文学等文科类专业课程思政探究与案例

人是世界上学校教育之起始。管子最早提出"以人为本"，后又有苏格拉底强调"认识你自己"。可以认为，人自始至终都是大学文科研究的核心。从广义看，文科可称人文社会科学，包括政治、经济、文化等学科范围；从狭义看，文科又单指人文学科，以人为重点研究对象，包括文学、历史学、哲学、艺术等学科范围。本节之所谓类，不可能面面兼顾，多指文学艺术专业类。课程思政本就是文科类专业建设的内在要求与重要路径，亦是我们提出"孪生式课程思政"的逻辑理数。汉语言文学、外国语言文学、艺术等专业课程天然蕴含着丰富多样的思政内容和动人故事，承载着民族精神和传统文化的精髓，具有极高的审美价值与社会意义。同时，孔子提出的"以诗教化"观点，也充分体现了文科类专业在课程思政中的地位和作用。面对新文科建设中的交叉跨界与协同共生新理念，大学汉语言文学等文科类专业课程思政建设应通过紧密融合的价值塑造、知识传授和能力培养，实现专业思政与人的培养的有机结合。

1. 挖掘人文资源，强化思政价值引领

《周易》云："文明以止，人文也"，"观乎人文以化成天下"。[①] 汉语言文学等文科类专业教师当以振兴各民族优秀传统文化，自觉传播社会主义核心价值观为己任，引导学子发扬中华传统美德，塑造品格健全、意态豁达的精神风貌。

（1）从"富强、民主、文明、和谐"价值目标融入

古代文学凝聚着千百年来传统美德的精髓，其蕴含的天下为公、民为邦本、为政以德、任人唯贤、厚德载物、讲信修睦等，是中国人民在长期生产生活中积累的天下观、社会观、道德观的重要体现，同社会主义核心价值观高度契合。诸子散文、《左传》《国语》等文学典籍，彰显了对国家政治、经济、历史和文化等人文核心价值全方位的认同；中国近现代作家的文艺创

---

① 杨天才译注：《周易》，中华书局 2016 年版，第 126 页。

作，则以中华民族发展史、中国共产党奋斗史为题材，展现了社会主义先进文化的力量，凸显了人文教育中的国家意志与国家力量，可以帮助青年学生增强中国特色社会主义道路自信和文化自信。

（2）从"自由、平等、公正、法治"价值取向融入

先秦诸子不惧安危为公正游说列国，饱含改良社会的赤子之心；屈原、杜甫等诗人追求独立、爱国爱民的人格精神；《窦娥冤》《十五贯》《组织部新来的青年人》等呼唤社会公正和法治的重要性，无不为人敬仰。现当代文学作品书写新语境下中国取得的历史性成就和历史性变革，大到建设小康社会，坚持法治与德治相结合，小到推动人与自然和谐相处等，既是对于文化自信的坚守，亦是中华文明创造性转化与社会文明的创新性发展。

（3）从"爱国、敬业、诚信、友善"价值准则融入

中华文化中，讲仁爱、重民本、守诚信、崇正义、尚和合、求大同的价值观念，同社会主义社会的原则理念天然有着人与人之间的亲和感。古代文人爱国忧民的政治情怀、自强不息的意志品质、勤劳奉献的实践素质，已内化为中华民族的传统美德。梁启超确信"敬业乐业"是人类生活的不二法门。古往今来，这方面的文艺作品可谓汗牛充栋。这对培养青年学生心系民族复兴意识，提升个人素养，增强新时代接班人对祖国的向心力和凝聚力具有重要意义。

2. 重视经典阅读，开拓思政育人深度

汉语言文学等文科类专业强调重视阅读经典，包括文学、历史、美学、哲学、艺术等人文学科的所有经典。经典与要义的黉门传习是中华文明通变恒久、亘古至今的教育学缘由。经典是一个民族特定时代的历史文化记忆，内容上具有原创性、典范性和多元性特征，具有发挥教诲的突出功能。然而，阅读经典并非赶时髦，审美上具有包蕴哲思的特点，重在感悟。没有深度的感悟，再多亦是枉然。其深度取向一般表现在如下两个方面。

（1）旨在从经典中领悟所蕴含的民族文化立场或精神

经典是传承民族文化的需要，是含蓄襟怀的表征，是造就海纳百川人生境界的路径。先秦诸子之散文，希伯来之新旧约，印度之吠陀，古希腊哲

学家断片式之箴言，自是上古世界各民族集体意识、精神气象之体现。此中情韵，只有通过深入研读才能获得感同身受的体察。正如朱光潜所言："不通一艺莫谈艺，实践实感是真凭。"[①] 同样，没有阅读某类经典的基本素养就不能知其真味。课程思政排斥抽象说教和空泛思辨，经典的魅力正在发人深思，亦可赋能于当下。从孟子"富贵不能淫"、屈原"路漫漫其修远兮"、范仲淹"先天下之忧而忧"到夏明翰"砍头不要紧"等，其格言诗句无不是民族精神脊梁的彰显。

（2）旨在从经典的世界互鉴中追寻吾民族屹立之格局

钱锺书说："东海西海，心理攸同；南学北学，道术未裂。"[②] 实则欲求普天之下共有之诗心和文心，追寻中学、西学、南学和北学之通途。在当下世界多元文化语境下，不同人文经典体系间的沟通与对话已成常态。发掘不同人文经典之精神，在跨语言、跨民族、跨文化视野中，重新认识普遍价值与自我、中华民族与世界。如何确立中国作为世界文明古国、其文化的全球张力之格局，即为我们经典阅读之本质，从而进一步探寻中国人文经典的当代价值。

3. 追求诗性审美，活化思政育人生态

文学是人类面对现实生活中的"诗与远方"。蔡元培提倡"以美育代宗教"；西方后现代主义提倡以真善美和谐统一为旨归的整合性思维。汉语言文学与外国语言文学等专业课程富有情感化、审美化、形象化特点，课程思政可以通过诗性审美的方式潜移默化塑造学生的价值观。"诗性"是指文艺的形式和情感抒发，"审美"则指审美感知、审美趣味、审美理想。

（1）以诗性智慧开启真理之门

千百年来，人性真善美于诗中颂扬，成为人们内心的信仰。维柯《新科学》用"诗性智慧"指代人类世界初始阶段的创造性智慧，作为一切科学和哲学的根源与前提。海德格尔认为："一切凝神之思就是诗，而一切诗就

---

① 朱光潜：《朱光潜全集》第 10 卷，安徽教育出版社 1993 年版，第 504 页。
② 钱锺书：《谈艺录》"序"，中华书局 1984 年版，第 1 页。

是思。两者出于道说而相互归属。"① 海登·怀特则指出，历史就其思维特质而言是诗性的。诗以意象化的言辞使有限的语言孕育无限意蕴，突破了理性语言的封闭体系，让"现成在场"意义呈现启迪性。"诗者，天地之心"。中外诗歌引导人感悟心与物交融，与天地之境契合，敞启真理之门，具有突出的道德思想启蒙和教化作用。

（2）以诗性话语熏陶谦善品性

诗性话语蕴含文质统一、风清骨峻、音律优美等艺术特征。现代西方诗学认为："文学就是由语言构成的一种传播模式，是表现、储存、传达美学信息的符号系统。"② 在中国，早于亚里士多德一百多年，孔子即提出"兴于诗，立于礼，成于乐""思无邪"以及"兴""观""群""怨"等诗学观念，从文学与道德关系角度界定文学审美意义。朱熹曰："德者，得也。行道而有得于心者也。"③ 即阐释德育的最终目标是开启善的心灵。诗性话语以超越言语之外的意象空间为核心，融合诗人诗心诗意及对诗的本质冥想，突出道德直觉思维方式，进而陶冶人之善性。

（3）以情之本体感悟臻美境界

李泽厚《伦理学纲要》提出中国文化的"情本体"④；郭店竹简早有"道始于情，情生于性"⑤ 记载。其核心不只是理性认知和道德伦理，而是一种合理性、合人情的情理交融的人性心理。中国美学"陶情冶性"是一个塑造生命意识的过程。以心斋、养气、道器、虚实等观念抵制"物化"，培养"情性"已成传统。文艺能使人超越现象世界的人我之别、人物之别，将人的精神引向高远。经典诗文深奥的道德言语无以言表，不仅是理性智慧的启迪，更是对感性经验、真情实感生动形象的体悟。学生因之受到感染并内化于心，激发对美的追求和道德的探索。

---

① ［德］马丁·海德格尔：《在通向语言的途中》，孙周兴译，商务印书馆 1997 年版，第230 页。

② 乐黛云：《比较文学与比较文化十讲》，复旦大学出版社 2004 年版，第 107 页。

③ 朱熹：《四书章句集注》"学而篇"，中华书局 1983 年版，第 47 页。

④ 李泽厚：《伦理学纲要》，人民日报出版社 2010 年版，第 61 页。

⑤ 李零：《郭店楚简校读记》（增订本），中国人民大学出版社 2007 年版，第 136 页。

4. 注重数字人文，重构思政育人空间

数字人文（Digital Humanities）是当下中外流行的一个新领域，亦即信息技术与人文研究交叉融合。"新文科"指向以数字智慧赋能育人环境，打造技术与人文协同共生的思政生态圈亦属必然。

（1）技术层面的数字应用赋能

运用数字技术可推动思政教学系统的人文形态变革，建立精确测量的评价系统；通过多媒体等信息技术手段，可通过网络连接思政课堂和学科专业课堂，亦可打造虚拟空间的学习场景；还可利用智能技术收集全要素数据，为优化课程思政实施和评价提供准确的测度依据。文学课程对数字人文融会贯通和实践应用十分广泛，同样还会引导课程思政走向新局面。

（2）结构层面的技术生态赋能

依托数字技术推动课程、教学、主体和场域等要素自我革新，可重构课程较为真实的育人系统。因每一门课程的知识图谱和价值结构都有它自身的科学性、规定性，以及与其他课程的关联性。故利用这相对客观的一面再借助数字技术，即能让教学与管理焕发活力。譬如在课程实施上既可利用虚拟现实技术将思政课程资源、学科专业知识有机结合，创造"具身真实"情境，又能借助大数据、云计算等，开发课程思政虚拟社区、拓宽思政学习时空界域；在课程评价上，基于人机协同理论与技术，构建测评模型，即能让传统的以量表、测验、调查为主的评价转为"以伴随式数据采集为主的增值性评价"[1] 等。

（3）价值层面的科技思维赋能

中国人民大学校级思政示范课程《科学技术哲学》，在立足于科学技术的价值负载，探究马克思主义科技观的当代内涵，弘扬科学精神，培育创新精神等方面，起到了良好示范作用。[2] 我们要让凝聚思政价值性、学科工具

---

[1]　谢幼如、邱艺、章锐、罗文婧：《数字化转型赋能高校课程思政的实施进路与评价创新》，《中国电化教育》2022 年第 9 期。

[2]　《中国人民大学 25 门课程思政示范课案例汇总》，"思政资源库"公众号，[2023-07-29]．https://mp.weixin.qq.com/s/ZZtG6-qjVtppDsR5PlekSg。

性的科学精神与课程思政建设全要素、全过程的理性融合，促成思政元素在课程、教学、科研、管理等各环节的渗透嵌入，以此推进思政课程与学科专业的跨界共生；也要使学校场域内各类育人因素在科学精神的浸润下进行内部建构，进而融合共生式地推进课程思政跨界生态系统的建立，最终实现立德树人根本任务的有效落实。

5."外国文学"课程思政案例

"外国文学"是高等院校汉语言文学专业类必修课之一，旨在拓宽学生国际视野、培养人文精神和提升跨文化能力。面对纷繁复杂的外国思想和西方主流话语，如何解决好中华主流意识形态引导和文化自信教育等，是本课程思政要回答的首要问题。

（1）课程思政教学大纲

其一，指导思想。以马克思主义思想为指导。在研读《马克思与世界文学》《马克思恩格斯论文艺》等论著过程中，应深入理解马克思、恩格斯关于世界文学的经典论述。如马克思的《致斐·拉萨尔》、恩格斯的《致玛·哈克奈斯》等谈文学的信函，均已成为文艺创作与外国文学教学的指南。习近平总书记说得好："只有坚持洋为中用、开拓创新，做到中西合璧、融会贯通，我国文艺才能更好发展繁荣起来。"[①]

其二，教学目标。"树人"须以"立德"为前提。高校外国文学课程教师要强化课程思政意识，培养德智体美劳全面发展的学生。一方面，教师应真正成为德才兼备"大先生"，亦即"三尺讲台系国运、一生秉烛铸民魂"；另一方面，应转变教学理念，注重吸取世界文化精华，明确德育目标。

其三，教学重点与难点。关于重点：一是在横向联系上，在特定历史、政治、文化和国家等背景下考察各国文学现象，理解其特点和内涵；二是在纵向联系上，追踪外国文学发展变化的源流，准确把握作家作品在世界文学史上的地位。关于难点：讲授外国文学，自然存在中西两种文化的碰撞问题。如何在跨文化背景下提炼外国文学"课程思政"元素，以增强学生的文

---

① 习近平：《在文艺工作座谈会上的讲话》，人民出版社2015年版，第30页。

化自信与制度自信，系外国文学课程思政教学之难点。

其四，改革方法。学生的外国文学基础普遍比较薄弱，加上大学外国文学开课一般都在中国文学之后，很容易被边缘化。因而，改革教学方法，提高课堂质量即成为首选。一是通过中外文学和文化比较的视域，注重开展启发式教学。要直面中西方文化的交汇与冲突，厚植爱国主义情怀。二是采用翻转课堂，注重实施混合式教学。外国文学课时少，知识点多。通过课内与课外、评点与探究等相结合的方式，必然事半功倍。三是构建智慧课堂，注重拓展式教学。新时代是智能化时代，要主动利用智慧课堂优化教学流程，丰富资源，提升课程思政的实效性。

其五，改革评价。随着课程改革内容的重构，教学方法的改变，最后评价方式的改革才是指挥棒。总体来讲，要侧重过程性考核，完善课程评价机制与方法，做到灵活有效。要转变评价观念，采用全方位、多角度、多形式地检验教学效果；线上学习应充分利用"慕课堂"中的课前、课中、课后不同阶段的内容安排，注重有效监测学生的学习成长经历。

（2）课程思政元素挖掘

外国文学流派纷繁，经典作品哲理深厚，寓意丰富。教师应积极探索打破学生中外二元对立惯常思维的方法，在马克思主义文艺观的指导下，寻找切入点，可以从以下几个方面深入挖掘思政元素。

首先，从历史统摄下的作品所反应的家国情怀意识来挖掘。"文章合为时而著，歌诗合为事而作"，中外古今，莫不如此。历史的发展是文学发展最大的时代背景，对那些历史感极强，能反映大时代变革的作品，其情感、人物或故事等，无不体现作者的人文关怀以及作品人物的家国情愫。譬如《战争与和平》，作者通过安德烈和彼尔等贵族青年投身战争、寻找人生真谛的故事，将个人追求与国家民族命运紧密相连，其蕴涵的超越阶级的美好向往令人景仰。

其次，从作品人物塑造所彰显出的思想品质来挖掘。人的思想品质与信念不是空穴来风，它们往往是借助于人物的一系列言行展现的。诗剧《浮士德》所表现出的勇于实践、精进不懈的"浮士德精神"，自然是很好的思政元素。教师需要引导学生从浮士德在不断追寻至善的坎坷探索中，发现他的活力及其他日益高尚纯洁的品质。

再次，从中西诗学所表现出的"生态和谐"观来挖掘。人与自然的共在、共生、共荣关系的话题历久不衰。华兹华斯、柯勒律治、海明威、福克纳等众多作家，均有作品揭露人类破坏自然规律的恶果，揭示人与自然和谐发展的重要性。即可从马克思主义自然辩证法切入，并与中国新时代"绿水青山就是金山银山"理念相联系，获得教益。

最后，从文化比较的视野看中外审美价值的不同来挖掘。其文化比较视野，不仅要理解东西方文化之间的差异，重在能彰显中华民族的人文价值观。菲茨杰拉德的小说《了不起的盖茨比》是美国文学"迷惘的一代"的代表作，作品刻画第一次世界大战后美国"爵士乐时代"享乐的潮流，反思了社会浮华的表象下蕴藏的精神危机和美国梦的破灭。我们即可将中国梦与美国梦进行对比：美国梦是个人成功梦，中国梦是国家民族梦，是人类命运共同体背景下人民的梦。

（3）课程思政教学策略

以"人文精神"为旨归，实现求知与立德统一。外国文学课程思政的推进不仅仅停留在知识传授的层面上，更强调学生人文精神的培育，以审美教育、道德伦理教育、人文关怀及爱国主义培养等方面为着力点，将文学经典与学生生活实际、学生需求结合起来，推动专业课教学与思想政治教育互促共进。

以"知人论世"为方法，培养学生跨文化能力。学习外国文学的过程是了解"他者"文学和文化的过程，通过他者之镜反观自身，有助于学生更加全面理解中国文学与文化，正确认知外国文化，形成跨文化能力。可对不同文化经典文本包括思想文本、文学艺术文本、宗教文本等进行跨文化比较阅读、研讨、反思，培养学生思辨能力。

以"中西互释"为理念，提升教师思政育人能力。专业教师应明确使命担当，将"转观念""提能力""厚情怀"作为重要发力点，以"互为主观""互为语境""互相参照""互相照亮"理念观照中西文化，以沟通不同文化生命形式和不同体验形式为己任，增进对人类文明史上多样文化并进事实及全球化背景下文化多样性的理解。

以"智慧创意"为手段，打造立体思政育人环境。专业教师需依托数智时代技术设计教学方案。运用互联网重新整合教学内容，充分利用"慕课"、微课等方式，采取混合互动式、问题引领式、小组讨论式等教学方法，使课程思政教学"活"起来。

（三）外国语言文学类专业课程思政探究

1. 特殊性与同向同行性

外国语言文学作为文科类专业，其课程思政与其他文科类专业课程思政虽在学科方向上具有同向同行的共性，均属"孪生式"课程思政范畴，但它又鲜明地表现出自己一定的特殊性。

（1）特殊性

语言是文化的载体，外国语言文学类专业课程均采用外语讲授，必不可少还要选用部分外国人用母语撰写的目标语背景材料作为教学素材，这将很自然地将师生置于外国文化的语境下，必须直接面对外国的话语体系、思想文化以及不同意识形态。外语专业学生长期浸泡在外国语言文化背景下，身处多元文化交融的学习环境，这使他们在思想观念上会变得更加开放活跃，可能更强调自我。日常所修习的外语文本均是"他者"的话语体系，更容易被目的语语言所承载的思想意识和价值观念所影响。更何况大学生鉴别力尚未完全成熟，面对隐藏在语言工具表象下的那些所谓西方资本主义世界的"普世价值"，随时都将对外语专业年轻大学生的世界观、人生观和价值观形成侵蚀渗透。有时候面对国内外一些重大事件时部分大学生在我国立场与国外观点之间摇摆亦时有所见。显然，中西方文化的碰撞在所难免，外国语言文学类专业特性决定了其课程思政必然是意识形态安全的前沿阵地。习近平总书记在全国高校思想政治工作会议上指出："要教育引导学生正确认识世界和中国发展大势"，"正确认识中国特色和国际比较，全面客观认识当代中国、看待外部世界"。① 这正是外国语言文学类专业课程思政的一项重要任务。

（2）同向同行性

无论是外国语言文学专业课程还是课程思政都需通过挖掘语言内涵中的道德价值、培养学生的跨文化意识、提高学生的语言交流能力以及文化传播能力。要培养学生在凝练母语的文化内蕴的基础上，用批判性的眼光去借鉴和吸收目的语的文化理念和价值观念，亦既要站在中国文化角度审视和解读其他语言文化，同时也要从其他语言文化的角度观照中国文化、凸显中国文化、传播中国文化，培养既具有国际视野又有家国情怀的综合型人才，专业课程和课程思政在育人方向上完全同向同行。因此，我们认为"孪生式"课程思政是文科类专业"立德树人"的一大优势。

外语类专业课程与课程思政的目标同向性，即在强调"以树人为核心，以立德为根本"，"为党育人，为国育才"核心理念。2018 年颁布的《普通高等学校本科专业类教学质量国家标准》指出："外语类专业学生应具有正确的世界观、人生观和价值观，良好的道德品质，中国情怀与国际视野，社会责任感，人文与科学素养，合作精神，创新精神以及学科基本素养。"② 其社会责任感和人文科学素养作为外语专业课程素质培养要求，这亦正好契合课程思政属性。

大学者洪堡特说："语言仿佛是民族精神的外在表现；民族的语言即民族的精神，民族的精神即民族的语言，二者的同一程度超出了人们的任何想象。"③ 也就是说，任何一门语言无论其语言要素、语言结构、语言规则是如何变化和不同，都蕴含着该民族对世界的认知观和价值观，传承着该民族文化基因。从人类命运共同体看，其社会发展的大势必然是积极进步的趋势。

① 习近平：《习近平谈治国理政》第 2 卷，外文出版社 2017 年版，第 377、378 页。

② 教育部高等学校教学指导委员会：《普通高等学校本科专业类教学质量国家标准》（上），高等教育出版社 2018 年版，第 92 页。

③ ［德］洪堡特：《论人类语言结构的差异及其对人类精神发展的影响》，姚小平译，商务印书馆 1999 年版，第 52 页。

大学生在掌握一门外语过程中，必然会受到目的语文化精神内涵的影响，同时还会用汉语言文化所蕴含的民族精神、民族价值与他国文化进行比较，并自觉对其所学目的语文化进行解读。总体上，外语专业课程与课程思政均以其外国语言运用为媒介，以语言材料所蕴含的优质文化为根基，在专业育人的内涵上同向同行。

2. 新文科背景下外语类专业课程思政策略

新文科的核心理念是立足于中国特色社会主义，着力培养具有创新精神、社会责任感和全球视野的综合型人才。"一带一路"倡议和"构建人类命运共同体"理念的提出，对外国语言文学类专业课程的质量与内涵的提升提出了新要求。因此，新文科背景下注重培养学生的人文素养、社会科学素养和自然科学素养，提倡跨学科的综合性学习是外国语言文学类专业课程"孪生式"课程思政不断发展的必然选择。

（1）健全外国语言文学类专业内涵发展的机制

在新文科背景下，外国语言文学专业课程与思想政治教育、创新教育的融合是一种趋势。外国语言文学专业课程不再只是关注语言知识和技能的获得，更应该成为传播文化、价值观和思想的桥梁。外国语言文学专业课程可以通过引入国际时事、国际文化，不同国家的历史、文化、政治制度等内容拓展学生的国际视野；培养学生具有跨文化的视野和全球意识，提高跨文化交流的能力；引导学生更好地理解世界，思考社会问题及其价值观，传递国家文化观念，塑造中国形象。为此，外国语言文学类专业课程可以"多元语言文化＋思政＋创新"为机制并配置资源，打破以往人才培养单一的专业知识能力模式；制定以学生为中心，探索专业型、复合型、创新型人才培养新机制，健全其具有专业课程特色的思政体系。

（2）构筑"教师、教材、课堂三位一体"育人体系

践行"立德树人"这一根本任务，需要教师在教材选用、课堂教学内容实施等方面以是否有利于学生核心价值观的养成为基准，在日常教学工作中以"为谁培养人、培养什么人、怎样培养人"为主旨展开教学活动。因此，全力促进"教师、教材、课堂三位一体"，专业课程与课程思政同向同

行，新的育人体系便可基本形成。

①教师是课程思政实施的引领者，不仅在思想上要将思政融入专业课程教学中，还要在专业上有思政育人的素养和能力。因此需结合专业课程和课程思政的特点，以提升外语专业授课教师的育德意识和育德能力为重点，进行针对性研修与培训，使教师走出语言知识和技能教学的窠臼，关注专业内容和思政内容的关联性、整体性及综合效应，为专业课程与课程思政提供核心支撑。②教材是教学内容和知识传播的重要载体，是学生获取知识的主要途径。因此教材的选用与编撰是实施专业课程与课程思政同向同行的一个重要切入点。一方面，外语专业主干课程教材当严格遵循教育部规定，以国家规划教材或社会公认的传统优秀教材为主；另一方面，教师依据主讲教材编选一些原汁原味的语言素材供学生习得亦为普遍做法，但必须得防止习得者母语文化和意识形态安全的失守。③课堂教学是专业教学和课程思政的主要渠道，课堂教学的全过程，包括一堂课的目标设计、教学大纲、教案、教学方法、实验实训的各个环节，都需根据专业课程与课程思政合理安排。注重学生的语言应用能力和综合素养的培养，通过多样化的教学策略和活动，提高学生的听、说、读、写、译等语言技能，同时培养学生的跨文化意识、批判性思维、人文素养和价值塑造。

构筑外国语言文学类专业课程与课程思政三位一体育人体系，需要教师、教材和课堂三个方面的协同配合。教师作为引领者，需具备高尚的人格魅力和专业素养，善于挖掘外语课程中的思政元素，通过课堂教学实践实现育人目标。教材作为教师提炼思政元素和学生获得知识的主要途径，需"根据学生个性化发展需求拓展内容，增强了教材表现力和吸引力，强化了育人功能。"①课堂作为实施融合教育的主要场所，需将思政元素融入课堂之中，引导学生汲取营养，倡导中国特色社会主义核心价值观。综上，新文科背景下的教师需要深刻理解课程育人价值，立足育人为本理念；深入推进素养导

---

① 教育部高等教育司：《价值引领　质量为本　改革创新　监督保障——"十三五"期间高校教材建设有关情况介绍》，http://www.moe.gov.cn/fbh/live/2020/52842/sfcl/202012/t20201224_507266.html 2020.12.24。

向教学，落实教学评一体化；深度协同，共筑育人合力，在育人实践中，当好课程思政实施的主力军。

（3）强化课程思政价值、知识和能力"三合一"育人内涵

突出强化价值引领。一方面，构建外语专业课程思政资源库系确保课程思政价值引领的基本保障。把好入库语料素材的主流价值关系其资源库建设的前提，同时资源库建设内容还应注意从政治、文化、经济、外交等领域分模块构建。譬如政治模块要涵盖新时代社会主义核心价值观、中国梦等外文文献和资料；文化模块则涉及中国古代经典著作、中国风土人情、中华优秀传统文化等介绍中国的经典外文著作；外交模块应涵盖中国外交白皮书、"一带一路"国际合作等内容。再者，还要保持各模块内容及时更新完善，注意将《中国日报》《英语文摘》等有关中国时政经济的最新资料补充入库。另一方面，注重夯实"三合一"育人的实践活动，将立德树人理念切实应用于教学实践，打造一系列深受学生喜爱的校园实践活动，构建起较为完整的课程思政体系更为重要。如某所高校依托英语专业国家一流本科专业建设点与"典籍翻译与传播基地"品牌作用与资源优势，推进当地文化特色资源融入课堂教学；组织开展《习近平谈治国理政》双语读书会、《习近平谈治国理政》（英语、日语版）朗读周、"外国语＋中国故事"短视频大赛、"学习习近平新时代中国特色社会主义思想"知识竞赛、"红色五四"情景剧演绎等丰富多彩的"三进"系列活动；外语专业知识、能力训练与课程思政融合，第一课堂与第二课堂融合，引导学生在价值内涵上认知、在思想感情上认同、在学习生活中践行，让《习近平谈治国理政》多语种版本中的内容，真正入脑入心，为学生成长、成才奠定坚实的思想基础；帮助学生"讲好中国故事、传播好中国声音"，培养具有家国情怀、国际视野的外国语言文学类专业人才。

概言之，遵循外国语言文学类专业课程思政规律和学生成长规律，强化思想政治教育，探索专业服务社会赋能路径，培养理解当代中国、讲好中国故事的时代新人的育人机制，从而推动课程思政纵深化发展。立足学校，鼓励学生参与到介绍当地历史、文化、经济、旅游，讲好地方故事的行

列中。在实践活动中，使学生更好地理解不同文化之间的价值观差异和相似之处，拓展国际视野，更好地理解国家核心价值观，在躬行实践中厚植家国情怀，真正实现中西方国家的文化交流和文明互鉴，最终实现中国文化走出去。

（四）体育学类专业课程思政探究

2020 年 5 月，教育部印发的《高等学校课程思政建设指导纲要》明确提出：体育类课程要树立健康第一的教育理念，注重爱国主义教育和传统文化教育，培养学生顽强拼搏、奋斗有我的信念，激发学生提升全民族身体素质的责任感。[①] 该纲要为大学规范实施课程思政指目标、定规则、划重点，是大学教师开展课程思政工作当遵循的基本指南。

目前，我国大学设置的体育学类专业主要包括：体育教育、运动训练、社会体育指导与管理、武术与民族传统体育、运动人体科学、运动康复、休闲体育等 7 个本科专业。所谓"课程思政"，是相对"思政课程"的一个整体性课程概念，是将思想政治教育融入所有课程教学的全过程。就体育学类专业而言，亦即围绕知识传授与价值引领相结合的课程目标，坚持"育体"与"铸魂"同向同行，"育体"与"育人"互融互通，充分发挥专业所有课程的育人价值。以其专业课程的"隐性思政"功用，与"思政课程"的"显性思政"一道共同构建全课程育人的大格局。

体育学类专业"课程思政"关乎体育高层次人才培养的方向选择和道路设计，亦是拓展体育专业育人功能的系统工程。进入新时代，在中华民族迈向伟大复兴"中国梦"的征程中，"以德育人""以体育人"已成为国家和广大人民群众的迫切需求。体育运动中蕴含着鲜明的文化性、对抗性和社会性，亦决定了它作为思想政治教育资源的客观性和可能性。其实施成效直接关系到能否在每一堂课中落实立德树人根本任务，为成就新时代强国和中华

---

① 《教育部关于印发〈高等学校课程思政建设指导纲要〉的通知》[EB/OL]．(2020-05-2?)[2023-11-28]，http://www.gov.cn/zhengce/zhengceku/2020-06/06/content-5517606.htm。

民族走向伟大复兴作出贡献。

1. 专业课程思政形势严峻

(1) 课程思政配套资源不完善

专业课程思政建设实际是一个系统，尽管该项改革的提出已有一段时间，但诸多相应教学配套资源仍处于初级阶段，不充分、不健全使得课程思政顺利开展增加了难度。其一，教材更新不可能一蹴而就，以往专业课教材均以学科知识为本位，基本没有课程思政这根弦。如运动人体科学理论教材，就多停留在人体知识阐述层面，缺少课程思政、教材思政理念的融入，不利于引导学生正确生命观、健康观的树立。其二，体育类专业人才培养方案，主干课程教学大纲等，如何结合专业课程思政进行整体设计和改进，这方面工作普遍滞后，必然造成教师对课程思政无纲可循，即使有教师主动推动课程思政亦是比较盲目的，效果并不理想。其三，体育类专业教师对课程思政的认识和能力亟待提高。以往思政教育和专业教学各自为政，随着现代学科教学"分离机制"的发展以致逐步表现出不断走向"自我封闭"和专业化。如何改变体育学类专业课程教学的工具化、实用化，最终实现"三全育人"，教师是主导和前提。

(2) 课程思政"内卷化"状况亟待改变

所谓"内卷化"，意指大学体育学界乃至所有专业教学的那种非理性的内部竞争或"被自愿"竞争，实际是一种被"卷"的内耗，这种状况必须通过新的管理理念及其相应机制予以突破。体育学类专业教学的"内卷化"，即在我国不少大学仍长期沿用固有的教学模式，不仅对体育学专业"课程思政"的内涵、价值和意义的认识不足，而在上级对"课程思政"的不断督促下仍感茫然，习惯于旧有模式疲于应付。甚至有人觉得体育学类专业教学与思想政治教育相去甚远，离"课程思政"要求差距太大，从而导致体育学类专业"课程思政"的"内卷化"效应。

2. 专业课程思政建设框架

(1) 明确目标

体育学专业类课程思政是为实现"立德树人"根本任务，强化以德树人，以体育人理念，旨在培养未来以中国特色社会主义核心价值观武装头脑的、为地方经济建设和社会发展的高质量的各类体育专门人才。课程是人才培养质量的最小单元。首先，当按照立德树人总目标及其课程思政理念制订或修订人才培养方案，健全立德树人落实机制，做好顶层设计；其次，定位课程目标，须在知识传授、能力培养中突出价值引领。做好各门课程思政元素的挖掘和整体分布，再按照OBE理念，并要在培养目标与毕业要求的基础上，结合不同课程特点，分别纳入思想政治教育理念以及相应的思政元素，重在知识传授中突出价值观的同频共振。真正做到课程目标引领、教学目标衔接、教学过程贯穿和课程评价落实。

（2）做强"人师"

一名优秀大学老师应当既为"经师"，亦为"人师"，既能精于"授业""解惑"，更能以"传道"为使命。传道与授业、教书与育人、立德与树人，自古以来无不体现了大学课堂专业教学与价值引领的统一。当然，教师的认知水平与教学能力是课程建设的根本。一方面，要突出转变专业课教师的教学观念，强化课程育人的意识。重在改变教师对专业课知识传授与技能提高的过分强调，而忽略人文精神培养的陈旧育人观念，应不断强化专业课教师思想政治教育理论的学习，全面充分发挥课程育人功效。另一方面，要加强教学科研与课程思政融合点的研究与实践，增强挖掘思政元素的能力。建立健全教师思政理论学习制度，通过自学、集中学和专题培训等多种方式，强化对思政教育工作理念、精神与政策的认识和理解。同时，可以根据学校实际加强示范引领，重点支持搭建课程思政示范团队，骨干启动，以点带面，逐步推广。以新文科多学科交叉融合形式优化课程教学设计，践行社会主义接班人培养者的特殊使命。注意树立一批课程思政排头兵，以模范带头作用促进教师质量和水平的全面提升。加强发挥教师在教书和育人两个方面的积极性，鼓励教师将自己打造成能走出专业、走出学院、走出学校的社会主义新型大学专业体育教师。

（3）强化渗透

亦即注重我国社会主义核心价值观在课程思政中的渗透，重点做好以下三个方面的强化。首先，重点通过以德树人、以体育人落实"立德树人"总目标。总目标是全部专业课堂教学行动的指南。一方面，体育学专业类课程思政人才培养的目标定位，当结合专业课程特点，应进行总体规划布局，并落实到课程的所有环节，包括到每一堂课中，与课程教学目标做好衔接；另一方面，专业课程思政教学须得明确通过梳理全部章节的教学内容，再通过具有专业课程核心价值的知识点，进而选择在课程目标中设定的合理思政元素渗透到课程。其次，深入挖掘专业课程中的隐性思政元素，加以补充显性思政元素，两者结合便能凸显本专业课程教学以德树人、以体育人的育人价值。应该说，因全部体育学专业类包含有自然科学和哲学社会科学两类课程具有的不同特点，这样在专业课程知识中选择并"渗透"思政元素或思政资源亦可谓体育课程思政的优势。在体育课程教学中全面解读国内外学科学术发展前沿，培养学生国际视野，夯实学生专业造诣，同时依托学科知识与实践"渗透"所蕴含的国家核心价值、文化自信和人文精神等价值理念。既摆脱了课程教学照本宣科、单向灌输等传统教学理路，又可不断增进教学内容的学理性，缓解思政课程"孤岛化"的现实困境。

（4）重铸机制

专业课程思政实施的一个重要评价方向，必须是定位于专业学习的最后成效。而以往的评价方式只是针对专业以及各门课程的学科知识与实践所设计，对于课程具备的思政精神、专业与思政的契合度以及启发学生实施课程思政的主动性和有益探索等方面却均被无视。毋庸置疑，在当下大学课程思政改革的大背景下，必须重铸专业与课程建设的评价机制。这个机制要既能促进大学体育学类专业教学改革的发展，又能体现专业课程思政建设要旨。评价标准应体现灵活性、客观性和可操作性，避免出现僵化和脱离实际的情况，应纳入大学或院系教学的整体考核评价中。这个机制还应该是动态的，在落实中不断完善，切忌走形式主义。

依据以上思考，按照体育学专业类课程思政的长效原则，还应当建立起如下科学合理的三个机制。

其一，创新专业课程思政评价机制。一方面，从学校层面对专业课程思政进行整体把控，包括课程评价内容、标准、方法等，制定切合实际的考核指标，为专业课程思政自评与他评提供依据；另一方面，从效果层面应对课程考核过程与结果通过"实践—检验—再实践"的反复监督，形成以评促改，以评促管，以评促建的课程思政评价机制，进而不断深化课程思政的育人成效。其二，构建专业课程思政协同机制。从政策层面，要制定相关政策确保课程思政的全面协同，引导专业教师、辅导员以及在学生处与团委工作的干部等同向同行，协同育人；从制度层面，要落实支持体制，促进专业课教师与思政课教师加强协同。一则思政课教师可协助专业课教师解决难点，一同设计课程思政方案；二则思政课教师亦可深入了解专业特点，有助于提升自己教学的针对性。其三，强化专业课程思政激励机制。通过采取物质与精神奖励相结合的方法激发教师在课程思政方面的热情，营造氛围，切实提升教师推进专业课程思政的动力与水平。要建立体育学类专业课程思政工作的联动机制，加大对专业课程思政工作中取得成效教师的支持力度；要在专业特色课程、一流课程、教改课题等项目遴选或结题中增设"价值引领"指标评价项；要将教师参与"课程思政"的工作量化为评优、奖励及人才选拔的重要内容；积极推进"专业课程思政示范工程"建设，激发教师的职业归属感与荣誉感。

（五）学前教育学专业课程思政探究

课程思政系以构建"三全"育人的格局形式，将各类课程与思政课程同向同行，把"立德树人"作为大学人才培养根本任务的一种综合教育理念。学前教育专业的人才培养质量，特别是其师德师风的人格修养对学前儿童的品德形成至关重要。因为学前儿童不具备鉴别能力，而又对教师的行为和语言却具有一种天然的模仿性。毫无疑问，教师的一言一行都将影响学前儿童的品德判断和发展。当然，随着 1994 年《中共中央关于进一步加强和改进学校德育工作的若干意见》的颁发，正式提出"学校德育"和"学科德育"的概念，明确要求整体规划学校德育体系；2017 年出台《高校思想政治工作质量提升工程实施纲要》，进一步强调要大力推动以课程思政为目标的课堂教学改革。在此背景下，各地高校为落实立德树人根本任务也在不断探索，取得了一些成绩，但形势并不乐观。就学前教育专业来看，一是专业教师思想认识不到位，教学手段和方式单一，专业教学和课程思政"两张皮"依然存在；二是不少高校学前教育专业并未形成完整的课程思政体系，教师"各自为政"，"生搬硬套"，为了思政而思政，忽视课程本身的专业性要求，反而降低了课程的效率。基于以上对学前教育学专业课程思政教学实践存在问题的简要分析，教师应当自觉遵循专业课程思政特点，厘清思政融入主线，以"立德"为根本、以"树人"为基础、以改革方法为载体、以文科"孪生式"课程思政为实施和评价保障。有效激励学生主体参与，形成课程思政助推产出导向的契合学科课程属性的"立德树人"创新模式。

1. 学前教育学专业课程思政特点

习近平总书记在 2014 年第 30 个教师节前夕同北京师范大学师生代表座谈时，就如何做一名好老师曾提出 4 点要求——有理想信念、有道德情操、有扎实学识、有仁爱之心。因此，学前教育学专业课程思政从当前高校立德树人的大主题和新抓手出发，必须注重按照"四有"好老师目标，引导学生将所学到的知识和技能转化为内在的德性和素养，将个人发展与社会发展、国家发展结合起来，以此帮助学生树立坚定的理想信念。基于此，学前教育学专业课程思政总体具备以下特点。

（1）专业与课程思政的双重属性

所谓双重属性，系指文科专业的双重育人性。亦即该专业一方面肩负着向学前教育领域输出高素质专业人才的重任，借助课程思政提高学生的专业素养和能力，同时还要培养将来从事学前教育的人品端庄的幼儿园教师，这对一位幼儿教师而言更加不可或缺。必须是"经师"和"人师"的统一，既要精于"授业""解惑"，更要以"传道"为使命。课堂上，专业教学与课程思政完全同向同行。

（2）善用"仁爱之心"这把金钥匙

"四有"好老师的四个方面，各有侧重，同等重要。"理想信念"是好老师的人格基石；"道德情操"是好老师践行使命的品质；"扎实学识"是好老师"授业解惑"之本领；"仁爱之心"则是好老师与学生交流的金钥匙。爱是教育的灵魂，没有爱就没有教育。对幼儿学生来讲，更需要关爱与鼓励。教育部颁发《幼儿园教师专业标准》亦明确幼儿园教师要"关爱幼儿，尊重幼儿人格，富有爱心、责任心、耐心和细心……做幼儿健康成长的启蒙者和引路人"①。

（3）新文科背景下课程思政的向度拓展优势

新文科建设倡导"跨学科专业的知识整合"，以"实现自我的革故鼎新"。② 这对学前教育学专业课程思政向度的拓展亦带来契机，可放开选择具有"高度""温度""广度"和"深度"的内容进行思政。笔者就曾尝试以《"教·艺"整合促进学前师范生专业成长的新型工作坊模式探究》为平台，打破专业间壁垒，实现课程思政内容的学科融合，进而提升教学的"四度"效果。譬如将美育与中国优秀传统文化有机结合，拓展古琴、民族舞蹈等方面内容，帮助学生树立文化自信；在讲授音乐理论时通过让学生欣赏云南民歌、台湾民歌、陕北民歌等，既学得知识，又能增强民族自豪感；美术课程教师则注重引导学生从艺术看历史、看"风骨"、看作品背后创作者的故事等，以渗透其优良的价值观。课堂氛围热烈，教学效果不错。

（4）思政效果突出以表现性和过程性评价为主导

学前教育学专业有着区别于其他专业的鲜明的课程特点，具体表现为课程内容的示范性和实践性。如学前儿童教育学、学前儿童保育学、学前儿童游戏、幼儿园教育活动设计与实施等专业课程均离不开实践与示范，而声乐、舞蹈、手工等专业技能课程更要在实践中学。因此，特别需要突出效果的过程性和重视表现性评价的使用。教师对其"孪生式课程思政"效果的评价，将重点关注学生在课程学习和实践中所表现出的思想品德、专

①　《教育部关于印发〈幼儿园教师专业标准（试行）〉的通知》，[EB\OL]．(2012-09-13)，http：//www.moe.gov.cn/srcsite/A10/s6991/201209/t20120913_145603.html。

②　《新文科建设宣言》，[EB\OL]．(2020-11-03)，http：//www.moe.gov.cn/jyb_xwfb/gzdt_gzdt/s5987/202011/t20201103_498067.html。

业态度以及儿童教育观。整体结合"四有"好老师的要求，综合考虑到学生的个人特点、课堂表现、平时作业等，把汇报展示与期末考试等相结合，把自我评价、同伴互评和教师评价相结合，多元地对学生的学习发展加以考评。

2. 学前教育学专业课程思政指南

（1）做好学前教育学专业课程思政顶层设计

基于当下该专业课程思政所存在的问题，首先有必要加强高校和教育部工作的有效衔接，依据高校特色对该专业课程思政理念的落实作出整体性规划。一方面，要在深挖本专业所有课程思政元素的基础上，将思政方向作出科学布局并分配到各门课程，然后依据专业的毕业要求再做好专业和课程的思政建设目标设计；另一方面，要注重该专业的实践特性，在课程思政实施上处理好"深挖"和"浅讲"的辩证关系。既要"深挖"课程思政元素，又要将思政元素通过学生喜闻乐见的形式"浅讲"出来，不断提升课堂的活力与效果。

（2）课程教学大纲体现对培养方案中思政目标的落实

每一门课程都负有思政使命和责任，也都蕴含着丰富的思政资源，学前教育学专业应当深入挖掘专业课程中或显性或隐性的思政资源以此开展课程思政。首先，课程思政目标制定显性化。结合学前教育专业自身特点，依据培养方案，各科教师深入挖掘相关课程本身蕴含的课程思政元素。挖掘课程目标背后隐性的世界观、价值观、人生观、态度与情感等，以此培育具有优良品德的学前教育学专业人才。其次，课程思政效果以学生的获得感为检验标准，主要包括对学生"学"的评价以及对教师"教"的评价，并将评价结果用之于课程思政的"持续改进"中，形成"评价—反馈—改进"的循环，促进课程思政的不断发展与完善。

（3）课程思政实施注重多科联动、方法多元

在新文科建设背景下，课程实施应关注多科联动，鼓励不同学科教师之间开展合作教学。我们在"教艺整合"的新文科课程建设探索中，建立主题式工作坊教学模式，通过工作坊的绘本设计活动，把学前儿童语言教育课

程和儿童美术等课程结合，实现不同教师合作进行的跨学科与跨课程教学。不仅提高了学生的师范技能和实际处理问题的能力，还可以帮助学生坚定理想信念、培养良好的品德修养、提高自身的综合素养。在教学方式上，采用"线上＋线下""课上＋课下""校内＋园内""课堂＋实训室"等方式将教学、学习、实践相结合，尽可能使用多样有趣的方式，让学生能够全身心、多感官、全方位地进行课程思政。

（4）把社会服务作为落实课程思政的重要渠道

中共中央、国务院印发的《关于加强和改进新形势下高校思想政治工作的意见》指出：高校要"全面贯彻党的教育方针，坚持社会主义办学方向，扎根中国大地办大学，以立德树人为根本，以理想信念教育为核心，以社会主义核心价值观为引领"，并且要"坚持全员全过程全方位育人，把思想价值引领贯穿教育教学全过程和各环节，形成教书育人、科研育人、实践育人、管理育人、服务育人、文化育人、组织育人的长效机制"。[①] 学前教育学专业把社会服务作为落实课程思政的重要渠道，重视通过理论与实践相结合的方式，让学生尝试"知行合一"，使学生在亲身实践的过程当中获得专业素质与师德素养的同步成长。例如，与有关实验幼儿园合作进行"地方文化""爱国教育""民间游戏"等主题研究，引导学生参与实践服务，助力幼儿园特色课程建设；笔者发起并组织实施的"爱心树绘本创意工作坊"，组织学生为有关实验幼儿园的幼儿举行志愿服务活动；指导学生社团"早教部"十几年来持续为校内教职工子女开展早教公益服务活动，平均每年开展活动十余场。这些社会实践服务活动就取得了良好的服务与育人效果。

---

① 《中共中央　国务院印发〈关于加强和改进新形势下高校思想政治工作的意见〉》，[EB\OL].（2017-02-27），https://www.gov.cn/xinwen/2017-02/27/content_5182502.htm。

三、理科类专业:"思辨回锅式"课程思政

(一)"思辨回锅式"课程思政逻辑与实施

1."思辨回锅式"概念与逻辑

20 世纪中期开始西方社会片面强调科技进步,大学人才培养市场逻辑逐渐突出。雅斯贝斯认为,人造就"机器世界","它迫使一切事物、一切人都为它服务。……人看来就要被它消化掉。"[①] 我国步入社会主义市场经济已几十年,不论怎么说,大学人才培养要坚守对人才"工具"理性的超越。

所谓"思辨回锅式"课程思政,"思辨"和"回锅"是关键词。"思辨"者,突出理科的思维特点就是"讲道理",通过理学课程普遍训练学生的科学思维即是最佳途径。"回锅"者,本意是指重新烹调已熟的食品,这里借以喻指理科课程思政在内容和时间上的特性。内容上,因理科课程具有独立的逻辑体系,知识繁杂,课程思政一般只能围绕科学思维、科学精神、"道路自信"这类主导理念,以及我国"24 字"核心价值观适时点到融入。这对理科生虽非全新知识,但他们对这些思政主题只要反复温习,形成内化即为首选。时间上,正如国家在线一流课程《组合数学》马昱春老师所说,因理科课程特点,即要在"设计上形成全流程课程思政闭环,突破'课堂思政'局限,将课程思政……通过课后多方面开展教学设计和实施。"[②] 这正与"回锅式"课程思政理念一致。

多方面"回锅"不过是一种形式把握,科学"思辨"才是关键。"思辨"包含两个指向:第一,自然科学是马克思主义的重要来源。马克思主义认为,劳动生产力是随着科学和技术的不断进步而不断发展的;"各门科学在18 世纪已经具有自己的科学形式,因此它们终于一方面和哲学,另一方面

---

① ［德］雅斯贝斯:《时代的精神状况》,上海译文出版社 2008 年版,第 50 页。

② 马昱春:《建渠以引流　构建从课内到课外的全流程育人场景——以高校理科课程为例》,《北京教育(德育)》2022 年第 10 期。

和实践结合起来了。科学和哲学结合的结果就是唯物主义"①。这里，不仅视理工科为发展社会生产力的首要因素，同时辩证唯物主义与历史唯物主义又正是从理学和社会实践中来。这一揭示必将开启理学与人文发展的诸多思辨课题。第二，理科课程具有不可回避的意识形态属性。这在老子"道—德"共相学说中早有揭示。他将"道大、天大、地大、人亦大"视为"域中四大"，认为天地人皆依"道"自然而然；又说"道"作用于人生便为"德"，是故"惟道是从"者"德"。"天道"（自然之物性）与"人道"（"上德"价值）合二为一。亦即"道"系万物之缘由，"德"系万物本性之品质。② 显然，理科教学之价值思辨者，本为题中之义。

课程思政"思辨回锅式"在理科类专业人才培养中具有优势。它不仅突出了理学思辨特色，又因理学的"数学性"本就在生活中无处不在，这便为打通课内外时空开展"回锅"思政提供了方便。

2. 亟待"思辨""回锅"的几点哲悟

（1）从格致到科学："立德""树人"发展的三次转型

从格致到科学，亦即从儒家经典《大学》"格致"的纯道德意涵到西学science译名，或曰科学，其间跨度约3000年。大致说来，这其中包含"立德""树人"逻辑取向的三次大的转型。

①从"孔门四科"到西汉德治及其"德行教育"的确立

中国学校教育起始于孔子。孔子对学生不仅有明确的人才培养目标——君子，而且有他独创的教学科目。《论语·先进》有云："德行：则有颜渊、闵子骞、冉伯牛、仲弓；言语：宰我、子贡；政事：冉有、季路；文学③：子游、

---

① 《马克思恩格斯文集》第1卷，人民出版社2009年版，第97页。

② 老子《道德经》现行多个版本。"域中四大"者，其"人亦大"或"王亦大"各有所依。基于儒家思想系中国传统文化主流思想，孔孟之"仁爱"系将人置于很高地位，且管仲最早提出"以人为本"，故本处采"人亦大"说。

③ 上古时期的"文学"，与我们今天所谓的文学概念自然不同。邢昺《论语正义》卷11说，"若文章博学，则有子游、子夏二人也"。但据考证，孔子当时自卫返鲁已年满68，而子游、子夏均只20岁多一点，而孔子称赞他们"文章博学"就说不过去。钱穆在《中国历史上的传统教育》又说，此"文学则如今人在书本上传授知识"，显得更加复杂，很不透彻。孔子这里从"四科"列举优秀典型，应是从孔门教学目的及其仕进的角度而言。"文学"实指文治教化之学，亦即儒家四书五经之类典籍的总称。

子夏。"自孔门"德行、言语、政事、文学"四科一出，即有《世说新语》按照"德行、言语……"顺序来编排这本志人系列小说，以呼应孔子"德行"之于人的重要性。在司马迁《史记·仲尼弟子列传》中，更是对"孔门四科"最具权威性的尊崇。

在孔门教学体系中，"德行"不仅为"孔门四科"之首，还着力提倡"仁""知""勇""三达德"。孔子曰："吾道一以贯之。"曾子又补曰："夫子之道，忠恕而已。"（《论语·里仁》）"忠恕"者，在孔门即是道德行为赖以成立之普遍法则。《雍也》有云，颜回（字子渊）箪瓢陋巷非可乐，盖其书中自有其趣，"德行"之"君子德风"已然。以此，孔子接连称赞"贤哉，回也"。换言之，"德行"者，首先是"立德"，其次是"履德"，核心是"德"始终在"四科"践"行"中。孔门"德行"教育，此可谓得到了前所未有的高扬。

然孔子没后近300年，战火频仍，秦施暴政，"德行"教育成为奢侈。西汉顺应民心，汉高祖"以大牢祠孔子"①，已显德治倾向。后有文景、汉武直至平帝，即开创了"德行教育"的历史发达期。西汉"德行教育"的转型，有三件彪炳史册的大事。第一，改秦之败，广开献书之路，为独尊儒家"德行教育"夯实经学基础。凡古文尚书类，至平帝均兼而存之；抑或专事典籍整理，如《尚书》《论语》、大小戴礼及其《大学》《中庸》等更成为德治经典。第二，孝廉为先，首开科举选人新路。汉武登基始诏曰："古之立教，扶世导民，莫善于德"；元光元年（前134年）则"初令郡国举孝廉各一人"②；又"立五经博士，开弟子员，设科射策，劝以官禄，讫于元始，百有余年"③。至唐仍与降敕："今之明经、进士，则古之孝廉、秀才"④。孝廉为明经科举者，一直沿自明清。第三，董仲舒系汉之群儒首，他以其举贤良对策为契机，特以史称"天人三策"禀报，为汉武帝接纳。尽管"三策"带有

① 班固：《汉书》卷1下，中华书局2007年版，第18页。
② 班固：《汉书》卷6，中华书局2007年版，第39、40页。
③ 班固：《汉书》卷88，中华书局2007年版，第884页。
④ 王溥：《唐会要》卷75《帖经条例》，上海古籍出版社1991年版，第1631页。

"君权天授"等错误认识，但其继承孔孟传统，提出了人君正，则朝廷正，百官正，万民正，四方正的"五正"观念，及其"德主刑辅"，"凡以教化不立而万民不正也。……立大学以教于国，设庠序以化于邑"①的"德行"思想，并得以恩准实施，的确具有里程碑意义。

②从程朱理学到"致良知""心学"的勃兴

程朱理学是儒学发展史上的一次重大拓新。宋朝以前，"格物"与"致知"在《礼记·大学》只是两个普通概念，亦未有"格物致知"或"格致"连用情况，基本局限在纯道德领域理解致知与格物的关系。至两宋，程朱尊信孔孟学说，他们围绕人的理、气、性及其价值与修养，程颢、程颐首次以"理"作为最高哲学范畴，构建起以天下公共必然法和最高道德修养准则为内涵的理学大厦，在中国思想史上影响甚巨。朱熹作为二程理学集大成者，大讲"格物""致知"及其关系颇具创意。不仅将《大学》从《礼记》中分立出来，又因其为"初学入德之门"，并定为儒学"四书"之首；还在阐释《大学》段意时说："右传之五章，盖释'格物致知'之义"，特首提"格物致知"并列词汇。然后，指出"致知在格物者，言欲致吾之知，在即物而穷其理也"②，并详尽阐发格物的对象、方法和目的。这里，朱熹跳出原修德之语境，突出"即物穷理"，已初显"格致学"的科学认识论意义。同时，朱熹的科学理性精神及其在天文观测方面的研究与实践，英国科学院院士李约瑟更以"非凡的认识"③对其予以高度肯定。

至明代中叶，阳明心学对《大学》"格物"观念的进一步阐释，最能反映他与程朱理学不同的价值取向。王阳明云："近世格物致知之说，只一知字尚未有下落，若致字功夫，全不曾道著矣。"④认为"知"者为何，如何"致"者均不明了，未得要领。基于此一时弊，阳明则将此中奥秘概括为

① 班固：《汉书》卷56，中华书局2007年版，第562、563页。
② 朱熹：《四书集注》，岳麓书社1997年版，第5、11页。
③ 李约瑟：《李约瑟文集》，辽宁科学技术出版社1986年版，第527页。
④ 王守仁：《王阳明全集》上，上海古籍出版社2011年版，第211页。

"致良知"，并反复告诫弟子"吾平生讲学，只是'致良知'三字"①。

"致良知"心学命题主要涵盖本体论和功夫论及其关系。阳明云："良知者，心之本体。"② 又云："天命之性……是乃明德之本体，而即所谓良知也。"③ 要言之，天赋良知即是对人本体性和能动性的肯定，与二程所云"良知良能，乃出于天，不系于人"④ 迥然有别。然良知虽为本心所居，但又不一定为人在实践中明觉。阳明又云："孰无是良知乎？……《易》谓'知至，至之。'知至者，知也；至之者，致知也。此知行之所以一也。"⑤ 意为良知即知，致良知即行，知行合一才能"致"。"致"的"功夫愈久，愈觉不同"，"再体到深处，日见不同，是无穷尽的"。⑥ 这不仅与程朱强调知先行后有异，而且对当时那种只知不行或知行相违的假道学流弊又是致命一击，令人称快！"良知"与"致良知"体用不二的关系正是阳明心学之要津。

知行问题，上古早有涉及。阳明全力反对程朱将知行分而观之，首提"致良知"及其"知行合一"心学，转为"六经注我"，真正以中庸为的，打破了几百年程朱理学在思想界独霸一方的局面，亦为"德行教育学"之重大转向。梁启超更称其学说"势极伟大"，"支配了全中国"。⑦

③从 science 格致、科学译名到"立德""树人"近代嬗变

20 世纪以前，"科学"用语还未在中文里出现。中国作为一个历史悠久的世界文明古国，从上古直至 15 世纪，其科学技术可谓独霸全球。这期间东西方科学均以自己的方式解决生活中的实际问题，有没有一个统一的概念似乎并不重要。朱熹创造性地继承二程"格致论"，建立起兼有科学认知理性的格致学，这与 10 世纪前后中国科学的高速发展现实相关。此后，明代

① 王守仁：《寄正宪男手墨二卷》，《王阳明全集》中，上海古籍出版社 2011 年版，第 1091 页。

② 王守仁：《王阳明全集》上，上海古籍出版社 2011 年版，第 69 页。

③ 王守仁：《王阳明全集》中，上海古籍出版社 2011 年版，第 1067 页。

④ 程颢、程颐：《二程遗书》，上海古籍出版社 2000 年版，第 70 页。

⑤ 王守仁：《王阳明全集》上，上海古籍出版社 2011 年版，第 211 页。

⑥ 王守仁：《王阳明全集》上，上海古籍出版社 2011 年版，第 106 页。

⑦ 王勉三：《王阳明生活》，世界书局 1933 年版，第 2 页。

薛瑄、王廷相等阐释格致的科学求真意味更浓。王廷相云："格物之解，程朱皆训'至'字。不如训以'正'字。""格物者，正物也，物各得其当然之实则正矣。"① 至明后期，意大利来华传教士利玛窦（1552—1610）则开始用"格致"指称科学。

当历史的车轮驶向近代，随着伽利略（1564—1642）近代科学传入中国，对明清以来的学校人才培养及其科学研究影响深远。其嬗变有三：第一，国家"欲求富强，必先格致"的呼声日益高涨，"格致学"成为时髦，并开始形成引进西方科技的第一次高潮；第二，由徐寿等人创办的以实施实学为主的第一所新式书院——"格致书院"，于1874年挂牌招生，普遍开设天文、算法、制造等自然科学，人才培养"立德""树人"科目逐渐走向全面；② 第三，1905年随着科举制度的废除，"格致"意义更为狭窄，民国前后science"科学"译名便逐渐完全取代"格致"。

（2）"李约瑟难题"的是与非

"李约瑟难题"最早于1944年提出，此后经他多年研究并还受派到中国工作多年，至1985年其"难题"得到更凝练的呈现：为什么在公元前2世纪到公元15世纪间，在把人类关于自然的知识应用于实际需要方面，中国文明又远比西方文明更有效地造福人类？为什么近代科学，即关于自然界假说的数学化及其在先进技术上的应用，只在伽利略时期的西方发达起来？③

该难题一直是中外学术界讨论的一个热点，它本是两个很富有启发意义的思路很清晰的问题。令人遗憾，不少中国学者却将"李约瑟难题"归结为我国古代没有科学，围绕有无双方还曾激烈论辩。④ 然李约瑟在其他著述中曾明确指出："在十一、十二世纪，中国的科学发展到了它的顶峰"，"中国人民在过去的若干世纪里对整个科学和技术的贡献，我相信人们经常严重低

---

① 《王廷相集》，中华书局1989年版，第838、775页。

② 朱有瓛：《中国近代学制史料》（第一辑上册），华东师范大学出版社1983年版，第165页。

③ 李约瑟：《中国与西方的科学和社会》，潘吉星主编《李约瑟文集》，辽宁科学技术出版社1986年版，第67页。

④ 田松：《科学话语权的争夺及策略》，《读书》2001年第9期。

估。"① 两相对比，讽意难当。

"李约瑟难题"的提出与他的政治态度及其时代背景有关。1900 年 12 月李约瑟生于伦敦一个知识分子家庭。他很善于读书，1924 年夏即被剑桥授予哲学和科学博士双学位，此后还成为杰出的英国皇家科学院院士。李约瑟还目睹了世界大战给人民带来的惨状，他总能勇敢地痛斥纳粹势力对社会和科学的摧残。他还曾受到一个不懂中国科学的美国人的诋毁，指责"李约瑟是一位马克思主义者，他的《中国科学技术史》不可信赖"②。对此，李约瑟却始终以一种无所畏惧的科学态度来对待。

从李约瑟博士多卷本《中国科学技术史》以及他的相关著述看，"李约瑟难题"的是与非至少包含以下几点：第一，近代科学首先在哪里发达起来并不重要。近代医学如果不吸取早期中医的有机论人体观，"便不会有真正的近代世界医学"。重要的是不同科学能"交汇融合，形成统一"。③ 第二，科学是无辜的，一切取决于科学发展是否有利于人类不断进步。一战和二战，"近代科学及其产生的技术已经远远超前于西方和现代世界的道德，因而我们一想到人类恐怕不能控制它而感到不寒而栗"④。第三，中国未能发展资本主义确亦造成了近代科学的发展滞后。历史上中国人民对发展资本主义不是没有机会，但均因帝国主义列强的横行干扰，然李约瑟仍然对古老的黄河文明发展近代科学寄予厚望。⑤ 第四，"中国有许多技术发现，但这还不是近代科学，也不是理论科学，而是经验科学"⑥。这个区别很重要。西方所谓的科

① 李约瑟：《中国对科学和技术的贡献》，潘吉星主编《李约瑟文集》，辽宁科学技术出版社 1986 年版，第 109—110 页。

② C. Gillispie：Perspectives, in American Scientist, XLV：169-176（1957）.

③ 李约瑟：《世界科学的演进》，潘吉星主编《李约瑟文集》，辽宁科学技术出版社 1986 年版，第 204、201 页。

④ 李约瑟：《中国科学技术史》第 5 卷第 2 分册，周曾雄、李枚功、陈罕译，科学出版社、上海古籍出版社 2010 年版，第 xxii 页。

⑤ 李约瑟：《中国古代的科学与社会》，潘吉星主编《李约瑟文集》，辽宁科学技术出版社 1986 年版，第 53、37 页。

⑥ 李约瑟：《中国与西方的科学与农业》，潘吉星主编《李约瑟文集》，辽宁科学技术出版社 1986 年版，第 90 页。

学或近代科学，它不只是指化学或数理科学知识之类，而是更偏向于动词，强调对自然界的数学假说与应用，及其不断地实验验证。李约瑟博士不希望中国的科学技术仍属于达·芬奇式的。① 第五，近代科学不是目的，只是一种实现人类大同② 的进步手段。如何实现，李约瑟强调，一是我们必须要把火药与炸药的和平用途牢记心中；二是"欧洲，一种海盗式的文明区域"，它总是想伸手掠夺他人财富，而中国传统总是从如何利于人类的角度思考问题，"值得赞美"与反思③；三是对科学"残忍性""控制必须主要是伦理的和政治的，在这方面中国人民可以影响整个人类世界"，"中国文化从未有过'唯科学主义'"，"中国口号'政治统帅一切'，其本质就是道德价值"。④

（3）"格致"的科学逻辑实践及其格义退出之启示

中国文化中比较典型的格义起源于佛教传入华夏初期，主要指用老庄等已有概念来比附佛教教义。事实上，任何一种外来新文化的传入，均须通过本土固有术语的格义及其冲突与调和的过程，才能逐渐达到一定程度的同构与发展。science 的"格致"格义无不如此。

《大学》云："欲诚其意，先致其知；致知在格物。""格致"原本单指道德修养问题，与西语 science 相差较大。然而，自中国 11 世纪中期以来的几百年间，不仅有程朱理学"格物穷理"的科学思维，然后又有 1582 年来华意大利传教士利玛窦所说，"中文当中并不缺乏成语和词汇来恰当地表述我们所有的科学术语"⑤，可视为对程朱"格致学"的高度认同。同时，从科学逻辑格义实践看，更是出现了一批很有影响的"格致"成果。首先，中西

---

① 李约瑟：《中国与西方的科学与社会》，潘吉星主编《李约瑟文集》，辽宁科学技术出版社 1986 年版，第 66 页。

② "天下大同"系孔子在《礼记》中的一个理想，李约瑟在《中国与西方的科学与农业》等文中曾多次引用。

③ 李约瑟：《科学与中国对世界的影响》，潘吉星主编《李约瑟文集》，辽宁科学技术出版社 1986 年版，第 268、222 页。

④ 李约瑟：《历史与对人的估价》，潘吉星主编《李约瑟文集》，辽宁科学技术出版社 1986 年版，第 311、321、322 页。

⑤ 利玛窦、金尼阁：《利玛窦中国札记》（下册），何高济等译，中华书局 2010 年版，第 517 页。

格致均注重观察。据《朱子全书》卷 49 载，在 1150 年前后，朱熹通过观察发现高山石中有螺蚌壳，而后认定该区域曾经是海。自然科学史家斯蒂芬·F. 梅森评价说，朱熹能辨认化石乃"中国科学最优秀的成就"①。其次，世上万物必有其理，而"理各有条理界瓣"②。这即为按科类"格致"打通要津，亦与科学即为分科之学同理。随后便出现了《证类本草》（1155 年）、《汤液本草》（1335 年）、《庚辛玉册》（1426 年）、《本草纲目》（1560）等。李约瑟博士对此高度肯定，这些成果证明中国植物学是属于近代系统植物学奠基人德纳福水平的。③ 再次，"格致"作为 science 的格义译名，当时还有不少带有"格致"书名的著作问世。如朱震亨医学专著《格致余论》（1347 年），曹昭文物鉴定专著《格古要论》（1387 年）等。以致来华传教士亦均喜好以"格致"译著科学著作，如意大利传教士高一志的《空际格致》（1626 年），德国传教士汤若望的《坤舆格致》（1676 年）等。格致格义，前后持续 800 余年，对我国科学尤其是宋代科学高速发展的促进，其成绩很难得。

格致格义在中国普遍接受已历时漫长岁月，但为何最终于 20 世纪初还是被科学概念取代？依据当时一批具有留学欧美以及日本的学人的观点，格致格义的继续存在已不符合科学发展应不断"扬弃"的要旨。著名学者乔治·萨顿更指出，科学是改变物质世界，当然亦是改变精神世界最为强大的力量，而且"它已成为革命性的力量"④。这种力量，核心就是科学精神。换言之，如果要让科学的力量发挥得更加充分，就要集中地、全面地正视科学的精神与功能。

首先，科学精神总是试图否定自身。换言之，科学只有不断前进才能称为科学。尽管儒家格致在中国已主导人们的认识数千年，且在它与科学的

① ［英］斯蒂芬·F. 梅森：《自然科学史》，上海外国自然科学哲学著作编译组译，上海人民出版社 1977 年版，第 75 页。

② 黎靖德编，王星贤点校：《朱子语类》（全 6 册）卷 6，中华书局 2020 年版，第 108 页。

③ 李约瑟：《中国植物分类学之发展》，潘吉星主编《李约瑟文集》，辽宁科学技术出版社 1986 年版，第 840 页。

④ ［美］G. 萨顿：《科学的历史研究》，刘兵等编译，科学出版社 1990 年版，第 20 页。

格义中确亦多有贡献，但毕竟已属于过去。更何况，它与近代科学，即逻辑、数学和实验三者结合的知识创新体系相比，已出现了断崖式差距。其次，人类的科学认识应是感性、知性和理性三个阶段的综合，然中国人似乎并不重视知性思维环节，这必将影响辩证的哲学的理性思考。尤其是在世界新一轮科技革命到来的当下如果没有知性思维，没有"形而上学"的自然科学洗礼肯定不行。这一点，在格致格义中难以涉及。我们对科学的精神价值认识不足，以及近代科学在我国一度滞后等，与此不无关系。再次，科学精神还须以人为本。竺可桢谈科学精神有八个字："只问是非，不计利害。"[①]"只问是非"强调追求真理，注重利人为先；"利害"指政治集团或个人的得失。这"八个字"亦是社会主义和资本主义国家的根本区别之一。我们必须坚决反对"只计利害，不问是非"的一切玷污科学精神的行为。

3. "思辨回锅式"课程思政改革实施进路

思政教育的丰富性、正当性和科学性须以思政育人的专业说理性为前提。否则，简单说教就会被认为是意识形态的"洗脑"。很有必要从学科学理入手实施"思辨回锅式"课程思政。

（1）强化价值引领，重构培养目标

突出价值引领正是基于理科课程思政现状以及我国科学发展史上立德树人的三次转型特性。自然科学进步把人从神权的奴役下解放出来，生物医学出现极大减轻了人的病患痛苦。马克思主义告诉我们，自然科学的发展必然承载人类前进的价值使命。课程思政不能没有人的目标，它在整个专业建设中具有向导性。离开这个价值逻辑，所有快餐式的心灵鸡汤必然缺乏课程思政的正当性。之所以要强化价值引领，全面科学设置人才培养目标，主要基于以下两点：第一，以讲授自然科学理论及其应用的理科课程绝不是与价值无涉和非意识形态化的。质言之，自然科学具有"课程""思政"或"科学""育人"的双重属性。众所周知，自然科学的突破及其成就，就是马克

思主义思想创立与发展的一个重要前提；马克思不仅研究科学发展对于近代资本主义工业生产的促进，还写下了著名的《数学手稿》，这对增强马克思主义的哲学水平具有重大意义。第二，科学由人创造发现，其成果最终亦是为了推动人类社会的不断发展。马克思主义认为，科学的发展，人的发展，目的均在是以"人的解放"为中心的社会的发展。这一点，亦正是理工课程强调学以致用、突出理工课程思政践行知行合一的目标所在。爱因斯坦说得好，我们的问题不能由科学来解决，而只能由人自己来解决。毫无疑问，人的培养目标问题举足轻重。

（2）"思辨回锅式"系统设计

理科课程思政症结还在教师未能真正理解教学内容"科学性"与"价值性"相互渗透的应然状态。系统理论为"思辨回锅式"课程思政提供了不同视角，它要求将价值取向、学科知识和能力组成一个有机整体。其整体具有边界、"思辨""回锅"要素及其要素和要素之间的相互联系，边界构成系统结构，结构与功能互为因果。其价值塑造具有思辨内隐性，知识与能力习得具有绩效外显性，并借助系统理论有机组织。为实现"思辨回锅式"课程思政的有效运转，不仅要突出价值并落实效果评价，教师结合课程学理融入思政是难点，更是一门艺术。

①以思辨悟道为特色的内容彰显

所有自然界及其规律无不由"现实的人"来揭示，这是我们做好"思辨"的前因。思辨不能泛，更不能想入非非，须以省悟"人道"为宗。如何彰显思辨悟道，需要从全程、全面来设计。

就全程悟道而言，一则，从教学目标看，自然科学虽以自然为对象，重在客观存在的自然物质、自然现象及其规律，具有鲜明的客观性，而人亦为自然的一个部分。研究人与其生活自然的关系，及其人类状况正是自然科学思辨悟道最重要的前提。二则，从教学过程看，尽管自然科学研究是客观的，但其自然界及其规律不能自我表白，均得通过人的经验和价值观来观察、解释自然界的一切。自然科学活动中这种人的因素，亦即决定了一定的我们思辨悟道的主观合理性。三则，从教学成果看，尽管自然科学注重求真求实，但教学成果一经人的应用，为人民服务，其课程功能就自然具有一定的意识形态价值属性。这样，通过理科教学进行思辨悟道、发挥课程育人功能，我们义不容辞。

就全面悟道而言，一则，从学科知识内容看，理科知识拥有严谨的体系，对相关知识的修习需要遵循一个循序渐进的过程。它不仅会让学生以此形成一个完整的知识链，同时亦是学生逻辑思维的自觉形成过程，这将有益于学生思维水平和悟道水平的提高。同时，理科课程内容还蕴含有丰富的育人素材。如地质类专业所包蕴的对生态环境的关怀和对人类发展前途的关照，医学类专业所包蕴的对人类生命、生存和发展的尊重与呵护等。二则，从学科语言描述看，理科语言符号描述系统的构成具有自己的使用风格，这同样有助于学生悟道表达良好习惯的养成。比如，数学通常采用"∵""∴"的方式描述"因为"和"所以"的因果关系，在地理学等学科中常运用表格、图形等描述变量之间的数量关系或事物之间的结构关系等，其直观、简洁和丰富的描述方式，思辨悟道亦全在其中。显然，受以上数理学科思维的影响，人们会更加追求简约与精确，崇尚和谐与实用，反对虚无与不真实。三则，从学科教学方法看，理科教师在教学中不仅可通过客观描述、逻辑推演、分析综合等常用教学方法，还可通过近代物理学中观察实验法的应用，以带动科学思维方法的日趋完善：现象观察——提出假设——逻辑推理——得出推论——实验检验——规律性认识的形成。长此以往，这种科学思维的训练和养成，实际亦为学生悟道能力与水平的提升。

②以生活内化为方式的"回锅"达成

价值观不是显性知识，而被认为是属于缄默知识的范畴。不能说教，重在内化。因为缄默知识具有难以用语言文字或符号表述的特征，这亦即决定了灌输式教育的非科学性。这样，课程思政以生活化的"回锅"方式必将为受教育者所喜闻乐见。价值观的内化过程，夯实"思辨""回锅"不容怠慢。"思辨"是本色，即便在学校课堂，师生交流亦当具有谈话风。"回锅"倡导课堂思政话题要努力让学生在对校内外课余生活的自主体验中自然自得。

　　马克思主义认为，科学思想若不能融入人民大众的生活，是没有生命力的。远离人民生活的思想理论，就不能发挥其指导作用。同理，理科课程思政的思辨悟道观念倘若离开了广大学生的生活实践，就必然是无源之水。要让思辨悟道"上接天线""下接地气"，自然而然地走进学生的"生活圈""朋友圈"，除此没有他选。为实现隐性教育的目的，就应认真研究谋划真正生活内化的"回锅"方式。须知，其"回锅"方式既然是生活化的，就可能是随意地，很有必要避免陷入自我感觉良好的尴尬境地。因此，生活化的"回锅"项目必须在坚持"内容为王"的基础上不断优化"悟道信息供给"，有的放矢地开展富有理科特色的核心选题策划与展呈设计。

　　首先，要组织好所有第二、第三课堂活动，这对发展学生的自信、合作等非常有益；其次，要通过课外多渠道地和学生进行反复信息"回锅"交互，从而增强生活化思辨思政的魅力和效力。其"回锅"项目主要包括：一则，"自媒体场域浸润"。自媒体包括抖音、B站、快手、微信、微博、Twitter等，其低门槛操作进入，已让越来越多的大学生以及普通大众可通过多种手段实现"全民DIY"视听狂欢。自媒体具有发布即时性、互动高效性、所属自主性特点，但稍有不慎即会出现传播裂变。然而，我们又不能因噎废食，需要健全民主管理。可通过导师及时引导，让青年学生能浸润在丰富健康的课外生活中，同时又能得到专业答疑和人生咨询等。二则，"价值判断圆桌时间"。即由教师事先下发一个思辨思政的逻辑推理判断讨论题，通过逻辑三段论的方式，让学生独立自行结合讨论题上下文推理填写其中的一个空缺项。然后，在教师指导下约定一个课外圆桌时间，开展由师生共同主导的研讨。其方法的特点是通过理性精神的培养和逻辑思辨能力的训练，可以达到让学生在讨论案例事件冲突面前坚守价值信念的目的。三则，"共享QA文档墙"。即鼓励学生共享小论文，通过有组织的活动发现、分析和解决问题。四则，"知行辅导"。即坚持通过小组讨论、考察报告、志愿行动等活动辅导育人。如利用时事热点设置开放性题目，让学生作小组讨论分享并实施评点。

（3）思辨思政资源库的建设发掘与使用

鲜明的逻辑性与理论性可能会表现出理学专业的自闭倾向。然而，没有思政资源的源头活水，难免将导致课程思政无所适从。

泰勒指出："任何单一的信息来源，都不足以为明智而又全面地选择学校目标提供基础。"① 亦即丰富的课程资源必是实现课程目标的保证。自然，课程思政资源库是我们寻求目标的参照。如不寻求这类目标，没有这个参照，即难以反映课程活动的价值，甚至会因课程资源不协同而成为其他质的规定性参照。鉴于"人民视讯"已建成普适的《人民课程思政教育资源库》，但专业性不够，如直接拿来用，"两张皮"弊端难以回避。建设好规范可用的"思辨回锅"课程思政资源库（简称资源库）依然紧迫。

资源库建设的主要任务有三：首先，课程资源的概念与重点。课程资源是指一切可能进入到课程教学活动的条件和材料。其中思辨思政资源是核心，那些参与专业课程活动的一系列长期积累的以育人为目的的指导思想和心智模式尤为宝贵。其次，逻辑与分类。中国特色社会主义办学方向决定了课程设置的意识形态属性，课程思辨思政资源亦必须体现我们共产党人的价值追求。资源库应坚持以育人功能为主导，以融合功能为方式。以此为逻辑将核心思想资源分为科学思维、"道路自信"、科学精神和学科文化四个系统。再次，标准与发掘。目前资源库一般分为学校办学思政主线、专业课程思政主题、课程章节思政话题三个层面。资源库建设并非一劳永逸。教师如何依需选取，用哪个材料，传达什么价值，仍需依据标准斟酌，甚至还要自行发掘亦是常态。标准倒不复杂，凡支持育人理想以及课程思政大纲即可。但实现"课程""思政"相融不容易，其推手全在资源发掘或选择。资源发掘技巧是："吃透两头、思辨为媒。""两头"者，一头是该课程思政育人的主导价值，一头是该专业课程知识所隐含的基本学理。一旦两头吃透，再以思辨之媒即可喜结连理。黄桂芹讲授"电磁学"，不仅对该课程"场""电与

----

① ［美］拉尔夫·泰勒：《课程与教学的基本原理》，施良方译，人民教育出版社1994年版，第21页。

磁""电磁场和实物"等概念及其电磁现象的本质规律了如指掌，又能从哲学思维高度发掘深蕴其中的辩证唯物主义思想。学习专业知识和训练学生的辩证思维能力双管齐下，即顺利实现课程思政双赢。①

（4）突出评价的三个着力点

课程思政评价亟待健全：一是确定评价原则。按照科学性、过程性和多元化制订方案：科学性要求依据教育部《课程思政纲要》及相关文献，以及德尔菲法以确保指标体系不断完善；过程性旨在确保评价结果的客观性与真实性；多元化旨在确保评价主体的全面性。二是建构评价目标与体系。总体上明确思想引领、情感培养、职业精神、行为规范和公民人格五个核心目标，然后细分为若干二级目标。以下为实施，教学内容、方法和效果即为一级指标，再制订各自的二级指标以构成体系。三是评价激励。课程思政教师是主导，有学者还制订了《教师课程思政教学评价指标体系》，但稍显琐细。不如参照国家一流课程评审推荐办法，对教师设置相应一票否决项，再对成效显著者另行奖励。

（二）生命科学等理科类专业课程思政探究

随着新时代大学立德树人的深入开展，理科类专业课程思政问题亦得到了广大教师的密切关注与践行。爱因斯坦指出："用专业知识教育人是不够的。通过专业教育，他可以成为一种有用的机器，但是不能成为一个和谐发展的人。要使学生对价值有所理解并产生热烈的感情，那是最基本的。他必须获得对美和道德上的善有鲜明的辨别力。"② 这个观点很能消除一部分理工科教师对课程思政的误解。而且，即如生命科学等理科发展本就是马克思唯物主义的立论依据之一，其专业课程蕴含着丰富的马克思主义立场观点与方法，更是天生的课程思政资源库。众所周知，生物科学进化论即为马克思

---

① 黄桂芹等：《电磁学课程思政资源的挖掘——以渗透辩证唯物主义思想为例》，《大学物理》2023 年第 1 期。

② [美] 爱因斯坦：《爱因斯坦文集》第 3 卷，许良英、李宝桓等译，商务印书馆 2010 年版，第 358 页。

主义唯物史观提供了物质世界的自然科学佐证，生命科学亦是在生物科学基础上发展起来。从研究生物的结构和功能、系统和演化上升到研究生命的本质、活动与发育规律，以及各种生物之间、生物与环境之间的相互关系。它以基因理论为指导，应用分子生物学技术，以序列语言来描述生命的本质，以细胞活动来演绎生命现象，以蛋白质行为来解释生命的过程，不但为马克思唯物主义提供微观物质世界的科学依据，而且进一步支持了马克思唯物辩证法的基本规律。[①] 我们通过对生命科学专业微生物学、植物生物学、动物生物学、遗传学等课程学习，一方面可掌握生命科学的基本理论知识，培养良好的生命科学素养及其基本能力；另一方面又在"教书"中"育人"，尊重人与自然的和谐共生，培养追求真理、勇攀科学高峰的责任感和使命感。正如我国《高等学校课程思政建设指导纲要》所说，理学类专业课程，要在课程教学中把马克思主义立场观点方法的教育与科学精神的培养结合起来，提高学生正确认识问题、分析问题和解决问题的能力。

1. 专业课程思政之挑战

单从生物科学专业而言，因为该专业涵盖了动物学、植物学、生物化学等十多个二级学科，知识覆盖面广，学科综合性强，产生的直接后果是：生物科学专业门槛高，本科生学基础，硕士生才刚入门，专业课程修读任务十分繁重；同时，该专业毕业生就业环境差，国内并没有比肩国外巨头如强生、辉瑞、罗氏等顶尖的生物公司，无法提供足够的具有吸引力的岗位。以上两点，难免使得该专业教学重专业知识与技能，而常常忽视思政价值观的提升。再从大学理科专业教学的整体而言，西汉扬雄《法言·学行》指出，"师哉！师哉！桐子之命也。务学不如务求师。师者，人之模范也。"毫无疑问，课程思政关键还在教师。虽然，近些年来大学理科专业课程教师已逐步意识到了在专业课程中进行思政教育的重要性，但在实际操作中仍受制于对课程思政建设本体知识的缺乏。对课程思政建设的信念普遍存在不足，不少教师表现出畏难情绪；即便起步，部分教师引入思政元素时却常常表现出两

---

① 白雪涛：《生命科学与唯物辩证法》，《学海》2004 年第 6 期。

种不良趋势，或游离于学科教学之外，为思政而思政，或过于追求思政元素融入而影响专业知识和能力的教学。

2. **专业课程思政之关键**

生物科学等理科专业课程内容知识点繁杂，仅仅利用课堂时间无法将其融会贯通、灵活应用，课程思政更难以有效开展。课程思政在设计上当贯彻"思辨回锅式"理念，全流程闭环突破课堂时空的限制，在课前布置线上平台学习内容，激发学生学习兴趣，初步掌握基本概念；课堂上对真实案例进行模拟讨论，让同学们通过角色扮演置身于真实场景，体会社会责任和职业道德；课后通过企业实践、社会宣讲等第二课堂、第三课堂内容的实施，提高团队合作意识，践行使命担当。

在"思辨回锅式"课程思政实施中，让学生明白"思辨"是确保思政效果的关键。以"食品质量与安全控制学"课程为例，2019 年中共中央、国务院颁布《关于深化改革加强食品安全工作的意见》，就为该课程提供了非常清晰的逻辑主线和"思辨"着力点。在思政方面，我们必须服务国家食品安全战略，要拥有社会责任、职业道德，践行使命担当。在专业方面，要求科学严谨、锐意进取，着力提升学生对食品全链条的监管和治理能力，保卫舌尖上的安全。主张"从实践中来，到实践中去"，让同学们从各种不同的场景、身份、角度开展学习和实践，把学生培养成为国家战略和行业需求的高水平、应用型，而又兼具深厚正能量的专业人才。

3. **专业课程思政之本质**

"思辨回锅式"课程思政的本质是课堂"讲道理"与课外"悟实践"的结合。"思辨"突出自然科学是马克思唯物主义理论的重要来源，蕴藏着马克思主义丰富的人学及其历史发展观，"讲道理"就是揭示出其中的立场、观点与方法；"回锅"系指理科专业课程思政在实践内容和方法上的一个特征，内容上多指结合专业教材对思政核心价值观反复温习，形成内化；方法上因理科教学时间问题常需要利用课下渠道，在线上或实验实践场所与学生就相关思政主题再做深入交流，在实践活动中加以巩固。因此，"思辨回锅式"即是一种深度的"知行合一"，以知明情，以情坚意，以意笃行，以行悟知，统筹知情意行。可以认为，利用情感的浸润性开展"沉浸思政"即"思辨回锅式"本质。

"沉浸"原指浸于水中，喻指人全身心地投入到某种气氛或思想活动中。当人一旦与周遭情境融为一体，就会进入沉浸状态，注意力便会高度集中，从而达到专注与忘我的境界，身心获得极大的喜悦与满足。美国学者米哈里·契克森米哈赖在1975年首次提出"心流"概念，其意为"一个人完全沉浸在某种活动当中，无视其他事物存在的状态"①。现代智能科技飞速发展，沉浸教学获得了更为广阔的适用空间。教育者课堂上利用沉浸技术与媒介营造特定情境，打造"真实"场景，有效引导学生全身心投入情境，使之产生感官体验，并在老师的引导下进入深度思考，进而实现精深学习，推动人的学习活动目标的达成。

"沉浸"有助于生命科学等理科类专业开展课程思政，有助于从课内拓展到课外，建构学校专业小课堂与社会生活大课堂相互嵌入的课程思政格局。课堂上借助现代智能科技，通过社会生活中关于生命科学的案例、场景的情境式再现，趋于现实的呈现水平以引导并促进学生产生"心流"体验，并在此真切的体验中深刻理解课程知识的内涵和意义。这一过程不仅一方面促进了"思辨"——深刻理解课程知识中所蕴藏的马克思主义立场、观点与方法，又铺垫了"回锅"——"回锅"的本质是"做中悟"；另一方面，学生在课外通过深入包括专业实践在内的形形色色的社会生活，将课堂所学知识运用于实践，在实践中不断深入悟道。"沉浸"以虚拟或现实的"生活世界"情境引导学生获得感官、情感与价值体验，促进学生自主完成专业知识学习、意义建构与价值养成。

以"食品质量与安全控制学"为例，再具体阐释课程思政"沉浸法"。

一是沉浸到食品安全真实案例中，通过案例的专业剖析、角色扮演和讨论反思，强化职业使命感。首先，提供某地市场突然发生的一起食品安全

---

① ［美］米哈里·契克森米哈赖：《心流：最优体验心理学》，张定绮译，中信出版社2017年版，第67页。

事件的相关案例资料，包括事件发生的过程、受影响的食品、事后的调查结果等。引导学生从专业予以剖析，了解事件中可能存在的问题与危害，尤其是了解食品安全的背景和重要性。其次，组织学生角色扮演，分组扮演食品生产商、政府监管部门、消费者代表等不同的角色。从不同角度、不同角色的立场和利益思考食品安全问题，理解各方的责任和应对措施。最后，引导学生讨论和反思，进一步思考自己在食品安全方面的责任和行动，并意识到自己作为未来职业人士应该承担的职业使命。

二是沉浸到食品安全科普宣传活动中，或定期到幼儿园开展科普宣传，让他们在幼小心灵中即埋下食品安全观念的种子；或可通过其他类似的一系列乡村社区食品科普公益活动，进而提高学生的相关社会责任感。

三是沉浸到虚拟仿真情境中，突破时间空间的限制，尽情开启试错、纠错的闯关模式，快速完成职场小白到职场精英的蜕变。让每个同学都感受到满满的"挑战度"，真正做到玩中学习，玩中思政。例如：通过欧倍尔虚拟仿真教学平台中"牦牛肉加工3D虚拟仿真项目""酸奶生产虚拟仿真实习项目"等资源的运用，让学生通过模拟实践，不仅能充分激发创造力和想象力，随时尝试不同的解决方案，无须担心错误的后果，培养他们的创新意识，并能深刻感受职场中应有的道德标准。

四是沉浸到企业协同育人项目中，熟知行业需求，培养工匠意识。例如：通过教育部产学合作协同育人项目"食品质量与安全控制学实践教学改革"（项目编号：202002115003）的实施，与企业建立良好的协同育人合作，及时掌握企业行业对学生能力与素质的需求，让他们深刻了解职业素养及其基本价值观的重要性。

4. 专业课程思政的两点思考

（1）坚持隐性思政原则

虽然本篇已明确提出三大课程思政模式，但不论什么模式，它毕竟是依托于学科专业教学的，其思政教育就始终具有它的目的的隐蔽性和内容的渗透性。而且，生命科学等理科类专业教学时间紧，任务重，更需要我们坚持并突出抓好隐性思政。可以借鉴美国高校专业课教学的做法，总是让学生思考这样三个问题：这个学科领域的历史和传统是什么？它涉及的社会和经济问题是什么？它有哪些伦理道德问题需要面对？[①] 显然，站在不同位置和从不同角度，对这些问题的答案不一，但可以促使学生主动地探索、积极地接受社会的主流价值观念。当然，这亦正是大学理工科教师充分发挥自己的创造力、展现教学艺术的地方，以"润物细无声"为旨归。

（2）坚持"两类课程"思政资源共享

对于理工科专业而言，思政元素的挖掘相对较难，坚持"思政课程"与"学科课程"思政资源共享十分必要。譬如，在思政课教学中，教师可以利用我国科学家一心报国的事迹激励学生树立励志学习、报效祖国的宏伟理想；在理工类学科课程教学中，教师则可在边讲我国某科技成就时深刻分析其背景原因，以此来引导学生增强对中国特色社会主义的信心。显然，这两类课程中的思政资源并非各自独享，完全可以实现资源共用。需要主动作为，积极搭建两类课程专门的思政教育资源平台，包括思政信息、技术和经验交流等，为实现将思想政治教育融入各类课程，构建"三全育人"提供坚实基础。

5. 专业课程思政对教师修养的新要求

教师本身也是思政元素的载体，学科研究和社会发展的不断进步，对理科类教师的课程思政修养提出了新要求。应注意从教师的"思政意识"和"思政能力"两方面着手，进一步提高教师队伍的思政素质和水平。

"思政意识"方面。当下在大学理工科教师群体中，均不同程度存在"重科研轻教学更轻思政"的认识问题。这与长期以来学科教学与思政工作分离直接相关，唤醒教师明确的"思政意识"即为迫切前提。从古人"传道授业解惑"的经典论述到当今"立德树人"作为大学的根本任务，教师回归"教书育人"本质义不容辞。学校当从刚性约束的角度从制度创新上下功夫，切实强化教师浓浓的"思政意识"。

---

① 参见潘金林《守护本科教育的灵魂——欧内斯特·博耶高等教育思想探微》，高等教育出版社 2017 年版。

"思政能力"方面。教师应围绕"沉浸思政"本质，不断提高自己的"思辨回锅式"思政实践能力。其一，提升场景建构能力。不仅能使用文字、图片、视频等形式触动学生对社会生活的间接体验，还能运用 XR、传感、全息等技术虚拟，或带学生深入农村、工厂、博物馆与纪念馆等，使其深度参与学习。其二，提升互动教学能力。掌控学生在教学环境之间的交互，场景中实物、声画等信息可使学生沉浸，但深度沉浸形成的个性化学习有时亦会与主要的教学目标擦肩而过。教师须掌控这种交互，原则上以教师主导才能以先觉觉后觉，保证教学过程的方向性。

（三）地理科学专业课程思政探究与案例

1. 基本认知

地理学是研究地球表层自然与人文现象相互作用的学科，包括自然地理学、人文地理学和信息地理学三个分支，旨在探索地球上的各种自然和人文现象、地理过程以及作用关系。作为一门自然和人文交叉综合的基础学科，地理学既聚焦国家重大战略需求，提供决策服务和决策工具，又能利用学科优势破解区域高质量发展的突出问题，在制定国家重大发展战略方面体现了很强的区域性、综合性、实践性、应用性和时效性，在人地协调观、家国情怀、科学与哲学思维等方面蕴含有丰富的思政元素。

当前，地理学专业课程思政在实施过程中普遍存在目标定位不准确、传导方式同质化明显、教学安排主次不分、思政元素挖掘不到位等突出问题。本专业课程思政的深入开展首先应该转变观念，真正实现课程工具理性和价值理性的融通。从育人维度来分析其课程价值，促进相关专业课程与思想政治教育的有机融合，做到"三有"，即实施载体有拓展，课程内容有融通，传导方式有创新，强化"三全"，探索新理念和新模式，深入挖掘各类课程的思想政治教育资源，实现"三全育人"的大思政格局；端正"三观"，培养具有一定的科学素养并具备解决实际问题的能力，全面了解地球自然环境和人文属性，掌握地理科学的基本理论和方法的新时代中国特色社会主义建设人才。

2. **实施原则**

（1）全面落实立德树人根本任务，凸显"四个自信"

依据立德树人的目标要求，建设具有鲜明政治性的课程思政体系。需要将"四个自信"的目标科学分解，在全过程贯通思政元素，充分利用本学科的最新研究成果解释社会主义制度的优越性，用学科理论与规律解读应用场景，用科学家精神激励学生成长成才。

（2）知识传授与价值引领结合，专业教学与思政育人同向同行

思政目标与学生成长成才的需求保持一致，教师、学生、管理者要达成共识并形成合力，充分发挥课堂教学和专业实践的主渠道作用。加强对本专业课程思政特色的归纳和提炼，在体现课程的逻辑性和科学性的同时深度挖掘并发挥其思政育人功能，构建"价值、知识、能力"三位一体且同向同行的课程思政体系。

3. **实施路径**

（1）结合课程教学目标，创新教学载体

地理教学中思政元素的植入需结合学科与思政本位，创设耦合情境、建立显性思政与隐性思政两种耦合路径，提出相应的教学指向。[①] 显性思政是指利用地理课堂主阵地，将地理知识习得与能力素养提升有机结合，充分发挥思政教育在地理教学中的价值引领作用。运用地理思维和逻辑挖掘本学科的规律和原理建构等问题，以地理实践活动为载体，在实践中促进学生情感、态度、价值观的积极变化。

地理学作为实践性很强的学科，其教学方式、教学场所选择也具有多样性。思政教学应围绕自然地理学课程的知识、能力和素质目标，以线上线下混合式教学为主要教学方式，注重融入方式的多样化，时间和空间选择的灵活性（课上课下相结合、校内校外相结合），结合专业培养方案要求，通过精心的教学设计，可达到预期目标并取得理想效果。

---

① 张现瑶等：《课程思政与高中地理教学的耦合：类型、路径及教学指向》，《地理教学》2022年第20期。

借助地理信息科学、地理空间大数据及虚拟现实（VR）技术革新教学手段，可极大拓展地理师范专业课堂思政的平台和阵地，构建线上线下相结合的课程思政体系，使课程思政更有"高度"和"温度"。地理科学常用空间分析方法对时空区域的不同特征予以解释，在教学中应充分运用。诸如根据我国自然环境变化与经济发展水平的东西部差异，可结合"胡焕庸线""地势三级阶梯""400mm 等降水线""T 型"发展战略等，结合现状格局、发展趋势预测等分析，让学生在学习过程中增强国家自豪感和民族自豪感，厚植家国情怀，激发爱国情、报国志。

（2）瞄准"知行合一"目标，创新课程思政手段

地理学科具有非常突出的教育特质，首先它是"铸造常识之学科"，较其他学科更有利于常识教育的普及；其次它也被称为"铸造爱国心之学科"，我们对自己国家地理每增加一点认识，都可以激发起浓浓的爱国之心。[①] 在具体的授课中，一是思政教育要做到"看得见""摸得着""记得住"，在学习专业知识的同时，自然而然地浸染在思政教育的氛围中。二是探索地理学相关专业的"开放式思政课堂"。要善于将社会热点与课程思政教学有机结合，依托相关课程的课外实践、教育见习与实习、野外实习等，将课堂理论与课外见闻、基础教学体验相结合，促进知行合一的实现。[②] 以人文地理学课程为例，开展实地考察、认知地理国情、对接国家战略是人文地理学研究的重要途径。要充分发挥专业和课程的特色优势，重视课程实践内容中的思政元素挖掘，把"思政小课堂"同"社会大课堂"结合起来。尤其要注重将地理科学专业实践融入实验实习、课外科研兴趣小组活动、大学生社会实践、毕业论文等环节，因人而异、因地制宜、因时制宜，完成实践育人。

（3）立足"双百目标"，创新课程思政思路

立足"双百目标"深入开展各专业课程思政，是大学落实立德树人根

---

①　李文翎等：《中国人地关系中的思政育人》，《高教学刊》2023 年第 6 期。

②　宋松等：《高校地理师范专业课程思政路径探析》，《领导科学论坛》2023 年第 4 期。

本任务的基本职责和要求。所谓"双百目标"，亦即 100% 的专业教师参与课程思政实施；100% 的专业课程（必修课程、限选课程、任选课程以及第二和第三课堂教学）参与课程思政建设。为提高课程思政效果，当努力抓好以下创新着力点。

其一，紧扣专业，把准课程思政的核心价值。《地理教育国际宪章》指出："地理在各个不同级别的教育中都可以成为有活力、有作用和有兴趣的科目，并有助于终身欣赏和认识这个世界。"① 体现了人地关系在地理学中的重要位置。我国当下正处于高速发展向高质量发展转型期，建构和谐的人地关系是人们关注的热点。诸如"区域高质量发展""山水林田湖草沙系统与治理""人类命运共同体建设"等，均体现了地理学专业课程思政之核心价值。

其二，打开思维，注重通过"多结合"讲思政。课程思政不同于思政课程，必须结合专业知识点讲思政。常用的结合方式包括，结合自然地理等专业知识讲思政、结合时事热点讲思政、结合区域特点讲思政、结合师范人才培养讲思政、结合《土地管理法》等法规讲思政、结合自然审美讲思政、结合地球问题讲思政等。这样，即可实现专业教育与思政教育的深入有机融合。

其三，重构标准，完善课程思政的多维评价。学生在思政方面的习得具有内隐性，更不能用传统的一张试卷定优劣的方式进行评价。一方面，要切实提高对重构课程思政评价标准的认识，将课程思政建设成效作为"双一流"建设监测、专业认证、"双万计划"项目评估、大学或院系教学绩效考核等"一票否决"的重要内容；另一方面，要从品德、学识和能力三个维度，从课前、课中、课后三个环节，探索以学生为主体的"思政开放式课堂"模式，通过过程性评价、档案袋评价、形成性评价等方法，重点考核学生思政水平的内化程度。

---

① 国际地理联合会地理教育委员会：《地理教育国际宪章》，冯以沄译，《地理学报》1993 年第 4 期。

4. 教学设计

全面梳理、深入挖掘专业课程中的思政元素并进行归类。单个案例可对应于多类思政主题，服务于多个思政目标。依据"课程目标确立—思政元素提炼—专业与思政交融—教学环节及方法—反思评价"等五大步骤做好系统设计。建立起专业课程师生互学、实践互动、提升互促的"三位一体"思想政治教育模式。以人文地理学为例，其思政主题如图 5-1 所示。[①] 根据不同的思政主题，授课教师应预设多样化的教学场景，积极引导学生在场景中融入或实践中感悟，不断强化对学生的价值塑造，取得良好的育人效果。

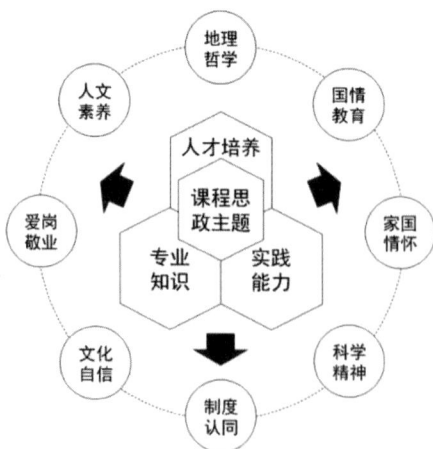

图 5-1　人文地理学思政主题示意图

（1）经济地理学与思政教育融合

教学目标。培养学生对国家经济发展和地理环境之间的关系的认识，符合立德树人目标和"四个自信"目标；引导学生理解和掌握经济地理学的基本概念和方法，培养科学精神和创新思维；运用经济地理学的教学内容，开展思政教育，引导学生关注社会公平、可持续发展等问题。

教学内容。以呈现最新的经济地理新闻报道或相关案例引入，引导学生观察和描述不同地域的经济差异，思考地理环境对经济发展的现实影响。

―――――――――――

① 黄晓军：《人文地理学课程思政建设思路与设计》，《地理教学》2022 年第 1 期。

通过讲解经济地理学的基本概念和研究对象，如产业结构调整对区域发展战略的作用，凸显经济地理学课程学习与中国式现代化建设和区域高质量发展等国家重大决策和发展战略的强关联性。

思政教育与价值引领。可选择一个具体的经济地理案例，如一个中国的东部沿海经济区；引导学生运用经济地理学的方法和分析工具，对该地区的经济发展现象和问题进行案例分析；鼓励学生分析案例中的道德伦理问题，如资源利用的合理性、社会互惠原则等，并提出个人的理性判断和解决方案；可结合学校思政教育课程，鼓励学生撰写对个人价值观的思考感悟，引导学生形成正确的公民意识和社会责任感，增强"强国有我"的担当。

（2）地图学与思政教育融合

教学目标。培养学生对地图学基本概念和技能的理解，符合立德树人和"四个自信"目标；引导学生深入思考地图学对促进国家地理信息化和现代化建设的作用，培养国家意识和责任意识；结合地图学知识，传授正确的价值观和道德观，引导学生关注地图信息的准确性、公正性和格局观。

教学内容。结合时事新闻和社会关注热点等问题，以共建"一带一路"倡议有力地促进了中国与世界的互利共赢与繁荣发展为例，直观地展示世界互联互通和合作共享的发展格局。引导学生依据相关地图分析空间相关性和异质性，展示地图在传递信息、教育和决策中的作用，学会从具体案例中分析地域分异特征、区域性和综合性等。

思政教育与价值引领。强化地图学课程在知识传授与价值引领的完美结合。结合地图学知识讲解，引导学生认识地图信息准确性和公正性，以及对国家重大决策和经济社会发展基础分析的作用。结合相关案例，形象直观地形成一定的区域认知，有效提升地理核心素养。

（四）物理学类专业课程思政探究

物理学专业属于基础学科，是研究物质最一般的运动规律和物质基本结构的学问，因此成为其他自然科学学科的研究基础。2020年5月教育部印发《高等学校课程思政建设指导纲要》明确提出：物理学等理科专业要在课程教学中把马克思主义立场观点方法的教育与科学精神的培养结合起来；要注重科学思维方法的训练和科学伦理的教育，培养学生探索未知、追求真理、勇攀科学高峰的责任感和使命感。① 该纲要为大学物理学类专业开展课程思政指明了方向。依据当下国标物理学专业设置状况，我国大学设置的物理学类本科专业主要包括物理学、应用物理学、核物理和声学。这里，在兼顾物理学类专业前提下，将侧重阐述大学物理学师范专业的课程思政问题。师范学即在学为人师，涵盖"经师"和"人师"两个方面。教育部近年颁发《普通高等学校师范类专业认证实施办法（暂行)》明确指出，高等师范专业人才培养的核心目标要求即在"一践行三学会"，亦即践行师德、学会教学、学会育人和学会发展。从上看来，大学物理学类专业修读不论从哪个方面说，坚持立德树人，加强课程思政均为题中要旨。

1. 课程思政面临"三个不够"

（1）教师能力不够

物理学类专业课程与其他社科类课程相比更加理性化，且专业知识与思政元素显性关联度不高，这就对专业课教师自身的思政素养提出了巨大的挑战，且物理学类专业课程的理性特点与思政的偏感性特点融合难度大。其一，教师受限于传统专业教育的思维定式，物理学师范专业则更加注重教师对课程思政中"思政"的基本认识，往往忽视自己作为师范教师所应承担的育人职责；其二，对课程中的思政元素缺乏研究，部分专业教师由于人文素养欠缺，容易出现思政元素与专业知识相脱离的现象，导致课程思政的说教味道很浓；其三，课程思政教学手段偏弱，不善于利用线上线下混合式学习，或不善于线上学习加讨论课模式等手段进行教学，教学效果不理想在所难免。

（2）教学协同不够

课程思政建设是一项系统工程，旨在实现全员育人、全过程育人和全

---

① 《教育部关于印发〈高等学校课程思政建设指导纲要〉的通知》[EB/OL]．(2020-05-28)
[2023-11-28]，http：//www.gov.cn/zhengce/zhengceku/2020-06/06/content-5517606.htm。

方位育人，在协同方面同样令人遗憾。一方面，是校内各部门之间协同不够，没有建立起系统的课程思政安排和针对性的教学考核制度，教学各环节连接薄弱，课程思政教学单打独斗的情况普遍存在；另一方面，专业教学缺乏顶层设计，教师之间缺乏统筹，各门课程"各自为政"，思政目标存在交叉和重复，学生积极性不高，教学效果明显受到影响；再有，大学专业教学本就是师生交互、共同发展的过程，教师在教学中不是以学为导向和以学生为中心，不注重通过从学生中反馈的意见来改进教学，而不少学生又存在功利化学习态度，对课程思政内容则往往忽略。

（3）价值引领不够

通常所谓大学人才培养立德为本、以德育人，亦即专业人才的质量高低当以其思想品质摆在首位，或者说课程教学需要突出价值引领的效果。基于物理学类专业课程主要是让学生掌握物质运动规律及其基本结构与实际应用，教师教学侧重于中立性的客观描述、实证分析、逻辑推演等，以期能锻炼学生的逻辑思维能力，将物理学知识以理性方式传授给学生。然而，对其背后的人文与价值因素，诸如物理学的发展进步以及艰辛的探索历程、科学家的不懈努力及其动人事迹、物理学发明的政策支持和保障等则挖掘不深、呈现不够，导致利用课程资源对学生的价值引导不力。

2. 专业课程思政着力点

已如本书前述，大学理科类专业课程思政当以"思辨回锅式"为主。其着力点归根结底还在教师能够引导学生进行思辨性研究和回归人本的学习，即培养专业综合素养高和业务技能强的具有爱国情怀的物理学专业类高层次人才。显然，教师对物理学专业类的整体设计是前提，教师本人的专业素质及其价值主导是关键。首先，要提高站位。中国古代书院教育很早就意识到教师的"传道"职责。实现专业课程思政的教学目标，必然要求教师应有较高的政治站位。通过开展润心工程或岗前培训等活动，让教师充分意识到自己应该是"经师"和"人师"的统一。增强实现专业课程思政目标的思想自觉和行动自觉，并将课程思政作为课程设计的出发点和落脚点，真正做到以德立身、以德立学、以德施教。其次，要重构体系。课程思政是一种新的教育理念，它要求教师应始终秉持课程教学的"双目标"，即不仅要以实现课程思政为目标，又要以实现专业能力培养和系统知识传授为目标，重构课程体系。一方面充分发挥好课堂教学"主渠道"作用，一方面合理利用好线上线下两个教学环节，进而通过适当降低专业知识难度，建立起以科学观培养为目标的双目标体系。最后，要提升能力。亦正是基于课程教学的"双目标"，就需要进一步加强自己的专业修养和现代教学能力的提升。善于挖掘散落在物理学中的隐形的思政元素，将学科资源转化为育人资源；善于利用线上线下、课内课外，努力在专业教学过程中通过以"盐溶于汤"的方式融入思政元素，真正实现好学科知识的传授和价值引领。

3. 加强专业课程思政实践要略

（1）夯实"一核两翼"体系

为落实课程思政新任务，充分发挥好课程思政课堂教学"主渠道"作用，需要努力构建以立德树人为核心，思想政治理论课为左翼，物理学类专业及中学教师教育课程为右翼的"一核两翼"思政教育课程体系。思想政治理论课事关铸魂育人之内核，现已有丰富经验；力学、光学、普通物理实验等物理学类专业以及教师教育课程，重在提升学生的科学精神、家国情怀及物理文化，如何使思政课程与物理学课程融合是难点。其中，按照"一核两翼"思路做好专业建设顶层设计，修订专业人才培养方案以及课程教学大纲是重点。

（2）创新教学的方式方法

对以往的"以教材为中心、以教师为中心、以教室为中心"的"三中心模式"教学，在当下信息科技时代必然要进行革新。现代教学模式要服从以学为中心、以学生为中心，教师不再是唯一的课堂主体。这既是课程思政育人的机遇，也是挑战。总体而言，新时代物理教师应具备有效运用先进教学手段的能力和素质，发挥多种教学手段的多重作用以提升教学实效是其基本要求。现代大学生能很方便地接触到丰富的网络资源，接受新事物的能力也强，教师当通过多渠道进行信息交互并提高信息处理能力和教学能力。从传统的课堂讲授方式到线上线下混合式学习、新兴的小组合作学习、线上学习＋线下讨论课模式等，必将极大丰富大学课堂的内涵和学生的学习范式，拓展学生的思维空间。在课程思政方面，专业课教师应注意采用恰当方式方法将课程思政元素自然融入教学内容，促进学生主动参与课堂活动，与学生在行为和情感上互联互通，以问题驱动学生提高探究兴趣，培养学生的科研意识，引导学生树立正确的科学价值观。再如，教师在专业教学过程中可利用线上教学平台＋翻转课堂或讨论课形式引导学生学习科学史，了解科学进步来之不易以及对社会发展的影响，锻炼战略思维、法治思维、辩证思维、系统思维、底线思维等。

（3）力争线上线下全过程育人

采取线下课堂面授为主与线上课前课后拓展为辅的混合式教学当为新时代大学教学的一种常用模式。将思政精髓融入线上学习课、线下讨论课以及平时的课程作业和拓展学习辅导中，注重全过程育人又是重中之重。即如在讨论"牛顿力学建立的重大意义"时，学生不仅可认识到牛顿力学的建立是人类认识自然的第一次大飞跃，并能亲身体验到如何运用牛顿力学来解释日常生活中的现象及其牛顿力学在现代科技中的运用，进而树立科学报国的思想和唯物主义辩证观。课后依托课程拓展内容和专题报告辅导内容，同时通过时事新闻与相关视频等拓展学生的知识面，了解科技前沿，又能培养学生的科学精神、继承大国工匠精神、树立社会责任，使思政要义浸入学生心间。

（4）疏通学生思政习得的误区与堵点

思想政治理论教学从小学到大学，从来都没有停止过。通过大学生在思政课程和课程思政教学各环节的表现看，两类思政课教学的习得效果还存在一些误区或堵点。譬如，总有一部分大学生习惯于将思政作为知识点来学习，基本不考虑它的实践特性，导致思政课只成为大脑中的知识点；再通过学生师范技能的集训与实践看，在教案撰写讲课环节，学生仍然注重知识与技能的讲授，根本忽视情感态度价值观；另有毕业生师范教育类毕业论文亦大都偏重于知识讲授的设计，很少有"立德树人"的教学设计，还是集中在怎么让学生掌握知识等。

大学生在思政习得方面当下最大的堵点表现在两个方面。一方面，从学校教学传统看，大学生自小以来的学习都是以学知识为主，而思想政治理论的习得则重在看其表现性评价。恰恰相反，当下大学思政教学却多以"教"为中心，缺少思政践行的土壤。知行合一，在"行"的路上还处于起跑状态，学生亟须多多给予思政践行的方式和空间。另一方面，在当下信息网络化时代，大学生每天很大部分时间都沉浸在手机网络世界里。尤其是，短视频的兴起对学生的认知有着不可忽视的影响，其网红的热点话题等无不随时随地影响着当代大学生，如果不能用辩证的思想从社会主义核心价值观的角度去分析社会现象，不可避免地将会影响大学生正确"三观"的形成。

（五）农学类专业课程思政探究

1. 课程思政面临的问题

中国现代化离不开农业农村现代化，农业农村现代化关键在科技、在人才。① 为加快培养紧缺农林人才，提升服务国家重大战略需求和区域经济社会发展能力，2022 年 8 月教育部组织全国新农科建设中心制定了《新农科人才培养引导性专业指南》。面向粮食安全、生态文明、智慧农业、营养与健康、乡村发展等 5 大领域，设置了 12 个新农科人才培养引导性专业。② 农学专业教育应把习近平总书记关于"三农"工作的重要论述作为重要内容，融入课堂教学，贯穿人才培养各环节，引导学生学农知农、爱农为农。③

然而，由于历史与现实原因，大学生对农业抱有较大偏见。以畜牧业为例，劳动强度较大、工作环境相对较差、饲养和管理等日常重复性工作

---

① 《习近平给全国涉农高校的书记校长和专家代表的回信》，《中国农业教育》2019 年第 4 期。

② 《教育部办公厅关于印发〈新农科人才培养引导性专业指南〉的通知》，中华人民共和国教育部政府门户网站，http：//www.moe.gov.cn/srcsite/A08/moe_740/s3863/202209/t20220919_662666.html。

③ 《教育部办公厅等四部门关于加快新农科建设推进高等农林教育创新发展的意见》，中华人民共和国教育部政府门户网站，http：//www.moe.gov.cn/srcsite/A08/moe_740/s3863/202212/t20221207_1023667。

枯燥不光鲜。因而，排斥动物科学专业课程，不利于培养具有"大国三农"情怀的创新人才，不利于农业畜牧业发展。如何解决学生思想观念上"不想学"的问题，是当下农学类专业课程思政面临的重要挑战；不知道"为谁学"，社会责任感不强，是大学生缺乏使命担当的重要原因；学生对于教学内容一味盲从，缺乏深度思考和自主学习的能力，"怎么学"又几乎成为很大部分学生"卡脖子"的问题。

新农科对从业人员的科技创新能力、管理能力和人才培养质量等的要求进一步提高。新农科建设背景下，首先要强化课程思政教育内涵，要求课程思政将社会主义核心价值观融入课程内容和教学过程中，注重培养学生的社会责任感、创新精神和实践能力。要求教师既具备广博的专业知识，同时具备良好的思想政治素质和教育教学能力，能够将新农科的理念和实践融入课程中。其次，新农科建设应系统化课程思政布局，要求通过课程思政，形成全面、系统的课程思政教育。各学科课程都应通过思政教育，培养学生的爱国主义情感、集体主义精神、社会责任意识等，加强学生的政治认同和价值追求。第三，新农科建设应通过课程思政引导学生深入了解农业产业现状和发展趋势，激发学生对农业创新和科技发展的热情，树立正确的就业创业观念。第四，新农科建设要求实践教学环节加强课程思政，通过实地考察、实验实践、企业实习等方式，让学生亲身参与新农科实践创新活动，加深对农业产业链各环节的认识和理解，以培养学生的实操能力和解决问题的能力。第五，新农科建设要求强化教学评估和监督机制，建立科学、有效的课程思政教学评估和监督机制。通过定期的教学评估和教师培训，提高专业教学与课程思政的教学水平。

2. 课程思政着力点

作为引导学生进行思辨性研究和回归本源的课程思政教育方式，"思辨回锅式"强调学生积极思考、质疑和探索，鼓励学生独立思考问题，形成创新的思维和见解。"思辨"强调培养学生的批判性思维和创造性思考能力，不仅要求学生对所学知识进行理解和应用，更要求学生能够思考问题的本质。"回锅式"则意味着回归课程的初衷，它要求学生通过追问、质疑和思考，不断追寻课程背后的目的。通过回归课程本身，深入挖掘课程知识的内涵，从而加深对所学新知识的理解和运用。农学类专业"思辨回锅式"课程思政的着力点，归根结底应落实到正确的价值观、强烈的社会责任感和使命担当，良好的批判性思维、创新性研究能力等方面。即学生愿意基于粮食、畜禽产品安全生产，生态文明建设，健康中国战略，农业畜牧业可持续发展等理想和信念，期盼学习农学专业，自愿从事农业工作，并自觉创造性地解决农业中的"卡脖子"问题。

3. 课程思政策略

（1）完善课程建设目标

如何落实课程思政，从当下专业人才培养 OBE 理念看，重在体现"三个目标"的层层支撑。即"培养目标"以"毕业要求（目标）"支撑；"毕业要求"以"课程目标"支撑；"课程目标"以师生的教学成果支撑。从各地大学农学类专业的人才培养方案看，其"培养目标"和"毕业要求"一般都会明确思政目标，诸如培养适应 21 世纪社会主义农业现代化建设的需要，综合素质全面发展，具有正确的世界观、人生观和价值观，具有人文和科学素养的应用型高级专门人才。然而，课程思政的"最后一公里"还在课程教学的实施，而这一环节普遍需要加强：一是所有学校课程均须含有课程思政目标及其实现的教学大纲；二是对课程教学全要素目标切实实行闭环管理，使课程建设有章可循，课程考核评价亦应包含思政教学及其效果在内。

（2）直面课程思政难点

如前所述，农学类专业课程思政难点有三。首先，应解决学生"不想学"问题。据悉，2010 年以来我国已开始进入加快改造传统农业、走中国特色农业现代化道路的关键时期，已连续实施"国家现代农业示范区建设"多个"五年计划"。目前全国已设立 283 个现代农业示范区，到 2025 年将创建至 500 个左右的示范区。各校完全可利用农学专业社会实践环节，组织学生到已基本实现农业现代化的江苏太仓、上海浦东等 20 个示范区参观考察，扩大视界。通过现场体验，具体感受借助人工智能算法，对农作物生长、动物饮食与生长情况进行分析和配制，利用远程监控技术实时观察种植与养殖场内动物的行为、生长状态等，学生的"三农"情怀和学农爱农意识必然将大大提高。其次，要解决"为谁学"的问题。我们每个人都是社会中的一员，而环境保护、动物福利、健康食品等农学问题，均与每个人的生存质量密切相关。"为谁学"？就是既为社会学，亦为自己学。应该说，随着社会进步和人们生活水平的不断提高，需要平衡人类需求与动物福利、环境保护之间的关系；通过科学技术，提高生产效率和资源利用率，确保农业畜牧业在经济、社会和环境三个维度的可持续发展，农学类专业必然将受到越来越多的人高度关注和重视。第三，解决"怎么学"的问题。这可从"教""学"两个方面着手。课程思政需要教师对传统的教学方式方法作出改变。当下"互联网＋"的现代化教育快速发展，教师当积极实践"线上＋线下"的混合式教学模式，充分利用线上线下的综合教学优势开展课程思政，以不断激发学生的学习热情。自然，"教"的目的还在于"学"。总体来讲，学生批判性思维能力的高低即是高水平专门人才培养的试金石。这需要教师多角度、全方位地对学生予以引导和指导，注意通过发现问题、分析文本、鼓励思考与判断等方式，协助学生形成独立的思考模式和是非价值判断标准，从而提高学生的批判性创新思维能力。

（3）优化专业思政思路

专业是大学育人的骨架，课程则是大学育人的细胞支撑。目前，国内大学对课程思政的研究相对集中，而从专业面上的整合明显不足，这并不利于课程思政的整体设计与实施效果。依据《纲要》和《指南》，梳理农学类专业及其课程思政的方向包括以下几个。其一，从专业发展看中华农耕文明的自信。通过对中华悠久的农耕文明及其卓越贡献的介绍，营造浓厚的文化育人氛围，不仅能大大降低农学类专业大学生对"三农"的排斥，还能培养学生的专业情怀与担当。其二，从学科难题以召唤学生的大国使命感。如我国《食品中污染物限量》规定，大米中镉限量标准为 0.2mg/kg，比日本大米镉限量标准 0.4mg/kg 要求高得多。其三，从深挖传统文化精髓可厚植学生的家国情怀。我国是传统农业大国，古籍里关于农业的记载不少。诸如"万物生于土，各似本种""嘉禾异种，常无本根""春秋计倪"等。这些"农事"

记载均已成为中华民族历史文化宝库中的符号。从中汲取农耕智慧，在走向未来时能自觉传承，即可培养学生的文化涵养，树立学生对民族文化的自信心与亲切感。其四，从时事要闻的学习让课程思政鲜活起来。2021年10月12日习近平总书记向全世界郑重宣告："我们要尊重自然、顺应自然、保护自然，构建人与自然和谐共生的地球家园。"[①] 积极推动公平合理、合作共赢的全球环境治理体系，推动人类可持续发展，体现了大国的智慧与担当。如果给学生把中国主动提出碳达峰、碳中和的气候目标和深刻意义在课堂上讲清楚，让他们将来都能自觉为实现这一目标共同奋斗，成为具有国际视野的新农人，其功莫大焉。其五，从教师的以身示范引导学生树立正确"三观"。陶行知先生说得好："学高为师，身正为范。"教师言传身教，敬业奉献，严于律己，宽以待人，总以开拓创新的精神感染学生，这对学生科学精神的养成和人格品质的塑造，更能让学生受教终身。

四、工科类专业："道器滴灌式"课程思政

（一）"道器滴灌式"课程思政逻辑与实施

中共中央办公厅、国务院办公厅于2017年9月印发《关于深化教育体制机制改革的意见》，文件明确要求高校充分发掘各门课程中的德育内涵，"注重学科德育，课程思政"。课程思政作为落实为党育人、为国育才的战略举措，它对高校广大专业课教师就像惊蛰的春雷无不让人倍感惊觉，而对西方阵营及其所谓"The International Baccalaureate Organization"（"国际文凭教育"）在全球的普遍渗透，可谓当头棒喝。

课程思政启动几年来，高校所有教师的育人意识普遍增强，"三全育人"的深入发展及其新格局正在形成中。专业教师对课程思政既有从微观层面的开拓思索，亦有从学科中观层面的横向比较，还有从立德树人宏观层面的整

[①]　《习近平出席〈生物多样性公约〉第十五次缔约方大会领导人峰会并发表主旨讲话》，《人民日报》2021年10月13日。

体把控，其成效不可低估。毋庸讳言，高校专业教师长期专攻于学科研究，科学主义对课程思政钳制的现象依然还不同程度存在。虽不少教师亦很想在课程思政方面有所拓展，但主要问题就是找不到"课程"与"思政"之间合适的连接点，要么生硬、肤浅，要么茫然失措，对思政元素的发掘和使用似乎就是不少人课程思政的最大拦路虎。在中国知网搜索 2024 年上半年含"课程思政　思政元素"篇名的文章，仅 6 月份一个月就达 89 篇。甚至还有专业网站专门搭建起学科教学思政元素库。随着这些思政元素的使用，必然导致专业教学陷入"标准答案"误区，必然使得依据不同学科专业实施更具亲和力的课程思政效果会大大降低。

"道器滴灌式"课程思政的提出有一个不断发展的过程。随着我国改革开放和社会主义现代化建设的不断推进，人们对办学规模不断扩大所带来的质量问题更加焦虑。21 世纪早期我国学者就提出"精致化"的办学思想，其理念包括计划周全、精雕细刻、追求完美。此后，有学者再进一步，主张实施"滴灌式"思想政治教育方式方法，强调共性策略与个性应对相呼应、点滴渗透与持久辐射相结合。党的十八大明确要求"推动高等教育内涵式发展"，重内涵，重品质，坚持为教育强国培养高质量的人才就一直是中国高等教育的最强音。从规模发展、精致化发展，到"内涵式发展"，再到"滴灌式"思想政治教育以及"道器滴灌式"课程思政，其走向是要超越粗放型发展。它是把人的主动性、创造性发挥到极致的要求，"道器滴灌式"课程思政正是迫近新工科人才培养的理想途径与状态。

工科在中国有着悠久的器物文化。"器以载道"是中国传统造物意境，讲究通过形态话语传达某种趣味。"新工科"专业教学亦不能只有"器"（术）而没有"道"，"道器滴灌式"课程思政正是要研究工科专业不同的道器并重的人才培养思路、学理逻辑和实现路径。

1. 学理与特征

工科侧重应用，实践性突出。随着国家实施卓越工程师培养计划的深入，其专业实践修读学分还将会不断增高。重庆大学作为早期卓越工程师培养计划单位，近年又与地方及企业三方共建重庆卓越工程师学院。课程设置打破传统，按照实验室管理模式开展教学。该学院教学与校本部打通，但学生要进入卓越工程师培养，则必须在该学院学习一年以上。① 加上校本部第一、第二课堂的实验实践，以及毕业论文设计等，整个实践学分将达 50% 到 60%。显然，工科实践教学即是人与自然、人与社会、人与人之间价值关系相对较长时间的集中体现，具有鲜明的自然和社会"双重属性"。有所谓工科教学的"科学范式"者，从一开始就不健全。

"器以载道"思想起始于上古。《左传》卷 10 即有"问鼎"记载，所叙"九鼎"最早属于夏朝。相传昔夏有德，鼎被视为吉物，九鼎亦即作为夏、商、周九州政权的变更标志。至西周晚期则有形上形下"道器"之谓，"道""器"之造物意趣首次得以揭示，亦使人工器物具有了传递时代制度文化和道德精神的功能。

《周易·系辞》有云："形而上者谓之道，形而下者谓之器。""道"是无形的，含有规律和价值观之意；"器"本指器具，是有形的，可引申为制器之"术"。工程之"道器"，亦即传道与制器，系工程文化的物化形式，本质上与思政教育同属一种文化现象。思政育人与工程创新的深入发展内生地要求突出"器以载道"，"器""道"必然走向交叉融合，亦自然成为工科课程思政的根本逻辑。"滴灌"者，本系给农作物合理养分的一种新型灌溉技术，借此以喻指教师以生为本的"精致化"课程思政。在当下课程思政时代，追求工科课程学理的"道器相宜"、对症下药、回归生活、持续滋润的"道器滴灌式"育人风格，亦正是因材施教、教学相长、循序渐进等教学原则所决定。同时，因工科实践教学时间长而又很可能导致学生松散无序以及工程伦理文化缺失，而"道器滴灌式"课程思政正是要针对此一可能的弊端，所专门设计的一种个性化极强的持续渗透性教育，或是特有的"道器"交融的文化滋养模式，进而让学生在"道器"营养的滴灌中，其优秀的人生观、世界观与价值观得以逐步养成。

依据以上学理，"道器滴灌式"课程思政特色自在其中。

---

① 《重庆卓越工程师学院打造新工科改革"试验田"》，《科技日报》2022 年 9 月 28 日。

（1）"道器思政"的隐蔽性

"道器思政"，亦即通过显性的人工造物（器）与隐性的工程文化（道）相互融通以实现课程育人。从造物看，我国传统造物即有所谓"制器尚象"说，"外师造化，中得心源"，"物""我"相通。"器以载道"之"器"，包含所有有形和无形的人工产品。前者如设备、工具、构筑物等，后者如服务、信息等无形产品。中国人比较偏好器物之意义显现的隐蔽性给人带来的趣味，凭借器物叙事抒情在我国很早就是常态。《周礼·春官》载："以玉作六器，以礼天地四方：以苍璧礼天，以黄琮礼地，以青圭礼东方，以赤璋礼南方……"此即用苍璧等玉器"比德"，具有寓教于物的意涵。再从工程文化看，任何造物均具有社会属性。即如教师带学生一同主持或参与某个新的存在物的创造，就免不了各种因素的整合，包括工程规律、利益和理想等。实际是以此让学生在具体的工程实践中提升他们对社会的认识、态度和价值观，这亦是一种隐性的学习。因而，自觉利用工程实践学分占比大的特点，加强生活化的工程伦理教育不可或缺。

（2）"道在器中"的开放性

"开放性"包括两个方面。"道在器中"恰如"诗以言志"，好作品之所以能流传千古，其思政育人的价值开放性毋庸置疑。其所谓"道"究竟该如何理解，没有答案或许就是最好的答案。正如孔子云"朝闻道，夕可死矣"（《论语·里仁》），"道"该是何其登峰至极的一种期盼。再者，从课程思政而言，其重点并不在向学生揭示某个成功造物的道义内涵，而在给学生剖析"道在器中"的开放学理及其"以道驭器"的造物取向。前者偏重审美接受，后者偏重造物价值，两者均包含有对作品内涵厚重、价值开放的追求。这对工科课程思政富有启示。诚如有学者云：中国传统哲学中的重要内容——"道法术器"，作为一种相互关系的存在蕴含于课程思政的教学实践之中，指引高校课程思政与学科交叉的进一步契合。① 这种契合是自然而然的，亦为

---

① 　肖花：《高校课程思政的价值逻辑与建设路径——基于学科交叉视角》，《江苏高教》2024年第 1 期。

开放的"道在器中"的肌理所决定的。王昌龄《诗格》曾首倡诗有物境、情境和意境，其精髓即为著名设计师赖亚楠所应用。她指出，王氏"三境"说虽是诗学，但使我们认识到，"物境"就是一个"物"的链，是一个系统，与其他相关物构成"在场"，进而显示出它的生命和灵魂。[①] "物境"中"物"不胜数，但它又各有其超越性的位格内涵，共同指向那个生机盎然、含深孕大的造物场。

（3）"道器滴灌"的过程性

此由"道器滴灌"在方式方法上的情感性所决定。工程虽然是物质领域的活动，但工程教育的对象是具有情感的人，而人的情感总是渐进的。"道器滴灌"的实施，正是要以人的问题为导向，采用"一对一"的持续灵活而有针对性的干预和引导，这在大量的工程教学实践中很容易得以满足。美国有同行指出：应视工程为一门"通艺"（liberal arts），将工程教育作为一门独立、严谨的教育学科，而不仅仅是职业化人才的培养方式。[②] 亦即人的培养不能按照同规格产品批量生产，须突出独立的情感教学的意义建构规律。"传道授业解惑"者，亦必是一个知、情、意、行的过程，"道器滴灌"效果之显示有其自身的形成性。一个工科新生从跨入大学校门到获取毕业和学位证书，这期间就基本上处在一个教学相长的持续"道器滴灌"情境中；同时，工程伦理学作为兼跨理论和实践两个学程的功课，尤其在认识和处理工程问题时，必然离不开对学生在某个造物全过程的教学评价，从而逐步达到"道器滴灌式"新型工程教育的预期目标。

2. 实施路径

按照教育科学人才培养管理要素，"道器滴灌式"课程思政实施包括以下五个环节，亦可谓"五个 W"。

（1）为谁教

培养什么人，为谁培养人，这是非常严肃而必须端正的问题。马克

---

① 赖亚楠：《论空间"一体化"的设计原则——物境、情境、意境的营造》，《艺术百家》2011 年第 6 期。

② Diane Rover T.Engineering identity. Journal of Engineering Education，2008（7）：389-392.

思主义认为，教育的目的就是为了人。马克思明确指出："人是人的最高本质。"为此，必须在发展生产力的同时，消灭那些不以人为本的社会关系，"必须推翻使人成为被侮辱、被奴役、被遗弃和被蔑视的东西的一切关系。"① 马克思为了说明资本主义世界"资本来到世间，每个毛孔都滴着血和肮脏的东西"，还引用了当时伦敦《工联和罢工》的署名文章以进一步揭示其实质。资本如果有 10% 的利润，它就保证到处被使用；有 50%，乃至 100% 甚至 300% 的利润，它就铤而走险、践踏法律甚至还会冒绞首的危险。② 作为社会主义国家的人民教师，坚信"两个必然"，坚守道路自信和理论自信，这就是我们应有的做好人的教育的底气。教育学认为，为谁教原则上可分为社会本位和个人本位。学生是教师的直接服务对象，社会本位均须通过学生来实现。一名称职的学校教师，无论你在什么岗位，坚持"学生中心"是义务。学生是人，情感教育永远是教师教学的基线。亦即鲁迅谈到"立人""立国"时所说的，教育必须紧扣专业"尊个性而长精神"③。"尊个性"强调"沙邦""首在立人"，个性自由；"长精神"主张纠偏物奴，张扬精神。显然，这只能在社会主义国家才能成为我们"为谁教"——"培养真正的人"的神圣职责。

（2）谁来教

教师作为主导，工程教育有其自身的道器育人意识。

第一，产品之"器"的教化意识。

当下"器"形式正处在由高度发达物质社会向非物质社会过渡，不断脱离其物质层面而向纯精神的东西靠近。产品之"器"更像文化"道具"，它所承载的文化密码，总倾向于给人带来文明教化设计。不论是一枚小小的校徽，还是公园里供人歇息的亭廊，或为城市中心地标建筑，无不透露其不一样的伦理意蕴。即如"鸟巢"——21 世纪十大建筑奇迹之一。远观是由树枝组成的钢网，间以中国传统镂空手法、红色陶瓷纹路，如同孕育生命的

---

① 《马克思恩格斯文集》第 1 卷，人民出版社 2009 年版，第 11 页。
② 《马克思恩格斯文集》第 5 卷，人民出版社 2009 年版，第 871 页。
③ 鲁迅：《文化偏至论》，《鲁迅全集》第 1 卷，人民文学出版社 1981 年版，第 57 页。

巢，更像一个摇篮寄托着人类包括东方大国对未来的希望；内部没有一根立柱，看台也是没有任何遮挡的碗状造型，以凸显人之中心以及更快、更强、更高的奥林匹克精神。在 21 世纪当下，我们岂止是生活在一个自然物的世界呢？更是生活在一个"人为事物"的"意义"世界里。

第二，"道在器中"的审美接受意识。

"器物"不断发展的审美功能，不只是工具的进步，亦是人类生活美学的发展。然学界对"道在器中"的研究，多侧重在"器""道"内涵及其关系的发掘，对"道在器中"的审美实现，尤其是对"器"（产品）使用者由"器"入"道"的实现路径和审美享受则鲜有涉及。事实上，人的感觉的存在，都是源自它的对象，人化的自然即有这个可能。亦即五官感觉的形成是过去全部世界历史的产物。21 世纪人化自然的存在，是以往任何时候都不可比。如果你没有相应的审美接受意识，它对所有人都会感到陌生。借助 H.R. 姚斯《走向接受美学》中的思想，相对"道在器中"的审美接受，其实现路径要点有三：一是人工造物只有全部被人接受才算真正意义的完成，接受者的接受经验对理解造物至关重要；二是对造物品质的接受有赖于人的"期待视野"，即接受者享用某造物时的思维定向或现在结构，它包括世界观和人生观、一般文化视野、艺术素养和审美意识四个方面的整体融合；三是接受美学把器物接受分为三个层次，即"创造"（再创造）、"愉悦"和"净化"。以上，特别强调接受者对人工造物的接受是基于"期待视野"，进而突出器物之"道"与接受者进入融通升华的三个进层，这对促进人工造物的审美创新、丰富发展颇具意义。

第三，"人工智能 +"的增能意识。

从"互联网 +"到"人工智能 +"，其社会发展智能化对教育道器关系之影响愈加凸显。教育之"器"者，是教学的具体载体，包括教学场所，教学组织，以及以人工智能为代表的各类教学技术等；教育之"道"者，是指围绕人才培养所体现出的教育规律，教育目的等。从古到今，在我国教育界一直存在着"重道轻器"偏颇。王夫之有个让人耳目一新的观点："天下惟器。道者器之道，无其器则无其道。"① 意指"器"总是依托，且决定着"道"之效果，对"传道"具有增能性。"人工智能+"之增能，其表现有：一则工具理性，重在"求真"，通过"人工智能+教学"的变革，指向人才培养更加科学，更加合乎规律；二则价值理性，旨在"求善"，亦即更加注重目的的合理性而非手段的效用性，更加注重行为本身是否应该及行为本身是否遵循教育规律；三则意义理性，意在"求美"，指向实践中人的主体性"类本质"，解蔽工具理性僭越所导致人被"器"所"限定"的风险，让智能化教学服务于人变得更为豁达。

（3）教什么

工科与其他学科不同，其工程与科学、技术的关系比较复杂，尤其是现代大量新兴学科的涌现已使三者的界限变得更加含混。因此，全球大学工程教育自 19 世纪以来就一直是围绕"回归工程"还是"回归教育"的钟摆式的变化过程。前者突出工程实践，后者侧重科学教育。这在英国、德国、美国那些老牌的工科院校，其钟摆式变化均有典型表现。我国现代高等工科教育起始于清末实业学堂，还相当年轻；1949 年以来，高等工科教育在加强实践方面，主要是通过课程实验、课程设计、毕业设计以及"四种实习"（即校外认识实习、生产实习、毕业实习和校内金工实习）来实现；1977 年以来，"四种实习"因故调整和删减，实践教学明显弱化。

2017 年 2 月，我国正式启动新工科建设，当年 4 月"天大行动"特地提出探索建立工科教学发展新范式。近些年，有关技术范式、科学范式、工程范式等的研讨在全国高等学校十分热烈，"回归工程"即为热点之一。事实上，正因为我国高等工科教育办学经验不够，不论从哪个方向均还未形成熟模式。当下高等工科教育，从全球层面看，我们的课程思政既要"回归工程"，亦要"回归教育"，更要在"互联网+"，新产业、新业态如雨后春笋般成长背景下采用新工科"融合创新范式"。

所谓"回归工程"，其核心是基于"整体工程观"视野，构建"工程范

① 王夫之：《船山全书》第 1 册，岳麓书社 1988 年版，第 1027—1028 页。

式"课程，强化实践。"整体工程观"者，包括工程背景、工程要素、工程产品生命周期、工程活动各个阶段，要对教学进行系统设计。所谓"回归教育"，根本还在"回归工程"，工程师如何处理工程问题与其深厚的知识结构相关。应力求改变原有单一的教学内容，注重理学通识，努力拥有相应的自然科学、信息技术、人机互动等技术知识。以上"两个回归"一旦落实，新工科"融合创新范式"教育目标即可期待。它是基于新工科交叉融合的基础，方便开展混合式教学，跨学科合作，从而促进协同效应，这对增强学生解决复杂工程问题的能力具有优势。

落实"两个回归"，一个简便的方法即是真正回到工程专业认证华盛顿协议（以下简称"协议"）上来。因"协议"核心就是培养工程师，未来工程师必以当下的"两个回归"为前提。依据"协议"，工科本科毕业生质量"基准"包括培养目标要求（未来工程师）、毕业要求（12 项）和知识要求（面向工程的广泛与前沿知识）三个方面。[①] 按照 OBE 理念，课程设置体系更应与毕业要求形成对应。结合我国部分高校已经通过工科专业认证的实践，课程设置方案问题有三：一是课程方案没有工程特色。课程需要按认证通用标准分为"数学与自然科学类""工程与专业基础及专业类""工程实践与毕业设计（论文）实践类""人文社会科学通识类"四类进行设计，以便与国际对接。二是课程方案没有突出工程与教育理念。Hajhighi 等学者说得好，工程教育就是"精深的工程理念与一样高深的教育学知识相交融的产物"，这种联系"绝不单单是工程与教育的浅显叠加"，确是不一样的独立教育，"有它不一样的自身规律"。[②] 三是课程方案没有紧扣认证解决主要问题。"协议""12 项"有 7 项提到加强对学生处理复杂工程问题的能力培养，并明确提到注重工程伦理准则和职业道德规范。这方面，我国与西欧一些发达国家高校相比还相差很远。

---

① 中国工程教育专业认证协会秘书处：《工程教育认证标准》（2017 版），2017 年；中国工程教育专业认证协会秘书处：《工程教育认证通用标准解读及使用指南（试行）》，2020 年。

② Haghighi, Smith K, Olds K A, el al. The time is now: are weready for our role. *Journal of Engineering Education*，2008（4）：119-121.

（4）怎么教

以课程目标为抓手，以课程思政系统化设计为蓝图，主要通过定目标、瞄方向、设情境、重渗透来开展。

第一，确定课程目标。

因专业教师长期习惯于智性化教学，"重道轻器"弊病积重难返。如何从"科学范式"到"融合创新范式"，突出课程目标的做人做事，这似乎还是一个奢求。制订科学的课程目标再也不能一呼而过了。按 Bloom 教育目标理论亦可将专业课程思政分为初、中、高三阶设计。高阶目标的实现以前两阶的达成为基础，每阶配置两个左右课程模块，同时还需要形成一个完整的课程思政链。结合工科课程思政特性，三阶分级进路为：初级——注重自我修养，增强工程伦理意识，强化学生个体"根部"营养；中级——熟悉伦理原则，让学生明白工程与自然、社会、人之间存在诸多伦理责任；高级——坚守理想信念，精于工程问题抉择，争当大国卓越工程师。据此，一是深刻明晰自己所教课程在专业育人二级指标点的具体任务，二是明白自己所教课程与其他同专业课程的关系，尤其是同为三级育人指标点的课程及其先修与后继的关系。确保每门学科与课程育人内容不重复、不交叉、无空白。

第二，瞄准认证方向。

首先，当下我国已通过工程教育认证的不少应用型本科高校，其工程师培养方向并未明确，其实质还是我们在专业认证准备的执行上有偏差。一定要与国际认证接轨，其教学总方向不能偏斜。其次，切实落实认证"质量标准 3 项"。要以课程链为抓手，建立起能够支撑专业人才培养目标和毕业要求的课程体系。注重工程伦理等专业通识课程的开设，加强对学生技术伦理、利益伦理和责任伦理的培养。再次，贯彻认证核心理念重在建立起以"OBE"为导向的经常性反馈制度，应确保根据反馈"持续改进"课程与教学。一个培养方案一用若干年的状况必然成为历史。

第三，突出情境顿悟。

工科专业修习特别倡导通过校内课程实验实习以及校外工程项目第三

课堂开展实践教学，不同的实践教学场域正是工科学生习得需要认证筹划的特别环节。可以认为，"在思政协同育人能量场域的运转过程中，惯习的养成是场域发挥育人作用的主要路径。"① 其中，少不了情景顿悟。情境顿悟的过程包含四大要素：情境、协作、会话和意义。用之于工程活动，其伦理教育即是结合工程情境并通过自己全身心地融入职业角色，在同参与工程的多方人员的协作中，让学生亲身感受到作为未来工程师面临工程伦理两难而能作出符合价值的道德抉择。亦即把"道器相宜"思想及其专业知识融入伦理抉择养成教育中，实际是把隐性的情境叙事法予以教育学的转换。其课程思政的隐性艺术能让教育对象在不设防的心理体验层面轻松享受教育状态的自然性、教育过程的轻松性和教育结果的顿悟性。"情境顿悟"是工程伦理教学最为有效的方法论改革。在工程生命周期，包括构思、规划、设计、施工、运行、维护、废止，不同阶段均可因需自主应用这个方法。

第四，加强双向渗透。

价值观教育应注重对学生投入动态的、双向渗透的干预，在双向交流中实现课程目标。基于"道在器中"，通过移情渗透，推己及物，由物及我，进而获得物我同一的感受，这是常人的审美经验。它离不开美学中的"移情说"。在朱光潜看来，移情就是"双向渗透"的过程。"所谓美感经验，其实不过是在聚精会神之中，我的情趣和物的情趣往复回流而已。"② "道在器中"的审美，用户与产品的交流显然不只是一个由人及物的单向过程，产品实际上从一诞生起就准备不断调整自己，不断影响我们的生活，甚至改变我们的需求。这种潜移默化的互动，对思政育人具有启示。近些年来，专业教师不断总结和发展的启发式、情景式、项目式、翻转课堂式等都是实现教学之"道器"在师生间双向渗透的有益探索。

（5）咋评教

课程思政因为带有明确的意识形态性，很容易被理解成为政治服务，

---

① 李明锡、白艳：《储存与释放：大思政体系建设中协同育人能量场域探究》，《江苏高教》2023 年第 12 期。

② 朱光潜：《谈美》，天地出版社 2019 年版，第 139 页。

故而在政治面貌多样的大学专业教师群体中，尤其是理工科教师中可能不易产生共鸣。而来自西方国家的专业认证，其"协议"对本科毕业生所提出的 12 条毕业要求，其中有 7 条均指向政治伦理。诸如工程与社会、环境和可持续发展、个人和团队、沟通等。而且，专业认证所拥有的"结果导向""学生中心""持续改进"三大理念，亦被教育部《高等学校课程思政建设指导纲要》全部吸纳。因为"学生中心"客观上与中国共产党为人民服务的宗旨一致。所以，将以上两者融合起来思考，避免课程思政"标签化"，显然会更加有利。

融合课程思政与专业认证以评价教学，重在建立起大学自我的评价体系。基于以上两者在核心理念上的一致性，并暗含了 Bloom 教育目标分类——"认知、能力和情感"的三个维度，即为本评价体系的构建提供参照。事实上，从专业认证毕业要求所分解出来的指标点已聚焦"学生中心"，且大都已形成有意义的隐性的价值教育交集。课程思政如果在此基础上再重点强化真正服务人民，就必然能实现双赢。其"认知"者，主要看教学制度及其运行，包括课程"三基"的落实和学生优良工程伦理文化的建构等；"能力"者，重在围绕学生以解决复杂工程问题的能力为核心，体现在学生服务社会的科学的判断过程；"情感"者，需突出了解立德价值的引导功能，应着眼于学生的个人成长和发展，立足于学生的工程实践过程来评价。总体看来，该评价方案应包括教师与学生，但重点是以学生全面发展为导向。学术因素和非学业因素统筹兼顾，务使学生评价从割裂的碎片式评价走向融合的立体评价。

3. 结论

首先，"盐溶于水"确为课程思政的理想状态。这里，重在善于"溶"，更重在教学效果的追求永无止境。这就好比"宾馆菜"，虽可笑迎八方客，基本都喜欢，但肯定不如湘菜、粤菜等大厨烹饪的佳肴更有特色，更加可口。"道器滴灌"的隐蔽性、开放性和过程性，正因其鲜明个性，它理应成为工科教师开展课程思政的首选。其次，凡课程思政枢纽全在掌握其学理——"人"这个同心圆，世界的全部发展无不指向人。这样，课程思政就特别需要"画龙点睛"。如果单纯为了所谓思政元素而绞尽脑汁就是舍本逐末，这才是"盐溶于水"的真谛。再次，器以载道，学以成人，它符合中国传统文化阴阳学之规律。"道"系阳，"器"系阴，"道器"及其关系，亦可谓大学人才培养最为基本的概括。工程虽以其"双重属性"而体现得最为直接鲜活，但其"五个W"却可为其他学科课程思政所参照。

（二）土木建筑等工科类专业课程思政探究与案例

1. 课程思政建设的意义

（1）教育创新层面意义——以课程思政实现价值引领

通过课程思政教学改革，充分发挥土木建筑等工科类专业课程的育人功能，能有效破解思政课教学和专业课教学长期存在的"两张皮"顽疾，将思政教育之"盐"有机溶入专业教育之"汤"，促进专业课与思政课同向同行，实现价值引领同知识教育与能力培养的有机统一，利于形成"三全育人"的"大思政"格局。

（2）人才培养层面意义——利于培养社会主义建设者和接班人

课程思政建设立足于土木建筑等工科专业特色，旨在培养学生的专业认知、学生的工程设计以及研究创新能力；同时将思政育德作为教育目标，要求既做到专业精通，又做到政治过硬，充分体现专业教师为落实立德树人根本任务的使命担当。

2. 课程思政面临的主要问题

（1）课程思政内涵认知机械化

课程思政建设理论与实践体系的广度、深度还不够完善，教师对课程思政建设的意义认识仍有待深化，少数专业教师在教学时将思政内容独立出来，导致课程教学出现内容分离现象，不利于学生系统掌握有关知识，更不利于思政内容在专业课程中有机呈现。

（2）课程思政元素融入标签化

"课程思政"不等于生硬地在专业课教学中植入科学精神、工程伦理、人文精神等思政理念，这是对思政元素理解的泛化，并未精准把握课程的

"政治灵魂"。土木建筑等工科类专业课程在实践探索中还存在将思政元素融入课堂的方法困境。

（3）课程思政受体内生动力不足

"00后"学生已成为大学生主体，伴随互联网成长起来的"E一代"思想敏锐、眼界开阔，具有较强的独立意识，同时也存在价值认同弥散、实用主义等倾向。与社会对这些大学生寄予厚望极不相称的是：部分大学生学习紧迫感不强，存在打游戏、混日子的现象；还有少量大学生爱国之情缺失，理想信念动摇，存在世俗老到，注重迎合的"精致利己主义"情形。

3. 立足地方应用型，扎实推进"四维"课程思政改革

基于地方高校转型中对人才培养的素质和能力要求，将三全育人的课程思政理念引入到地方高校土木建筑等工科类专业教学中，从课程目标、教学内容、教学方法及教学评价这"四维"开展课程思政。

（1）明确课程思政目标

课程思政作为检验课程质量的"金标尺"，是课程建设的终极标准。土木建筑等工科类专业课程思政目标：培养学生的工匠精神和科学精神。通过讲授中国传统土建类建设成就，激发学生的爱国热情；通过绿色交通和环保知识的教学，加强学生的生态文明及思想教育，提高学生的职业素养和社会责任感；通过土建类管理与法规的教学，培育学生的法治精神。

（2）建立一体化课程思政内容体系

专业是人才培养的基本形式，课程是专业生成的"细胞"，专业培养方案则是达成人才培养的总规格。专业课程与课程思政设计的有机性和一体化，即是有效开展课程思政的"金钥匙"。突出做好专业思政顶层设计，方能达到纲举而目张效果。通过借鉴 OBE 理念，遵循《习近平新时代中国特色社会主义思想三十讲》，中国社会主义核心价值观，紧扣土木建筑类工科专业课程方向，按照社会理想教育、道德理想教育、职业理想教育、生活理想教育等向度科学分配思政价值元素，从而建立专业思政要求与专业课程指标对毕业要求的支撑矩阵，实现专业与课程思政体系化。

（3）探索开放式课程思政教学方法

针对专业课程性质和教学内容，采用"慕课网络教学""研讨式教学""案例教学""翻转式教学""问题式教学""发现式教学"等教学方法开展专业教学；结合专业的实践性、应用型特征，推广合作教学、项目式教学。

（4）创新课程思政教学评价体系

学生课程思政的习得效果是否达成将通过三个方面来评价：一是观察学生上课状态；二是考查学生作业质量，通过对现实复杂工程、复杂技术的探索与研究，在情景化、案例式教学中融入价值判断与价值选择，从而观察学生的情感态度；三是开展问卷调查，定期监测大学生对社会主义核心价值观的认同倾向。

4."城市道路与交通"课程思政创新案例

"城市道路与交通"课程是城乡规划专业的一门综合了理论和实践的专业基础课，该课程的学习效果直接影响学生对其他主干专业课程的掌握。同时，"城市道路与交通"又是一门应用性很强的课程。利用信息化技术优势，按照以上"四维"理念，构建本门课程思政教改方案。

（1）修订完善以"思政育德"为内核的课程目标

依据"城市道路与交通"课程内容，明确其课程"思政育德"的主要方向为政治文明、精神文明、社会文明及生态文明四个方面。

政治文明主要体现在教学中认真贯彻落实依法治国的基本方略，培养学生的保密意识和法治观念。精神文明包括：培养学生规划设计的严谨工作态度，树立学生勇于面对困难、敢于迎难而上的正确人生观；通过中国城市道路交通发展的演变历程，引导学生用辩证与统一的眼光看待事物，培养学生实事求是、尊重自然规律的科学态度；引入我国科学家及工程师为祖国交通事业努力付出的事例，培养学生的敬业、精益、专注、创新的工匠精神。社会文明包括：利用线上教学平台对学生平时学习进行严格考核，培养学生自律自主的学习态度；通过开展小组作业及小组任务，培养学生的团结协作精神。生态文明方面，引导学生在开展道路规划相关设计时应注意节约资源、绿色环保、降低成本、优化设计，培养低碳环保、节约资源的绿色生态理念。

（2）构建以"任务驱动"为导向的模块化课程内容

所谓"模块化"教学方法就是将有一定关联性的教学内容整合分类，形成多个独立的模块，并针对各个模块的教学内容展开专项训练。通过对各模块教学的引导和控制，使教学中的理论与实践思维透明化，让学生在学习的过程中能够将各个模块的知识点融会贯通，通过"联想"和"比较"的方式掌握知识和技能。这个透明化的过程是学习交通规划和道路设计的过程，也是训练理性思维、培养专业素质的过程。在"城市道路与交通"课的教学创新实践中，通过构建模块化课程体系，使该课程实现"内容专业化、课程综合化、理实一体化、体系模块化"的特点。打破以知识传授为主要特征的传统课程体系，转变为以各项工作任务为中心组织教学（见表5-1），课程内容突出对学生专业能力的训练，理论知识的选取紧紧围绕工作任务完成的需要进行，让学生在完成具体工作任务过程中构建相关理论知识。

表5-1　课程教学模块与任务设置

序号	教学模块	为学生设定的实际工作任务
1	交通工程	常德市典型交叉口早晚高峰时的交通量特征、交通问题、改进策略
2	城市交通规划与管理	①常德市公交运行模式、存在的问题、改进方法 ②中国自行车交通发展趋势 ③常德自行车交通发展特点、存在的问题、改进方法 ④典型案例城市道路网结构特征
3	道路勘测设计	①常德市典型案例道路横断面设计成果 ②某案例城市道路竖向设计成果 ③常德市典型案例道路环形平面交叉口设计成果 ④某案例城市道路立交设计成果

（3）创新以"反客为主"为形式的教学方式方法改革

传统的封闭式教学方法形式单一、考核评价体制单一，使学生的学习处于被动应付状态，缺乏自主交流、独立获取知识的机会，致使课堂气氛沉闷、封闭。在"互联网＋"时代背景下，传统的面对面单向传输式教学模式已经不能满足学生的需求。现代混合式教学发挥了线上学习与集体授课的优势，其教学组织更加灵活多变，对提升人才培养水平具有重要意义。

城乡规划专业课程具有理论性、工程性、实践性相结合的特点，教学手段和方法要尽量多样化。在教学过程中，采用导入式、启发式、讨论式、案例式、互动式等多种教学手段和方式，采取理论教学和现场教学相结合、线上线下相结合的方式进行教学。采用情景化、故事化、幽默化等手段，可以是别开生面的课堂导入、引人入胜的课堂讲授、卓有成效的课堂互动、画龙点睛的课堂结束，寓德于教、寓道于教、寓教于乐，保证课程思政教学目标的实现。

结合"城市道路与交通"课程的结构和特点，在教学创新实践中有针对性地引入慕课（MOOC）、微课、翻转课堂等教学模式，灵活采用混合互动式、问题引领式、小组讨论式等多样教学方法，让学生变被动为主动，激发学生发现与探究问题的兴趣，使课堂成为一个集知识传递、能力提升、思维拓展和价值塑造的一体化高质量课堂（具体见表5-2）。

表5-2　慕课教学与常规课堂教学在各教学模块中的设置

序号	教学模块	主要教学信息内容	教学信息特点	教学/学习方式
1	交通工程	交通流理论	专业、理解	MOOC+课堂讲授
		道路通行能力与服务水平	综合、理解	MOOC+课堂讲授
		交通量及调查分析	专业、实践性强	MOOC+交叉口实地调研+课堂讲授
2	城市交通管理与交通规划	交通管理与交通控制	理论、易懂	MOOC
		交通法规解读	理论、易懂	MOOC
		城市道路网规划	综合、应用性强	MOOC+课堂讲授
		城市交通规划	综合、应用性强	MOOC+课堂讲授
3	道路勘测设计	城市道路横断面设计	综合、实践性强	课堂讲授+案例式拓展设计
		城市道路平面与纵断面设计	理解、实践性强	课堂讲授+案例式拓展设计
		道路交叉口设计	理解、实践性强	课堂讲授+案例式拓展设计

（4）突出以"过程与表现性考核"为重点的评价改革

改革课程考核方式，激发学生自身的学习动力和兴趣爱好。考核实行过程控制多样化考核，重视学生学习后的心得体会与实际行动。理论课设置线上线下两种形式，线下知识点考核，线上课堂练习。对于课程实践，一般要求每一个专题讲座都得有心得体会，以及课程终期思想汇报总结。在课堂教学中，为强调学生对自己负责，将考核方式由教师评价向"教师—学生"共同评价或学生自评转变。在考试前，要求学生签订《诚信考试承诺书》，加强学生诚信考试教育，强调内诚于心、外诚于人。诚实守信不仅是中华民族的传统美德，也是学生未来立足社会的根本。通过"线上—线下"课程考核、"教师—学生"评价考核相结合，改革考核方式，体现考核形式的立体性和多样性，提高学生自主学习的能力。

课堂表现考核主要包括考勤、讨论参与、论文选题汇报情况等；课后表现主要包括平台跟帖的情况、文献阅读、社会实践、小组合作等情况。鼓励学生通过网络和实际走访调研的方式，组队讨论完成研究课题的选定，并完成课题开题汇报。老师在学生汇报过程中提出建议和指导意见，学生论文完成后根据相应的考核标准对学生的结课论文进行打分评定。

课程在线上建立了资源库，学生的讨论跟帖在班级群里留下痕迹。学生在课程学习的过程中随时可以评价课程情况，包括教师的授课态度、教学方法、教学内容的改革等相关评价。通过日常教学或进行说课比赛等活动，征集同行反馈情况以及学生认可度结果。

持续改进是工科教学中不可忽视的重要环节，育人也是一个潜移默化、循序渐进的过程，尤其对于工科类课程思政教育，一定要与科学技术发展密切关联，因此，这需要我们教育工作者多倾听、多关注、多反思育人过程中每一个环节和反馈情况，通过考核方式的多样化，与时俱进地持续改进，将课程思政作为常态化的教育。

（三）机械设计制造及其自动化专业课程思政探究

1. 概说

课堂教学是思政教育的主渠道。习近平总书记指出："要坚持显性教育和隐性教育相统一，挖掘其他课程和教学方式中蕴含的思想政治教育资源，实现全员全程全方位育人。"① 思政教育从"思政课程"到"课程思政"当下已普遍成为大学以立德树人为根本任务的改革主题。大学专业课程不再只注重传授知识，而是逐渐从知识传授向价值引领、立德树人的转变。如何守好课程这段渠，种好责任田，充分满足以学生成长发展需求为核心目标，提升思想政治教育亲和力和针对性，这对大学工科专业的确是一个严峻的挑战。虽然，工科专业的教育教学工作者围绕立德树人及其课程思政亦做了不少改革与探索，结合专业课程挖掘思政元素，如工匠精神、家国情怀、工程伦理、使命担当等，开展形势整体向好。但是，作为以"术"为主的工科，教学内容毕竟与社会实际有较大差异，加上长期的"填鸭式"专业教学使学生对思政教育不免感到多余，与所学专业及将来就业联系不紧密；甚至有部分学生认为专业课程知识才是硬任务，思政教育就是软指标，总是处于被动应付。就机械设计制造及其自动化专业而言，机械设计、机械制造工程学、计算机辅助制造等大部分专业课程，均与生产实际联系密切，具有很强工程性，培养学生能够适应现代机械工程技术的发展和解决复杂机械工程问题的能力自然不可忽视；但如何为党育人、为国育才，尤其是我国正在全面推进第二个百年宏伟目标实现的背景下，培养更多的德能兼备的专门人才更为重要。

2. 运用多场景新课堂做到全方位持续性"滴灌"

机械设计制造及其自动化专业课程大都具有很强的系统性和实践性。课程内容往往涵盖了某一工程实际实施的全过程，涉及的知识点通常是多门选修课程的综合。所以，一方面要求学生能够解决工艺相关的工程实践问

---

① 习近平：《习近平谈治国理政》第 3 卷，外文出版社 2020 年版，第 331 页。

题，具备自主学习、协作沟通以及创新的能力；另一方面在构建知识体系、培养实践能力的过程中，还要注重多场景课堂综合运用，做到全方位"道器滴灌式"持续性的思政教育。

（1）课堂实例场景

对于工程性较强的机械类课程，以教学相关的"卡脖子"真实工程项目作为大案例进行贯穿引领，可突出各章节知识点之间的逻辑和结构，帮助学生建立课程知识体系。在教学过程中注重引用教师在项目研究中的实例进行科教融合，让学生体会理论对实践的指导意义，以及从实践到理论的归纳总结过程。通过在传统课堂场景中引入项目实例，不仅可提高课堂生动性，还能促进学生理论联系实践的能力。

（2）实验科研场景

机械类课程大多设置有相关的实验教学环节，旨在促进学生对知识点的理解，提高实践能力。实际上学生实验与教师科研都是从实践到规律的探索过程，在内容和形式上具有高度的相似性。采用科研范式的实验教学方法，模拟真实实验研究中的选题——文献综述——实验开展——结果分析与讨论——总结结论这一过程进行教学，在撰写报告时对传统实验报告形式进行革新，指导学生以科技论文的形式进行总结，提高学生科研素养，为后续读研、从事科研工作打下基础。

（3）实况企业场景

校友是工科培养中重要的教学资源，其对行业的认识和思考对专才培养意义重大。在教学过程中，充分利用校友和联合培养基地等企业资源，结合现有网络信息技术开展实况教学，通过短视频、现场连线等形式，使学生沉浸在企业生产制造场景中。通过校友的视角对学生关心的问题进行答疑解惑，了解未来的工作内容、发展途径和企业需求，以此加强对专业和行业的认知，明确个人的定位，促进职业导向和价值引领。

（4）实战平台场景

工科院校具有丰富的实践平台教学资源，课程大都设置有相关的课程设计。如"机械制造工程学"要求学生针对具体零件编制工艺规程。在这一教学过程中，充分利用实践教学资源，让学生沉浸在真实的机械加工生产环境中去设计工艺方案。而在任务分配中，可在课程设计题目库中加入典型关键零件，鼓励学生组队自由选择，提高学生的学习、沟通和创新能力，培养家国情怀。

3. 坚持问题导向，实施分众思政教育①

分众教学是基于教育对象彼此间需求与能力存在差异而设计，并非简单的差异化对待。在分众思政教育中，通过收集学生的个性特点和问题反馈，然后结合教学内容与重难点对学生进行学习群体划分，将问题相似、层次相当的学生分为一组，学习过程遵循发现问题（自我分析）、解决问题（自我探索）、实践应用（自我成长）三个步骤。

（1）分众教学原则

学生主体原则：以学生视角组织教学活动，用学生易于接受的形式激发其心灵共鸣。该原则重在使师生、生生进行平等对话，教师通过课堂的"参与者""引导者""协助者"身份促进学生发挥自身价值。

师生协同原则：学生应积极转变角色，从传统的受众转变为教学的合作协同者，教师要确保分众层次清晰、科学合理、针对性强。在师生协同中丰富思政课的活力和内容，注重提升学生的获得感。

智慧思政原则：智能化时代，智慧思政是大势所趋。在这一情况下思政教育应注重培养学生甄别资源与信息加工能力，引导学生在爆炸性信息流中取其精华、弃其糟粕。在分众教学中应针对不同群体建立专项档案，重视记录与反馈，确保思政教育的全面性与及时性。

（2）分众教学体系

为解决大班教学思政效果不佳问题，可建立三级立体分众教学。

第一级为面向全体学生的基础思政教学，解决共性问题。通过课前问卷调查、学习档案、学生与辅导员座谈等方式全面客观了解学生思想动态，

---

① 胡玲、何丽、闫娟：《分众教学创新高职思政课教学模式》，《淮北职业技术学院学报》2023年第3期。

对调查结果进行分析归类，基于"问题"进行专题总结，以专题化教学形式重点解决学生普遍存在的实际问题。

第二级为面向同质群体的差异化思政内容体系，解决同质性群体的个性问题。大学生思想活跃，价值观从单一走向多元。根据学情调查，开展课后专题活动，将关注相同专题的学生分别划分为多组，建立相对于第一层级的差异化教学内容解决同质群体存在的思政问题。

第三级为面向优质学生的特色引领类思政教学，重点解决其深层次问题。通过培养一批优秀朋辈群体，影响班级其他学生的行为和思想。依据多种推荐方式，选拔出一批对思政理论、时政热点兴趣浓厚且思维敏捷的学生，充分发挥他们对其他同学的思想和情感认同。

（3）分众教学实施

坚持"问题"导向。通过各种手段获取学生原汁原味的问题，并制作学生档案，以问题归类档案，划分出同质性群体，形成层次教学。根据"问题"或设计专题教学，或课下分层交流，或开展实践调研，理论与实践相结合，发挥教师引导与学生主体作用。

把握因材施教。根据不同学生的认知水平、学习能力及自身素质，教师选择适合每个学生特点的学习方法有针对性地进行教学。发挥学生长处，弥补学生不足，树立学习信心，促进学生全面发展。

增强师生互动。充分借助智慧平台，构建交流渠道，拓宽沟通平台，在多样互动中倾听学生心声；在课内外活动中营造和谐、宽松、平等的交流氛围；在师生交流与沟通中引导学生发现问题、解决问题。

4. 思政元素"四入"

（1）思政元素编入教材

教材是课程的具体呈现形式，课程思政必须通过相应的教材呈现。构建中国特色社会主义的高校教材，应彰显特色、符合国情、反映时代、突出核心价值观。注重推进现代信息技术与教材的深度融合，构建实体教材与电子教材互联互通，将思政元素以多种形式呈现。

（2）思政元素编入大纲

在教学大纲中，应明确课程思政的教学性质、任务和目标；合理制定各章节课程思政的内容、形式和学时以及重点与难点；合理规划各阶段的课程思政认知和实践及其教学反思等。

（3）思政元素融入课堂

在课程开始前，借助线上平台开展预习互动，引导学生主动收集相关的思政元素；在课程讲授时，基于 OBE 教学理念，创新教学设计和教学方法，将思政元素隐性融入课程知识体系；在课后的课程设计、学科竞赛等实践环节中，拓展思政教学内容深度与广度。

（4）思政元素融入考核

加强对于课程思政元素的考核力度，在知识考核中融入思政元素，设置专门的课程思政考核指标，逐步深化对思政内容的认同感。创新课程思政考核方式，注重采用"线上任务点＋课堂参与度＋阶段性报告＋组内贡献度＋终结性考试"的五个阶段综合评定模式，通过过程评价和结果评价，系统分析学生知识掌握水平和课程思政成效。

5.课程思政体系构建——以"机械制造工程学"为例

"机械制造工程学"作为机械设计制造及其自动化专业的核心课程，以机械制造工艺为主线，将加工方法与原理、工艺系统组成与功能、加工质量有机地结合起来，旨在培养学生掌握制造技术专业知识并能够应用于解决复杂机械制造工艺问题。结合课程教学目标，深入挖掘课程内容蕴含的价值性、先进性、思维性、职业性思政元素，探索融入方式和途径，做到以学生为中心的全程思政教育。

在制造业发展、机床技术现状等章节，引入价值性思政元素，包括大国工匠、军工精神、文化自信等，聚焦于人生价值观的形成，激发学生的家国情怀和使命担当，培养学生胸怀国之大者践行工匠精神，争当大国工匠。在机械加工表面质量、先进制造技术等章节，通过凝练高校先进典型和科研实践案例，引入先进性思政元素，培养学生探索未知、追求真理、勇攀高峰的创新意识；针对二级课程目标框架下的知识点，挖掘其中蕴含的丰富哲理，提炼思维性思政元素，如极限思维、逆向思维、交叉思维等，提高学生发现问题和解决问题的思维能力，为以后从事工程建设培养专业性思维；在课程实践环节，引入团队精神、工程伦理、职业道德等职业性突出的思政元素，主要让学生明白工程与自然、社会和人之间的伦理关系，夯实行业立足之本，促进职业导向。

（四）自动化专业课程思政探究

1. 概说

1788 年英国机械师瓦特发明离心式调速器，开创了近代自动调节装置应用的新纪元，并对第一次工业革命及后来控制理论的发展产生了重要影响。第二次世界大战时期形成的经典控制理论开创了系统和控制这一新的科学领域。20 世纪 50 年代末到 90 年代初，空间技术迅速发展，迫切需要解决极端条件下带来的非线性与不确定性问题，陌生环境带来的知识归纳与自主适应问题，人机融合及智能控制带来的可信与安全性问题，不确定性带来的模型描述与有效调控问题等，从而诞生了现代控制理论。进入 90 年代以后自动化技术便逐渐成为人类现代文明的重要标志之一，所有改变历史的技术革命都与自动化相关。

当今社会，随着世界格局和国际形势加速演进，对大学自动化专业人才培养的质量需求也在不断提高。然而，自动化又被称为"万金油"专业，学科领域涉及控制科学与工程、计算机科学与工程、通信工程、电气工程等，是多学科交叉专业。专业核心知识涵盖传感器、检测技术、信息处理、控制、智能优化、决策等。知识面涵盖广，学习内容庞杂、难度较大。如何通过课程思政将育人与育才统一，培养德才兼备的新时代合格人才具有一定难度。首先，自动化专业学生面临着繁重的学习任务，在有限时间内既要完成立德树人的价值观引领，又要完成知识传授，就是横亘在专业教师面前的鸿沟；其次，思政案例缺乏、案例与专业知识有机融合，成为教师课程思政的拦路虎；最后，专业系统且合理匹配每一门课程的思政目标、学生价值观塑造的成效性评价是专业的阻塞点，亦即难以构建课程思政目标成败的闭环反馈。

2. 顶层规划

课程思政能够为自动化专业人才培养铸造灵魂。但目前存在的问题是自动化专业当下没有形成整体的课程思政实施方案，对广大专业教师而言，迫切需要一个自上而下的方向性执行方案。为此，专业负责人应主动配合学校，首当其冲的就是要做好本专业课程思政顶层设计。将课程思政落实到专业人才培养方案和课程教学大纲中，落实到每门课程和每位主讲教师，精准定位，形成课程思政的建设机制。

应注重结合自动化专业学科发展、突出贡献、在国民经济中的作用以及专业特色，在培养方案制订中应赋予课程思政在专业课程价值引领中的重任。围绕"自主创新""工匠精神""工程伦理""科学精神""卓越人物""辩证思维""可持续发展""团队合作"等思政元素，布局课程思政教育矩阵，分解课程对思政元素的支撑点，使专业教师明确课程在学生"三观"塑造中的地位和作用。鼓励教师围绕思政目标挖掘思政案例，充分发挥思政育人中专业课教师的"主力军"、专业课教学的"主战场"、专业课课堂的"主渠道"作用。

设计自动化专业课程思政方案在整体统筹前提下还应当体现方案的高度和前瞻性，依据学校办学定位，从学院专业层面乃至高校自动化专业联盟层面做好科学布局，尽可能多地集结自动化领域的专家学者，同时吸纳行业用人单位对专业人才的使用需求，力争形成专业共识。为培养自动化专业不仅具有过硬专业素质与创新能力，还拥有志存高远，敢于担当，具有为祖国奉献一生的新时代合格人才打下坚实基础。

二级学院是人才培养具体实践的主阵地，应充分发挥二级学院在课程思政建设方面的理念引导、路径探索和实践运用的主体责任。积极推动院院合作、院系联动、党政共管的一体化课程思政建设方案。学院党政应深入挖掘构建人类命运共同体的国家战略、影响国计民生的重大工程、名垂千古的科学巨匠、适宜课堂教学的时政要闻、取得重大成就的优秀校友等思政资源。研讨探索符合本校特色的"三全育人"课程思政教学模式，宣传推广优秀课程思政案例和广受学生好评的教学方法，组织开展教师教学方法、教学内容、教学评价等方面的培训，建立和完善课程思政绩效考核和组织保障的制度。

3. 师生协同，全面落实专业课程思政

教师应深刻理解国家对课程思政的战略布局，充分了解当前人才培养过程中存在的问题，认真反思课程教学的主要矛盾，研究实践思政元素与课程内容有效融合以及课程思政的评价办法。第一，教师可以从自动化的发展历史，为人类社会进步所作出的贡献以及国家典型的重大工程入手，引导出自动化对人类文明、国家经济社会发展的贡献，激发学生对专业学习的兴趣和自豪感。这是知识传授和学生价值观塑造的前提，兴趣是一切动力的源泉。第二，教师应根据培养课程对思政的支撑指标点，实时修订教学大纲，认真揣摩、组织教案，精心策划教学设计，将"素质目标"逐项分解到课程内容。深入挖掘课程思政案例，不能一个案例"打天下"，理解案例与专业知识的内在逻辑，将案例所蕴含的哲学、社会学、工程学等与专业知识有效融合，避免因思政而"思政"。第三，案例引入需润物无声，采用"引理类比法""引申归谬法""引经据典法""引例提升法"等方法将思政案例巧妙融入"知识目标"和"能力目标"培养中。避免"生硬"地导入思政内容，进而触发学生的逆反心理，形成"专业无趣""思政无聊"的学习状态。只有巧妙地将思政内容融入专业知识，方能达到"道器滴灌式""全过程""全方位"育人。第四，教师应积极参加各类思政教育的培训和讲座，在专业知识能力、专业应用能力、创新能力过硬的前提下，增强思想素质过硬。做到"高标准思想政治修养""高水平心理素质修养""高层次知识结构修养""高品位教学艺术修养"。第五，教师应主动适应时代的变化，要充分认识学生处于信息获取多元化的时代背景，利用"互联网＋教育"模式，用学生喜闻乐见的互联网信息引导学生。

4. 几大主要抓手

（1）注重明确课程思政育人目标的三个方向

当代大学专业教学的目的在于立德树人。核心在明确培养什么人、怎样培养人、为谁培养人，以此将课程目标划分为知识目标、能力目标与素质目标三个层次。从自动化专业看，前二者侧重在学科专业方面；后者素质目标则侧重在品德修养方面，主要是通过课程思政等教学活动使学生树立正确的人生观、价值观与伦理观。实际上，各专业的知识和能力目标在本质上是相通的，而作为品德修养的"三观"在自动化等工科专业则表现出相对不同的内涵，尤其在环境伦理或工程伦理方面。首先，自动化专业发展至今是无数科学家和工程师共同奋斗的结果。专业课程思政要重视挖掘其专业领域内的科学家、工程师和大批从业者的故事，以彰显他们了不起的科学精神与工匠精神，赞美他们爱国、敬业、奉献、创新的动人事迹，即可帮助学生树立正确的人生观。其次，自动化专业发展至今尤其是国家诸多重大项目的突破，无不与党的大政方针、国家科技政策及发展战略等紧密相关。专业教师讲清其发展历程及内在逻辑，即有助于增强大学生对党和国家治理政策的认同，有助于大学生树立社会主义核心价值观。再次，自动化专业发展至今，还有必要在课堂教学上融入环境伦理观，加强生态文明的宣讲，以培养对社会负责任的创新型人才。面对全球气候、环境污染等问题，中国的自动化工程无不以可持续发展理念为上。这可以树立大学生"责任式创新"思想，避免在创新实践中片面追求经济利益而导致"责任缺场"。

（2）突出加强工程实践环节的课程思政

课程思政研究注重理论课程、轻视实践环节的问题值得重视。在自动化等工科本科专业人才培养的过程中，相对于理论教学，其实践环节的教学比重会逐渐增加甚至成为主导。因此，如果实践课程思政缺失就将在很大程度上影响"育人与育才统一"的人才培养成效。然而，当下不少高校对实验、实习、实训、课程设计、毕业设计等实践环节的课程思政研究明显偏少。基于此，实践环节的课程思政设计应注重贯穿于课程选题、题目凝练、实验训练操作和实践成效的总结分析等全过程。如果能将"道器滴灌式"课程思政渗透到工程实践课程全程中，必然对大学生的人生态度和未来工作产生直接影响。

通过社会实践、生产实习、课程实验等实践教学，能从不同的层面和环境积极引导、培养学生抵御社会不良价值观及多元思潮的能力，在实践教学中提升学生个人品格的顺利发展；在实践教学中，教师可以丰富教学内容，指导学生通过走访相关企业、问卷收集、市场调研等方式了解并认识社会；实践课程思政教育还能有效帮助学生在工程实践过程中清晰地理解马克思主义理论的逻辑主线，加深对我国社会主义优越性、先进性、科学性的认识，进而提升学生的综合素养水平。

（3）加大改革教学的方法、手段与评价

考核评价是大学教学工作的指挥棒，应以此为抓手促进专业课程思政质量的不断提高。在课程思政方法的设计与实施上，有两个重点需要把握好：一是学科知识与思政内容的衔接；二是课程思政元素在教学中的融入。如何做好"衔接"和"融入"呢？主要可采用这样两种方法。首先是问题引导法，即以问题来引领转换和衔接。学生在思考解答中获得问题与解答间的逻辑关系，完成问题重点的转移，进而便能让学生比较自然地将思政点融入学科知识中。其次是案例说明法。课程思政元素不是理论教条，一般都得通过精选的典型案例来传达给学生，其案例说明法与教学中的例证法亦不同，显然不是以佐证举例来说明学科知识点，而是将案例中蕴含的思政元素内涵传达给学生，再通过启发与讨论，最后"掀起盖头"，取得案例说明法的思政效果。在课程思政手段方面，重在灵活多样。课程思政亦能扩展为较为流行的线上直播形式，这样就能形象直接地将思政内容传授给学生，且具备时效性强、环境氛围浓郁的特点，方便学生感同身受。另外，课程思政亦可与网络思政互为补充，譬如线上作业、解惑和答卷，都不失为行之有效的好形式。结合二级学院专业课程设置与教学内容的特点，最后还得注意完善面向不同类型的工科专业课程，尤其是实践课程，全面科学地做好专业课程思政的学生综合能力的达成评价，以促进思政教育效果优化和持续改进。

（五）计算机专业类课程思政探究

信息技术与新经济的迅速发展，计算机专业类的人才需求越来越大，被视为信息化科技社会经济增长的重要支撑。同时，怎样培养德才兼备型的高素质高层次工程创新人才，亦即当下新工科建设的重要话题。2020年6月，教育部印发《高等学校课程思政建设指导纲要》，强调要落实立德树人的根本任务，全面推进课程思政建设。显然，新工科与课程思政是当前大学生能力培养及道德教育的新趋势。计算机专业类是新工科建设的重点，课程思政是落实大学立德树人任务的重要途径和有效载体，是党和国家站在新时代的高度对大学教育作出的重要指示和要求。鉴于计算机专业类均为发展迅猛的新兴专业，亦极具特色，其课程思政建设就当避免从其他传统专业盲目照搬。然而，专业课程思政如何开展是一项系统工程。思政培养目标的确定、人才培养课程体系的构建、教学理念与教学方式方法的创新，亟须探索和建设一套既立足学科内涵，又从专业全局出发，符合大学生特点的计算机专业类课程思政教学体系。

1. 计算机专业类课程思政主要问题分析

在专业课程这个平台上开展课程思政，当下表现出来并需要解决的主要问题有如下几个方面。

（1）课程思政的认识期待转变

计算机专业类教学内容与思政教育长期分离，专业课教师对课程思政教育普遍认识不足，大部分教师对学生的培养认识还存在单一性、片面性，并没有完全意识并参与到对学生的思想政治教育中来。

（2）思政元素期待挖掘和恰当使用

课程思政以教材为基础，而现行教材并未及时全面更新，大多数计算机专业类课程教材亦很少将思政教育纳入其中。如何挖掘、从哪里挖掘思政元素即是专业课教师首先要解决好的问题。而且，不同的专业课程有不同的课程培养目标和专业教学内容，怎样在专业教学中融入"思政"内容的问题同样不能忽视。

（3）课程思政评价期待改进

当下对学生的评价侧重在对知识的掌握程度以及对知识的运用能力，并未将学生的学习态度、学习能力、道德态度和行为等指标纳入学生"学"的评价中。"道器滴灌式"课程思政要求教师在教学中实质性地介入到学生个人的日常生活中去，将课程教学与学生当下的人生遭际和心灵困惑相结合，从而对之实施积极的互动。

（4）教师课程思政能力期待提高

专业课教师的思政素质与能力大都处于较低水平，与深入开展课程思政极不适应。各地大学普遍重视思政课教师的培训，而对专业课教师思政教学的综合素质问题关注太少，迫切需要建章立制并采取有效措施为其提供系统的学习研讨，以提高他们的思政把持和专业素养。

2. 本专业类开展"道器滴灌式"课程思政举要

如前所述，"道器滴灌式"课程思政已在多所高校实施并产生较大反响。但如何在计算机类专业开展好课程思政，借助"道器滴灌式"针对性、融入性、实效性、持续性理念，推动专业知识与思政元素的有机结合，同向同行，进而达到潜移默化、润物无声的教学效果仍需深入研究与实践。

（1）聚焦 OBE 理念，确立"双目标"关系矩阵

基于 OBE 教学理念，首先是确立预期专业教学与课程思政总体"双目标"与课程分目标。依据计算机专业类特点将其"双目标"之专业教学目标定义为：培养面向实现数字强国、网络强国国家战略需要，系统了解掌握计算机硬件和软件的基本原理和技术，具有创新意识和学科研究能力的高层次计算机专业类技术人才。其专业课程思政目标定义为：宏观上激发学生的爱国精神和民族自豪感，树立健康信息处理与网络道德观；中观上突出增强学生的职业操守和职业素养，不断提升团队合作能力；目标上努力培养学生追求精益求精的工匠精神，引导学生形成正确的世界观、人生观和价值观。其课程思政可用 8 大总目标与 35 个思政点归纳（见表 5-3）如下。

表 5–3　思政总体目标和对应思政点①

思政目标	思政点
爱国主义教育	家国情怀、民族自豪感、四个自信、主人翁意识、甘于奉献
培养科学精神	攻坚克难、砥砺前行、前赴后继、坚忍不拔，工匠精神，勇于探索、敢于试错、追求真理，严谨细致的工作态度，简单问题精细化的工程思想
学术品格养成	质疑精神、批判思维、求真务实、学术诚信、专业认同感
科技强国教育	创新精神、忧患意识、独立自主、自强不息
道德与法制	科学伦理与工程伦理，遵纪守法、尊重规则，职业道德与职业操守
哲学思想	马克思主义哲学思想、中国哲学思想
国家大政方针	社会主义核心价值观、四个意识、共享发展、求同存异
人格塑造	世界观、人生观、价值观，尊师重道，理想信念，吃苦耐劳，团队精神，追求卓越，弘扬正气

依据以上"双目标"，接下来一方面要修订专业人才培养方案，明确制订能支撑"双目标"的毕业要求，以及能支撑毕业要求的课程组合；另一方面要依据专业毕业要求修订每一门课程教学大纲，尤其要注意科学合理地制订每一门课程的传统教学目标和思政育人目标，形成各门课程思政目标与专业目标及其毕业要求的关联矩阵。

（2）强化"道器滴灌式"理念，构建"三阶段"思政体系

正因为"道器滴灌式"课程思政针对性强，又具有灵活性、持续性和实效性的特点，而计算机工科专业类大都知识点繁多、教学时数有限，所以它在工科专业类就显得大有用场。一般而言，为更有效达成"道器滴灌式"课程思政目标，需在教学计划上将传统课堂从时间和空间两种维度上进行延伸。时间上并不局限于课内，而时常延伸至课外；空间上并不局限于线下教室，而自然要延伸至线上网络。在教学方法上亦相应灵活多样，诸如案例法、讲授法、探究法、练习法、讨论法、自主学习法等，均可因需而定。以"面向对象程序设计"为例，该课程是计算机科学与技术专业的核心课程。

---

① 张洪业：《计算机专业课程思政的全局建设探索》，《计算机教育》2023 年第 1 期。

其课程思政计划即以程序设计和软件开发为主线，将高级语言基础、面向对象思想、继承与多态的理念有机结合起来，旨在培养学生掌握计算机软件开发的专业知识并能够应用于解决复杂软件工程问题；同时结合课程教学目标，深入挖掘课程内容蕴含的思政元素，并按"道器滴灌式"理念建立"三阶段"课程思政体系（见表5-4）。从而，实现"润物细无声"效果。

表5-4　"面向对象程序设计""三阶段"课程思政体系

章节	课前预习	课中内化	课后巩固
1. Java 概述	Eclipse 和 Java 产生（科技报国的家国情怀和使命担当）	我国在软件行业获得的成就（民族自豪感、专业自信）	查找 Java 技术在软件行业的应用（课程自信）
2. Java 基础	Java 语法规范（道德规范）	引入校园贷的案例（正确的世界观、人生观和价值观）	解析软件行业规范（职业素养）
3. 类与对象	类和对象的关系、类成员的不同访问权限（全局意识、矛盾和统一）	引入疫情防控管理系统中志愿者类案例（奉献精神、责任和担当）	分析某领域存在的对象及其具有的属性和行为，将其划分成不同的类，并编程实现（辩证唯物主义科学精神）
4. 继承与多态	子类定义和子类对象创建（继承传统和与时俱进创新精神）	引入新能源汽车类案例（民族自豪感和爱国情怀、节能环保意识）	某领域已划分的类分析其中的继承关系（精益求情的工匠精神）
5. 图形用户界面	图形用户界面的重要性布局管理器（职业素养和道德规范）	引入关爱老人志愿者信息录入界面案例（弘扬中华优秀文化）	开发简单图形用户界面的信息管理系统（社会主义核心价值观：文明、和谐）
6. 流和文件	文件顺序读写和随机读写（遵守社会秩序、勤俭节约）	引入学生成绩管理案例（精益求情的工匠精神）	使用文件操作分组开发"智慧校园疫情防控与数据展示系统"（奉献精神、团队精神）

表5-4"课前预习"可谓任务打卡式。教师将专业教学内容的基础知识有机融入思政元素并录制成短视频，通过线上教学平台提前发布预习任务，经学习思考完成在线测试。"课堂内化"可谓问题驱动式。课堂专业教学核心是由原来语法规则和算法的讲授转移问题分析和知识的综合应用实现，利

用案例法、讨论法、练习法等方法，对含有思政元素的课程案例进行深度问题剖析和编程实现，从而解决课前预习存在的疑惑。又引导学生串联碎片化的知识点问题应用到完整的案例中，层层递进并达到知识的内化。"课后巩固"可谓思政提升式。相较于传统的布置课后习题作业，更注重的却是对学生课前、课中还存在的问题，结合当今社会热点或行业需求再布置多学科交叉的综合练习，让学生利用网络资源自主寻求答案。

（3）注重"课程思政＋"设计，改进课程教学评价

乍看"课程思政＋"，或许大家会有异议。不错，"课程思政"本就依托于课程，或可谓"＋课程思政"，这也是它与"思政课程"的基本区别。然而，为了顺利推进课程思政，弄清"课程思政＋"的理路和用意很有必要。事实上，"＋课程思政"系从专业教学理路而言，专业必为本；而"课程思政＋"则是从人才培养理路而言，立德必为树人之本。这里虽然是讲专业教学，而根本还在为谁培养人，但又不能以此而轻视专业，"经师"与"人师"自古统一。明乎此，我们从专业教学设计上突出"课程思政＋"，即可增强我们做好"课程思政"的确定性和主动性。而且，所有专业教学无不与人的发展有关，思政元素无处不在。毋庸置疑，课程思政的顺利实施，有没有"课程思政＋"的设计理念大不相同。

"课程思政＋"的设计，要以灵活、科学、高效、适度为原则。为了体现该方案设计的最优化，需从课程教学目标、内容、方式方法、思政元素的选择与融入，以及线上教学的多个环节进行全面思考。以"Python 程序设计"课程为例。譬如该课程教学目标的设计，其专业知识目标一般定为：通过对目前主流程序设计语言 Python 学习，掌握 Python 语言的基本语法、各类数据类型、函数、异常处理、文件操作等知识，以及第三方库的常用方法，学生能够运用所学解决实际工程问题。同时，Python 语言作为一项关键技能，亦可结合学生对其所学和掌握的过程主动设计一个思政目标：增强学生的法律意识和保密意识，培养社会责任感，以及培养自我创新、精益求精的工匠精神。又如思政元素的融入设计，即可结合该门课程的知识要点主动挖掘思政元素并加以融入。"循环语句"是个专业知识点，而通过"一

年 365 天，每天进步 1%，一年进步多少"的案例揭示，不仅可让学生掌握"循环语句"的基本语法与使用规则，还可鼓励学生好好学习，永保积极向上的良好心态，自然实现课程思政。

落实"课程思政＋"目标，既要主动根据不同专业和课程进行全面设计，还得改进以往的课程教学评价。一方面，教学评价要真正让"教"与"学"从过去的"一张试卷定优劣"中走出来，兼顾教书与育人的全面性；另一方面，要引导、鼓励专业课程思政的合理性，教学设计的艺术性，点到即止，灵活高效。这样，亦更能体现"课程思政＋"的设计之功。

后　记

　　《大学立德树人举凡》系围绕习近平总书记关于立德树人等教育重要论述进教材、进课堂、进头脑的专著式教材，亦为国家大学生文化素质教育基地"十四五"规划项目，"双万计划"国家级一流本科专业建设规划论著。由湖南省"双一流"高水平应用特色一本院校湖南文理学院牵头，联合三峡大学、西安工业大学、闽南师范大学、国家开放大学（湖南）共16位专家共同完成。

　　培养什么人、怎样培养人、为谁培养人，这是中外学校自一开办即不能回避的问题。《大学立德树人举凡》问世有其特殊的时代背景。近5年在我国教育界有两件大事不能忘记：一是2019年教育部启动以大学专业建设为主题的"双万计划"，其核心目标即"以本为本，四个回归"，随即便有若干所大学主动逐渐退出"四大排行榜"；二是"全国教育大会"的召开，习近平总书记在会上要求"坚持把立德树人作为教育根本任务"，强调以更宽广国际视野优先发展教育事业。以上两点，归根结底是以更高远历史站位为中华民族伟大复兴解决好人才和教育问题。这不由让人想到：随着第三次科技革命到来，全球对人才的竞争日趋白热化，西方资本主义国家兴起的新自由主义人才培养及国际文凭组织（The International Baccalaureate Organization）的"国际文凭教育"已在全球普遍渗透。因此，落实党的二十大所提出的"为党育人、为国育才"任务，更为紧迫。

　　湖南文理学院作为《大学立德树人举凡》牵头高校，自党的十八大以来就高度关注高校如何落实立德树人根本任务。自"双万计划"开始实施，课题组更是全面进入该项目筹划，分头撰写，不断取得新成果。诸如湖南文理学院原党委书记、现国家开放大学（湖南）党委书记龙献忠的《以立德树人为根本　扎实做好新时代人才培养工作》（《中国高等教育》2021 年第 5 期）、《新时代高校思政课话语亲和力：系统构成、现实检视与提升路径》（《大学教育科学》2023 年第 3 期），这两篇文章均为 2020 年度国家社科基金课题"新时代高校思政课话语亲和力及其提升路径研究"阶段性成果；刘宇文的《我国五育思想的百年演变、基本遵循与未来展望》（《中国人民大学教育学刊》2021 年第 4 期，该文为 2020 年度全国教育科学规划课题"人类命运共同体视域下我国高等教育内源式发展路径研究"阶段性成果）；晏昱的《培育时代新人　呼唤黄大年式好老师》（《光明日报》2021 年 9 月 15 日）等。魏饴教授作为国务院自 1991 年开始评选享受国务院特殊津贴并被认定的第三批老专家，有学者评价他说："将'文化关怀'与'社会关怀'完满地统一起来，真正比较彻底地做到'铁肩担道义，妙手著文章'，也许更值得敬仰。……魏饴教授的学术工作之可贵，第一在这里。"[1] 魏饴在本项目的作用不可低估。

本书从立项到分头撰写，统稿审定，历时 5 个年头。本项目主持人和本书主审龙献忠教授（前期工作）、湖南文理学院校长刘宇文教授（后期工作）亲自部署、亲自撰写，费了大量心血。另有三峡大学、西安工业大学、闽南师范大学亦派出高水平同仁参与。三峡大学杜雪琴系中国人民大学博士后，教授，近有项目获湖北省教学成果一等奖；西安工业大学高嵩博士悉心教书育人，他所指导的学生近期荣获第二十二届中国机器人及人工智能（智能养老）大赛一等奖；闽南师范大学李建辉教授系该校"师德标兵"和"全国教育硕士优秀教师"。他们的加入，离不开中共三峡大学党委何伟军书记、中共西安工业大学党委刘卫国书记、中共闽南师范大学原党委书记吴彬镪同志的亲自安排。特致以衷心谢意！

本书各篇章撰稿统筹分工如下（以行文先后为序）：

---

[1]　钟友循：《文艺鉴赏研究的原创性收获》，《湖南社会科学》2000 年第 5 期。

刘宇文（湖南文理学院校长、博士、教授）：弁言，第三章一、二。

龙献忠（国家开放大学（湖南）党委书记、博士、教授）：弁言，第一章三，第四章一。

魏　饴（教育部中文专业类教指委副主任、博士、教授）：弁言，第一章一、二（一），第二章一、二（一）、三，第三章三，第五章二（一）、三（一）、四（一）。

李建辉（闽南师范大学学科处处长、博士、教授）：第一章二（二）；第五章二（五）。

卓　进（湖南文理学院教育科学学院副院长、博士、教授）：第二章二（二）（三）、三。

晏　昱（湖南文理学院副校长、正高级政工师）：第四章二，第五章二（一）。

胡超霞（湖南文理学院博士、副教授）：第四章三，第五章一。

杜雪琴（三峡大学文学院副院长、博士后、教授）：第五章二（二）。

刘　锋（湖南文理学院外国语学院院长、博士、教授）：第五章二（三）。

毛治和（湖南文理学院体育学院院长、教授）：第五章二（四）。

王　云（湖南文理学院教务处处长、生命与环境科学学院院长、博士、教授）：第五章三（一）（二）（五）。

傅丽华（湖南文理学院地理科学与旅游学院院长、博士、教授）：第五章三（三）。

黎小琴（湖南文理学院数理学院副院长、副教授、博士）：第五章三（四）。

李建奇（湖南文理学院研究生工作部部长、博士、教授）：第五章四（一）（五）。

王云洋（湖南文理学院土木建筑工程学院副教授、博士）：第五章四（二）。

高　嵩（西安工业大学创新创业学院院长、教授）：第五章四（三）（四）。

　　另有西安工业大学姚敏茹、张耿、马雅玲、宋春焕；湖南文理学院彭蓬、江威、王伯华、黄春红等同志积极参与撰写，一并致谢。人民出版社对本书的出版给予了大力支持，在此表示衷心感谢！

王　云

2024 年 9 月 29 日